Das Backbuch

Das Backbuch

erweitert um neue Rezepte

und viele praktische Ratschläge

BuchVerlag
für die Frau

ISBN 3-932720-04-0

3. Auflage 2000

Überarbeitete, neu ausgestattete Ausgabe des Titels „Das Backbuch“,
Verlag für die Frau, Leipzig
Redaktionelle Überarbeitung: Renate Florstedt
Titelgestaltung: Hunger & Hunger, Leipzig
Fotos: Uwe Hämsch (9),
The Food Professionals (3),
Sigrid Schmidt (4),
Reproduktion: Hunger & Hunger
Satz, Druck und Bindearbeiten: Salzland Druck GmbH & Co. KG, Staßfurt
Printed in Germany

Inhalt

Vorwort

Rund 500 freundliche Einladungen zum Backvergnügen enthält dieses Buch. Das sind 500 anschauliche, leicht faßliche, bewährte und originelle Rezepte, mit denen Backwerk aller Art zubereitet werden kann: Knusprige Kekse und würzige Pfefferkuchen, opulente Torten und leckere Sonntagskuchen, gefüllte Faschingskrapfen und Windbeutel, einfache Blech- und kompliziertere Gebildkuchen. Auch Brot, Brötchen und Pizza fehlen nicht. Alle Teigarten werden hier ausführlich in ihren Grundrezepturen vorgestellt und deren Vorzüge in vielen Variationen demonstriert.

Diese so überaus bewährte und erfolgreiche Rezeptsammlung, im Verlag für die Frau als dessen Grundbackbuch seit 1950 in immer wieder aktualisierten Ausgaben über zwei Millionen Mal aufgelegt und verkauft, wurde für diese Ausgabe grundlegend überarbeitet, aktualisiert und um neue Rezepte erweitert. Sie hat nichts von ihrer Solidität eingebüßt, sondern an Frische und Originalität hinzugewonnen.

Der Verlag wünscht allen gutes Gelingen und hofft, daß dieses Buch für Sie zum unentbehrlichen Nachschlagewerk und Ratgeber wird.

Ihr BuchVerlag für die Frau

Mürbeteig

Das Mehl für den Mürbeteig auf ein Brett oder in eine Schüssel sieben.

In die eingedrückte Mulde alle anderen Zutaten (Zucker, Gewürze, Eier) geben.

Die in Stücke geschnittene kalte Butter oder Margarine auf dem Mehlrand verteilen.

Alle Zutaten schnell zu einem glatten Teig kneten.

Den Mürbeteig wenigstens 30 Minuten kalt gestellt ruhen lassen.

Den ausgerollten Mürbeteig vor dem Backen mit einer Gabel einstechen.

Beliebte Geschmackszutaten für Mürbeteig sind: Vanillinzucker, echte Vanille, abgeriebene Zitronenschale, geriebene Mandeln oder Nüsse.

Bei Mürbeteig für Obstkuchen empfiehlt sich die Zugabe von etwas Backpulver (1 Teelöffel bis 1/2 Päckchen).

Grundrezepte für süßen Mürbeteig

I. 250 g Mehl, 1 Ei, 125 g Margarine, 65 g Zucker, Salz, 1 Päckchen Vanillinzucker oder Zitronenaroma oder Bittermandelöl.

Alle Zutaten rasch, aber sehr gründlich untereinanderkneten und den Teig sofort für mindestens 30 Minuten kalt gestellt rasten lassen. Erst dann nach Vorschrift des Rezeptes weiterverarbeiten.

II. 230 g Mehl, 20 g Kakao, 1 großes Ei, 125 g Margarine, 80 g Zucker, Salz, 1 Päckchen Vanillinzucker oder 5 Tropfen Bittermandelöl.

In der gleichen Weise wie Rezept I bereiten und den Teig kühl gestellt rasten lassen.

Grundrezept für herzhaften Mürbeteig

250 g Mehl, 1 Ei, 150 g Margarine, 1 Teelöffel Salz, 1/2 Teelöffel Paprika, Zitronenaroma.

In der gleichen Weise wie süßen Mürbeteig bereiten und nach Vorschrift verwenden.

Grundrezept für eierlosen Mürbeteig

300 g Mehl, 200 g Margarine und Gewürze nach Geschmacksrichtung, für süßen Teig 100 g Zucker verwenden.

Alle Zutaten rasch verarbeiten und kühl gestellt rasten lassen. Nach Rezeptangabe verwenden.

Mürbchen

Mürbeteig nach Grundrezept, 1 Ei, Milch.

Den Mürbeteig zu etwa 5 cm starken Rollen formen, kalt stellen und mit scharfem Messer in Scheiben von knapp 1 cm Stärke schneiden, dabei das Messer immer wieder in Mehl tauchen. Auf leicht gefettetem Blech mit dem in der Milch verquirlten Ei bestreichen und 12 bis 15 Minuten bei 200 °C hellgelb backen. – Die mit Ei bestrichene Seite kann vor dem Backen mit Hagelzucker bestreut oder in Zucker gedrückt werden. Hell glasierte Mürbchen lassen sich mit dunkler Glasur wirkungsvoll verzieren.

Mandelecken

Mürbeteig nach Grundrezept, Milch, Mandel- oder Nußsplitter, Schokoladenglasur.

Den dünn ausgerollten Mürbeteig zu Dreiecken ausstechen oder -schneiden, mit Milch bestreichen, mit Mandel- oder Nußsplittern bestreuen und hellgelb 10 bis 12 Minuten bei 200 °C backen. Sofort mit Schokoladenglasur überziehen. – Anstelle von Mandelsplittern und Schokoladenglasur lassen sich Streusel, siehe Seite 90, verwenden.

Teebrezeln

Mürbeteig nach Grundrezept, Ei, Milch, gehackte Mandeln.

Den Mürbeteig zu gleichmäßigen Brezeln formen, Ei und wenig Milch verquirlen, die Brezeln damit bestreichen und mit gehackten Mandeln bestreuen. Bei Mittelhitze ca. 10 Minuten goldgelb backen.

Gefüllte Herzen

200 g Mehl, 75 g Puderzucker, 100 g Margarine, 3 Eigelb, 125 g Nougatcreme, Puderzucker zum Bestreuen.

Aus Mehl, Staubzucker, Margarine und Eigelb einen Mürbeteig bereiten und 2 Stunden im Kühlschrank ruhen lassen. Dann 2 mm dick ausrollen, Herzen ausstechen und auf ein gefettetes Blech legen. Im vorgeheizten Ofen bei 200 °C 10 bis 12 Minuten backen. Die Hälfte der Plätzchen mit Nougatcreme bestreichen, die übrigen Herzen daraufsetzen und mit Puderzucker besieben.

Terrassenplätzchen

Mürbeteig nach Grundrezept, Marmelade, Puderzucker oder Zuckerglasur.

Den etwa messerrückendick ausgerollten Mürbeteig zu einer gleichen Anzahl von Plätzchen in drei verschiedenen Größen ausstechen. Bei Mittelhitze goldgelb backen. Die mittleren und die kleinen Plätzchen auf der Unterseite mit Marmelade bestreichen und jeweils drei verschieden große Plätzchen aufeinandersetzen. Mit Puderzucker besieben oder mit Zuckerglasur überziehen.

Marillenringe

Für den Teig: 200 g Mehl, 1 Eigelb, 60 g Zucker, 1 Päckchen Vanillinzucker, 1 Prise Salz, Zitronenaroma, 125 g Margarine.
Für die Füllung: 125 g Aprikosenmarmelade, 2 Teelöffel Rum oder Aprikosengeist, 40 g Puderzucker zum Bestreuen.

Aus den Teigzutaten einen Mürbeteig bereiten und zugedeckt 1 Stunde kühl stellen. Inzwischen die Aprikosenmarmelade mit Rum oder Aprikosengeist verrühren. Den gekühlten Teig auf einer leicht bemehlten Unterlage dünn ausrollen. Mit Förmchen runde Plätzchen ausstechen und die gleiche Anzahl Ringe (beide müssen den gleichen Durchmesser haben) ausstechen. Beide auf ein gefettetes Blech legen und im vorgeheizten Ofen bei 200 °C in 10 Minuten goldgelb backen. Vorsichtig vom Blech lösen. Die Plätzchen dünn mit Aprikosenmarmelade bestreichen, die Ringe darauf festdrücken. Durch ein feines Sieb mit Puderzucker bestäuben. In die Ringe jeweils einen Klecks Marmelade geben.

Nußröllchen

Mürbeteig nach Grundrezept, 100 g Nüsse, 100 g Korinthen, 4 Eßlöffel Rum oder Arrak, 4 Eßlöffel Honig, 1 Ei, Milch.

Den dünn ausgerollten Mürbeteig in Rechtecke teilen. Nüsse und Korinthen grob hacken, Rum und Honig zugeben. Ei und wenig Milch verquirlen, die Teigstücke damit bestreichen, die Masse darauf verteilen und die Rechtecke von der Schmalseite her aufrollen. Auf gefettetem Blech mit dem restlichen Ei bestreichen und bei Mittelhitze 12 bis 15 Minuten goldgelb backen. – Die Nußröllchen können beliebig glasiert werden.

Nußtaler

375 g Mehl, 125 g Speisestärke, 2 gestrichene Teelöffel Backpulver, 250 g Zucker, 1 Päckchen Vanillinzucker, 3 Tropfen Bittermandelaroma, 2 Eier, 250 g Butter oder Margarine, 250 g grob gehackte Haselnüsse, 200 g Puderzucker, 2 bis 3 Eßlöffel Rum.

Mehl mit Speisestärke und Backpulver mischen und auf das Backbrett geben, in die Mitte eine Vertiefung drücken und Zucker, Vanillinzucker,

Aroma und Eier hineingeben. Mit einem Teil des Mehls zu Brei vermischen. Butterflöckchen auf den Brei geben, alles zu einem geschmeidigen Teig verkneten, zuletzt die Haselnüsse einarbeiten. Etwa 2,5 cm dicke Rollen formen, 1 Stunde kühl ruhen lassen, dann 5 mm dicke Scheiben abschneiden. Die Scheiben auf das gefettete Blech legen und backen, etwas abkühlen lassen und mit einer Glasur aus Puderzucker und Rum überziehen.

Zweifarbenkeks

Mürbeteig nach Grundrezept I und II, 1 Ei, Milch.

Beim Aufeinanderlegen zweier unterschiedlicher Teigarten jeweils die untere Teigplatte mit Eiweiß oder Milch bestreichen. Jede Teigart zu einer rechteckigen Platte ausrollen, beide aufeinanderlegen, zusammenrollen und mit scharfem Messer in etwa 5 mm starke Scheiben schneiden. Auf gefettetem Blech mit Eiermilch bestreichen und bei Mittelhitze ca. 10 Minuten goldgelb backen. – Eine helle Mürbeteigplatte mit verquirltem Ei bestreichen, eine dunkle Mürbeteigrolle auflegen, mit dem hellen Teig umschließen, kalt gestellt nochmals rasten lassen und in Scheiben schneiden. Auf gefettetem Blech mit Eiermilch bestreichen und backen. Eine Teigplatte mit verquirltem Ei bestreichen und schachbrettartig mit langen, möglichst viereckig geformten Stangen aus hellem und dunklem Teig belegen, mit der Teigplatte umschließen und die Rolle in Scheiben schneiden. Bei Mittelhitze backen. – Aus dünn gerolltem Teig Figuren stechen und mit kleineren Figuren der andersfarbigen Teigart verzieren. – Kleine Röllchen beider Teigarten miteinander zu Zöpfen verflechten, mit Eiermilch bepinseln und backen.

Vanillekipfel

180 g Mehl, 70 g geriebene Mandeln oder Nüsse,
125 g Margarine, Salz, 50 g Zucker, 1 Ei,
2 Päckchen Vanillinzucker.

Aus Mehl, Mandeln, Margarine, Salz, Zucker und Ei rasch einen Mürbeteig kneten und kalt gestellt rasten lassen. Den Teig in gleich große Stücke teilen, Hörnchen daraus formen und auf leicht gefettetem Blech goldgelb backen. Sofort in Vanillinzucker wälzen. – Auch aus einem verfeinerten Backpulver-Knetteig lassen sich Vanillekipfel bereiten.

Saure-Sahne-Plätzchen

300 g Mehl, 350 ml saure Sahne, 190 g Butter, Mehl zum Ausrollen, 2 Eigelb, 125 g Hagelzucker.

Das Mehl in eine Schüssel geben, saure Sahne und zerkleinerte Butter hinzufügen, alles verkneten und etwa 1 Stunde kalt stellen. Den Teig auf einem bemehlten Brett ausrollen, ausstechen, auf ein gefettetes Blech legen, mit Eigelb bepinseln und dick mit Zucker bestreuen. Im vorgeheizten Ofen bei 200 °C 10 bis 15 Minuten goldgelb backen.

Rosinenplätzchen

Mürbeteig nach Grundrezept, 50 g Sultaninen oder Korinthen, 1/2 Teelöffel Zimt, 1 Ei, Milch.

Den Mürbeteig rasch mit gehackten Sultaninen oder Korinthen und Zimt verkneten, nochmals rasten lassen. Gleichgroße Bällchen auf dem Handteller breitdrücken, auf gefettetem Blech mit Eiermilch bestreichen und goldbraun backen. – Anstelle von Sultaninen lassen sich getrocknete kleingeschnittene Aprikosen verwenden.

Apfeltaler

Mürbeteig nach Grundrezept, frische oder getrocknete Apfelringe, Marmelade, Ei, Milch.

Den nicht zu dünn ausgerollten Mürbeteig zu runden Plätzchen ausstechen. Die Hälfte der Teigstücke jeweils mit einem frischen oder vorgeweichten getrockneten Apfelring belegen. In die Mitte Marmeladetupfen setzen, mit den übrigen Teigplätzchen abdecken und die Ränder festdrücken. Auf gefetteten Blech mit Eiermilch bestreichen und bei Mittelhitze in ca. 12 bis 15 Minuten goldbraun backen. – Die Apfeltaler können mit Puderzucker besiebt oder mit Zuckerglasur überzogen werden.

Fruchthütchen

125 g Butter oder Margarine, 125 g Zucker, 1 Ei, Zitronenaroma, 1 Prise Salz, 250 g Mehl, 125 g Marmelade, 1 Eigelb, etwas Milch.

Die Butter oder Margarine mit Zucker und Ei schaumig rühren, nach und nach Zitronenaroma, Salz und Mehl dazugeben und gut verkneten. Den Teig 30 Minuten kühl ruhen lassen, dann auf einem bemehlten Brett ausrollen und runde Plätzchen ausstechen. Etwas Marmelade in die Mitte geben, den Teig von drei Seiten darüberschlagen. Die Plätzchen über Nacht ruhen lassen, dann mit Eigelbmilch bestreichen und backen.

Zauberkeks

250 g Margarine, 3 Eßlöffel Zucker,
1 Päckchen Vanillinzucker, Salz, 1 Ei, 200 g Mehl,
2 Eßlöffel Speisestärk, 1 Messerspitze Hirschhornsalz.

Margarine, Zucker, Gewürz und Ei schaumig rühren und das Mehl unterkneten (dabei kann eine Messerspitze Hirschhornsalz zugegeben werden). Dann gut kalt stellen, ausrollen, beliebig ausstechen, bei Mittelhitze goldgelb backen und verzieren.

Katzenköpfchen

300 g Mehl, 50 g Speisestärke, 350 g Margarine, 75 g Zucker,
1 Ei, 1/2 Teelöffel Hirschhornsalz, zum Verzieren Nüsse,
Zitronat, Korinthen, Glasur.

Die Zutaten für den Teig rasch verkneten, dabei nach Wunsch knapp 1/2 Teelöffel aufgelöstes Hirschhornsalz zugeben und rasten lassen. Nach einer Pappschablone Katzenköpfchen ausschneiden oder -rädeln. Aus Nüssen, Zitronat und Korinthen das Gesicht andeuten, auf gefettetem Blech backen und danach beliebig glasieren.

Teufelsküsse

250 g Butter oder Margarine, 100 g Puderzucker,
100 g geriebene bittere Schokolade, 60 g Mehl, 250 g Speisestärke.

Die Butter oder Margarine mit dem Zucker schaumig rühren, nach und nach die Schokolade und das mit Speisestärke gemischte Mehl dazugeben und gut verkneten. Aus dem Teig kleine Kugeln formen, auf ein gefettetes und bemehltes Blech setzen und backen.

Zitronenleckerli

200 g geriebene Semmel, 100 g Zucker, 50 g Margarine, 50 g geriebene Mandeln oder Nüsse, 1 bis 2 Eßlöffel Mehl, 1 Eßlöffel abgeriebene Schale einer unbehandelten Zitrone oder reichlich Zitronenaroma, Salz, 1 Eßlöffel Zitronensaft, 2 Eier, Milch, Hagelzucker.

Alle Zutaten, mit Ausnahme von 1 Ei, Milch und Hagelzucker, rasch verkneten, rasten lassen, nicht zu dünn ausrollen, mit Eiermilch bestreichen und gleichmäßig Hagelzucker darauf verteilen. In Rechtecke schneiden und auf gefettetem Blech goldgelb backen.

Splitterchen

250 g Mehl, 65 g Margarine, knapp 1/8 l Wasser, Salz, 2 Eßlöffel Zucker, Zitronenaroma, Nelkenpulver.

Das gesiebte Mehl mit der zerlassenen, abgekühlten Margarine und den übrigen Zutaten verarbeiten. Den Teig recht dünn auf gefettetem Blech ausrollen, mit einem in Mehl getauchten Teigrädchen in Stücke teilen und bei Mittelhitze goldgelb backen. Die Teigstücke zerfallen während des Backens in Splitter.

Apfelsinengebäck

350 g Mehl, 250 g Margarine, 100 g Zucker, gestiftelte Schale von 3 unbehandelten Apfelsinen, 1 Ei, 50 g Zucker und fein geschnittene Apfelsinenschale zum Garnieren.

Das gesiebte Mehl mit der kleingeschnittenen Margarine und dem Zucker rasch verkneten. 2 Eßlöffel Apfelsinenschale und das Eigelb mit der Masse verkneten. Den Teig etwa 20 Minuten im Kühlschrank ruhen lassen, ausrollen und Formen ausstechen. Die Plätzchen auf ein gefettetes Backblech geben, mit Eiweiß bepinseln und mit Zucker und Apfelsinenschale bestreuen. Im vorgeheizten Ofen bei 200 °C etwa 10 Minuten backen. (Achtung! Die Apfelsinen vor Verwendung gründlich mit heißem Wasser abbürsten!)

Pistyaner Schnitten

*2 Eier, 125 g Zucker, 150 g Sultaninen,
175 g Kokosraspel oder Mandeln,
Bittermandelaroma, 4 Eßlöffel Rum oder Arrak,
Mürbeteig nach Grundrezept, Ei, Milch.*

Eier und Zucker schaumig schlagen. Die gehackten Sultaninen mit Kokosraspeln, Mandelaroma und Rum vermengen. Den Mürbeteig knapp 5 mm stark rechteckig ausrollen und mit der Fülle bestreichen. Die an den beiden Längsseiten zackig geschnittenen Teigränder überklappen, so daß ein Teil der Fülle bedeckt ist, und mit Eiermilch bestreichen. Auf gefettetem Blech bei Mittelhitze backen und sofort den Zacken entsprechend in Streifen schneiden. – Die Zacken können weiß oder braun glasiert werden.

Pfirsiche im Schlafrock

*250 g Mehl, 125 g Margarine, 65 g Zucker, Salz,
1/2 Päckchen Vanillinzucker, 2 Eier, 4 bis 6 Pfirsiche,
25 g Mandeln, Puderzucker.*

Aus Mehl, Margarine, Zucker, Gewürzen und 1 1/2 Eiern einen Mürbeteig bereiten und kalt gestellt 30 Minuten rasten lassen. Die gehäuteten Pfirsiche halbieren und die Fruchthälften innen mit gehackten Mandeln bestreuen. Den ausgerollten Teig in Quadrate teilen und jedes mit zwei zusammengesetzten Pfirsichhälften belegen. Die Teigränder mit Ei bestreichen und über den Früchten zusammenschlagen. Mit dem Eirest bepinseln und bei Mittelhitze goldbraun backen. Möglichst mit Puderzucker besieben. – Anstelle von Pfirsichen lassen sich auch Äpfel verwenden, und statt Mürbeteig ist gefrorener Blätterteig geeignet.

Leipziger Lerchen

*Mürbeteig nach Grundrezept,
Erdbeer- oder Himbeerkonfitüre, 80 g Margarine, 125 g Zucker, Salz,
2 Eier, 100 g Mehl, 125 g gehackte süße Mandeln, Nüsse oder
Kokosraspel, Bittermandelaroma,
etwa 4 Eßlöffel Milch, 3 Eßlöffel Rum oder Weinbrand.*

Leicht gefettete Förmchen mit dünn ausgerolltem Mürbeteig auslegen und jeweils einen Klecks Konfitüre daraufgeben. Die schaumig gerührte Margarine mit allen Zutaten (1 Eigelb zurückbehalten) vermengen. Die Masse in die Förmchen füllen, obenauf kreuzweise zwei schmale, abgerädelte Teigstreifen legen und mit dem verquirlten Eigelb bepinseln. Bei Mittelhitze etwa 25 Minuten backen. – Aus den gleichen Zutaten läßt sich in der Springform eine Torte backen, die mit Zuckerglasur überzogen werden kann.

Thüringer Platz (Prophetenkuchen, Aufläufer)

I. Knapp 500 g Mehl, 6 Eier, 1 Wasserglas Rum, 100 g Margarine, 100 g Zucker, Salz, Butter, Puderzucker.

Die Hälfte des Mehles nach und nach mit Eiern, Rum, Margarine, Zucker und Salz verarbeiten, erst zuletzt den Rest des Mehles zugeben. Den lockeren Teig recht dünn ausrollen, auf dem gefetteten Blech bei kräftiger Hitze backen. Möglichst buttern und zuckern.

II. 4 Eßlöffel Zucker, 4 Eßlöffel Margarine, 4 Eßlöffel Weinbrand oder Rum, 4 Eier, Mehl; Butter, Puderzucker.

Alle Zutaten – Mehl so viel, wie die Flüssigkeit aufnimmt – miteinander verarbeiten. Den Teig nicht in voller Blechgröße ausrollen, da er breit läuft. Nach dem Backen bei starker Mittelhitze sofort buttern und zuckern. Je mehr sich der Thüringer Platz während des Backens wölbt, desto echter ist das Gebäck!

Tortenboden

Mürbeteig nach Grundrezept.

Eine gefettete, mit Mehl ausgestäubte Kuchen- oder Springform mit dem nicht zu dünn ausgerollten Mürbeteig auslegen, dabei einen Rand andrücken. Den Boden mehrfach mit der Gabel einstechen und bei Mittelhitze goldbraun backen. – Auf die gleiche Weise, jedoch mit dünner ausgerolltem Teig, lassen sich Torteletts oder Schiffchen bereiten. Kühl und trocken aufbewahrt halten sich gebackene Mürbeteigböden bis zu 14 Tagen, bevor sie verwendet werden.

Erdbeertorte

1 Mürbeteigboden, roter Fruchtsirup, Kokosraspel oder gehackte Mandeln, 500 bis 750 g vorbereitete Erdbeeren, 1 Päckchen Tortenguß (rot) oder 1/8 bis 1/4 l verdünnter Fruchtsirup und 6 bis 10 g Gelatine.

Den Tortenboden mit Fruchtsirup bestreichen und mit Kokosraspel bestreuen. Die Erdbeeren darauf verteilen. Den Tortenguß nach Vorschrift auf der Verpackung bereiten oder die in wenig kaltem Wasser vorgeweichte Gelatine in dem verdünnten aufgekochten Fruchtsirup auflösen. Bei Beginn des Gelierens über die Erdbeeren ziehen. Nach dem völligen Erstarren kann die Torte mit Schlagsahne oder -creme garniert werden. – Anstelle von Erdbeeren lassen sich andere Früchte – roh oder gedünstet und sehr gut abgetropft – verwenden.

Berliner Apfelkuchen

Anderthalbfache Menge Mürbeteig nach Grundrezept, mit 1/2 Backpulver bereitet, 1 l dickes gesüßtes Apfelmus, etwa 75 g Korinthen, 1/2 Teelöffel Zimt, 2 Eßlöffel Speisestärke, weiße Zuckerglasur.

Eine gefettete Springform mit zwei Dritteln des Mürbeteigs auslegen, dabei einen Rand andrücken. Apfelmus, Korinthen, Zimt und Speisestärke verrühren und auf die Teigplatte streichen. Den Teigrest entweder zu einer Decke ausrollen und kleine Muster ausstechen oder zu Streifen ausrädeln, die als Gitter auf das Apfelmus gelegt werden. Bei Mittelhitze etwa 50 Minuten backen. Mit Zuckerglasur überziehen oder den Kuchen mit zerlassener Butter bestreichen und mit Puderzucker besieben.

Fruchttörtchen

Mürbeteig nach Grundrezept, Quarkmasse aus 500 g Quark siehe Seite 97, Früchte, Butter, Puderzucker.

Gefettete, mit Mehl bestäubte Förmchen mit ausgerolltem Mürbeteig auslegen. Quarkmasse und Früchte darauf verteilen. Bei Mittelhitze etwa 40 Minuten backen und sofort mit zerlassener Butter beträufeln und mit Puderzucker besieben. – Torteletts können nach dem Backen auch mit Fruchtcreme, siehe Seite 196, und Früchten gefüllt werden.

Aprikosen- oder Pfirsichtorte

*1 Mürbeteigboden, 1/4 l Milch, 2 Eßlöffel Zucker, 40 g süße Mandeln,
Bittermandelaroma, 1/4 l Sahne,
1 Päckchen Puddingpulver mit Mandel- oder Vanillegeschmack,
150 g Butter oder Margarine, Salz, 100 g Puderzucker,
gedünstete Aprikosen oder Pfirsiche,
1/4 l Aprikosensaft, 10 g Gelatine.*

Milch, Zucker und geriebene Mandeln kochen, wenn gewünscht, durchseihen. Bittermandelaroma zufügen und mit dem in der Sahne angerührten Puddingpulver dicken. Während des Erkaltens mehrfach rühren, damit die Masse geschmeidig bleibt. Die sahnig geschlagene Butter mit Salz und Puderzucker verrühren und nach und nach den erkalteten Pudding zugeben. Diese Creme auf dem Tortenboden verteilen, die abgetropften Aprikosen auflegen und den aus Saft und Gelatine bereiteten Guß bei Beginn des Erstarrens langsam darübergießen. – Die Mandelcreme kann auch als Garnitur auf die Aprikosen gespritzt werden.

Schwarze Johannisbeertorte

*500 bis 750 g schwarze Johannisbeeren, 75 g Korinthen,
100 g Zucker, 4 Eßlöffel Sahne oder 2 kleine Gläser Weinbrand,
Mürbeteig nach Grundrezept, aber mit 150 g Mehl
und 150 g geriebener Semmel bereitet,
200 g Quark, 2 Eier, 2 Eßlöffel Rum,
2 Eßlöffel Speisestärke.*

Johannisbeeren und Korinthen mischen, zuckern und Sahne oder Weinbrand darübergießen. Zugedeckt ziehen lassen. Mit etwa zwei Drittel des Teiges eine leicht gefettete, ausgestäubte Springform auslegen, dabei einen hohen Rand andrücken. Den abgetropften Obstsaft mit Quark, 1 1/2 Eiern, Rum, Speisestärke und Zucker nach Geschmack verrühren, möglichst durch ein Sieb streichen und auf den Teigboden geben. Die Johannisbeeren darauf verteilen. Den übrigen Teig, zu dünnen Röllchen gedreht oder zu Figuren ausgestochen, als Garnitur auf der Torte anordnen. Mit dem verquirlten Eirest bepinseln und bei guter Mittelhitze etwa 50 Minuten backen, nochmals zuckern. – Auch mit Brombeeren oder anderen herben Früchten schmeckt diese Torte ausgezeichnet.

Johannisbeertorte

Für den Boden: 250 g Mehl, 1 Teelöffel Backpulver, 60 bis 80 g Zucker, 1 Päckchen Vanillinzucker, Zitronenaroma, 1 Prise Salz, 1 Ei, 80 bis 100 g Butter oder Margarine.

Für den Belag: 500 bis 750 g Johannisbeeren, Zucker, 1 Päckchen Tortenguß, 1/8 l Schlagsahne zum Garnieren.

Die Zutaten für den Boden zu einem Mürbeteig verarbeiten, auf einem bemehlten Brett ausrollen, den Boden einer Springform belegen, einen Rand formen. Mehrmals mit einer Gabel einstechen und backen. Die Johannisbeeren waschen, mit der Gabel abstreifen, mit Zucker und wenig Wasser aufkochen und abtropfen lassen. Den Tortenboden mit den Beeren belegen, mit dem nach Anweisung bereiteten Tortenguß überziehen und mit Schlagsahne garnieren.

Johannisbeer-Baiser-Torte

Für den Teig: 250 g Mehl, 125 g Margarine oder Butter, 65 g Zucker, 1 Ei, etwas gemahlener Zimt, Margarine zum Ausfetten der Springform.

Für den Belag: 40 g in Stifte geschnittene, abgezogene süße Mandeln, 500 g rote Johannisbeeren, 3 Eiweiß, 150 g Zucker.

Mehl auf ein Backbrett geben. Gekühlte Margarine oder Butterstückchen auf den Außenrand des Mehls verteilen. In die Mitte eine Mulde drücken. Den Zucker zusammen mit dem Ei und dem Zimt hineingeben. Mit einem großen Messer oder einer Palette die Zutaten durch kreuzweises Hacken miteinander verbinden, den Mürbeteig kurz durchkneten, abgedeckt etwa 30 Minuten kühl stellen. Dann Boden und Rand einer Springform (Durchmesser 26 cm) fetten. Teig auf leicht bemehlter Arbeitsfläche ausrollen, die Springform damit auslegen, dabei den Rand etwa 2 cm hochziehen. Mit einer Gabel mehrere Male in den Teig stechen, damit er sich nicht vom Boden abhebt. Den Teig im vorgeheizten Backofen bei 200 °C 10 Minuten backen.

Die Mandelstifte in einer Pfanne ohne Zugabe von Fett rösten und auf dem ausgekühlten Tortenboden gleichmäßig verteilen. Die Johannisbeeren waschen und mit einer Gabel von der Rispe abstreifen. Das Eiweiß sehr steif schlagen, den Zucker unterheben. In einen Spritzbeutel mit

Sterntülle 3 Eßlöffel der Baisermasse einfüllen. Unter die restliche Masse vorsichtig die Johannisbeeren heben, auf den Tortenboden geben und glattstreichen. Dem Außenrand der Torte entlang Baisertupfer spritzen. Nochmals 20 bis 25 Minuten bei 175 °C backen. Wird die Oberfläche schnell braun, mit Butterbrotpapier abdecken.

Pfirsichtorte mit Baiserdecke

Für den Teig: 250 g Mehl, 1 Teelöffel Backpulver, 60 bis 80 g Zucker, 1 Päckchen Vanillinzucker, Zitronenaroma, 1 Prise Salz, 1 Ei, 80 bis 100 g Margarine oder Butter.

Für den Belag: 1 kg Pfirsichhälften, 2 Eiweiß, 100 g Puderzucker, 2 Päckchen Vanillinzucker.

Einen Mürbeteig bereiten, ausrollen und in eine gefettete Tortenform geben. Bei 210 bis 220 °C 15 bis 20 Minuten backen. Den Mürbeteigboden gut auskühlen lassen und dicht mit den abgetropften Pfirsichhälften belegen. Eiweiß mit Puderzucker und Vanillinzucker schnittfest schlagen, die Pfirsiche damit überziehen. Die Baiserdecke bei 175 bis 185 °C leicht bräunen lassen.

Karotten-Apfel-Torte

Mürbeteig nach Grundrezept, 300 g Karotten, 300 g Äpfel, Vanillepudding aus 1/4 l Milch, 1 Eßlöffel Butter, 65 g Zucker, Salz, 3 Eßlöffel Kokosraspel oder geriebene Mandeln oder Nüsse, 3 bis 4 Eßlöffel Sultaninen, 2 Eßlöffel Zitronensaft, Ei, Milch.

Mit dem Mürbeteig eine gefettete, ausgestäubte Springform auslegen, dabei einen hohen Rand andrücken. Karotten und Äpfel raspeln und mit Pudding, zerlassener Butter, Zucker, Salz, Kokosraspeln, Sultaninen vermengen. Die Masse auf dem Teig verteilen und etwa 40 Minuten bei guter Mittelhitze backen. Mit Eiermilch bestreichen und nochmals etwa 15 Minuten in die heiße Röhre schieben. – Anstelle von Äpfeln läßt sich auch Quark verwenden.

Reistorte

1 Mürbeteigboden, 1 Tasse Reis, 2 1/2 Tassen Milch, Salz, Zitronenaroma, 30 g Butter, 125 g Zucker, 1 Päckchen Vanillinzucker, 2 Eier, 100 g Sultaninen, Schokoladenglasur.

Den gebackenen Mürbeteigboden in der Springform lassen. Den vorbereiteten Reis in die mit dem Gewürz aufgekochte Milch schütten und darin ausquellen. Butter, Zucker und Vanillinzucker schaumig rühren, die Eigelb zugeben und unter die cremige Masse den körnig ausgequollenen, etwas abgekühlten Reis und die vorbereiteten Sultaninen geben. Zuletzt den steifen Eischnee unterheben. Die Masse auf dem Tortenboden verteilen und nochmals für etwa 20 Minuten in die heiße Röhre schieben. Mit einfacher oder fetthaltiger Schokoladenglasur überziehen. – Die Reistorte kann auch ohne nochmaliges Überbacken mit Früchten belegt und mit einem Geleeguß überzogen werden.

Weinschaumtorte

3 Eier, 125 g Zucker, 1 Päckchen Vanillinzucker, 1/8 l Wasser, 20 g Gelatine, 3/8 l Weißwein, etwa 50 g geröstete Mandelsplitter, 1 Mürbeteigboden.

Eigelb, Zucker und Vanillinzucker schaumig rühren. Das Wasser aufkochen, vom Feuer nehmen und die in wenig kaltem Wasser vorgeweichte Gelatine darin auflösen. Den Weißwein zugießen und bei Beginn des Gelierens allmählich unter die Eiercreme ziehen. Zuletzt den steifen Eischnee unterheben. Diese Creme auf den erkalteten Tortenboden streichen und mit gerösteten Mandelsplittern bestreuen.

Käsestangen

250 g Mehl, 100 g Margarine, 100 g Reibekäse, Salz, 1 Eßlöffel Weinbrand.

Alle Zutaten rasch verkneten, kalt gestellt rasten lassen. Nicht zu dünn ausrollen, schmale Stangen abrädeln oder schneiden und auf gefettetem, bemehltem Blech hellgelb backen.

Salzgebäck

Herzhafter Mürbeteig nach Grundrezept, Ei, Milch, 2 Eßlöffel möglichst grobes Salz.

Den dünn ausgerollten Teig in schmale Streifen rädeln oder schneiden, mit Eiermilch bestreichen und mit Salz bestreuen. Glatt oder spiralenförmig gedreht auf gefettetem Blech bei Mittelhitze backen. – Anstelle von Salz läßt sich Kümmel oder gemahlener Ingwer verwenden.

Käsekeks

250 g Mehl, 75 g Margarine, 2 Ecken Schmelzkäse, 1 Ei, 1 Teelöffel gehackter Kümmel, 1 Teelöffel Salz, 1/2 Teelöffel Paprika.

Alle Zutaten rasch verkneten, kalt gestellt rasten lassen und beliebig ausstechen. Nach Wunsch mit verquirltem Ei bestreichen und mit Salzmandeln garnieren. Bei Mittelhitze goldgelb backen.

Pikante Schiffchen

Schiffchen aus herzhaftem Mürbeteig, Käsecreme, siehe Seite 197, oder pikante Füllung, siehe Seite 199, Petersilie, Zitroneneckchen.

Die gebackenen Mürbeteigschiffchen füllen und recht appetitlich mit Petersilie, Zitrone oder Tomaten garnieren.

Fleischtäschel

250 g Mehl, 50 g Margarine, 150 g Quark, 2 Eier, Salz, 1/2 Teelöffel Paprika, Hackfleischmasse aus 200 g Fleisch, Milch.

Aus Mehl, Margarine, Quark, 1 Ei und Gewürz einen Teig bereiten und kalt gestellt rasten lassen. Knapp 5 mm stark ausrollen und in Rechtecke teilen. Eine Hälfte jedes Rechtecks mit Fleischfülle belegen, die andere Hälfte darüberklappen, die Ränder mit einer Gabel festdrücken, das restliche Ei mit ein wenig Milch verquirlen, damit die auf ein gefettetes Blech gelegten Teigstücke bestreichen. Die Oberfläche jedes Täschels mit der Küchenschere einmal längs einschneiden. Bei Mittelhitze goldbraun backen. – Anstelle von Hackfleisch läßt sich für die Fülle Wurst, Schinken, ein garer Braten-, Fisch- oder Gemüserest verwenden.

Sandmasse

Sandkuchen sind inhaltsreich und sollten besonders gut gerührt werden.

Für leichte Sandkuchenteige sicherheitshalber etwas Backpulver verwenden.

Ein Teil des Mehles kann durch Speisestärke ersetzt werden.

Sandteige mit der Hand rühren: Fettigkeit schaumig rühren, nach und nach Zucker, Vanillinzucker und Eigelb dazugeben. Mehl mit Speisestärke und Backpulver portionsweise darunterarbeiten, Eischnee unterziehen.

Sandteige mit Handrührgerät bereiten: Die fast weiche Fettigkeit in Flöckchen in die Rührschüssel geben. Mit Zucker und Vanillinzucker schaumig rühren. Die ganzen Eier unterrühren. Gesiebtes Mehl, Speisestärke und Backpulver portionsweise dazugeben.

Kastenform für Sandkuchen nicht fetten, mit Pergamentpapier oder Alufolie auskleiden.

Sandkuchen bei milder Mittelhitze backen. Bei zu starker Oberhitze den Kuchen mit Pergamentpapier abdecken.

Sandtorten werden abgekühlt aus der Form genommen und mit Puderzucker bestreut.

Grundrezept I (für Kleingebäck)

150 g Margarine, 150 g Zucker, 1 Päckchen Vanillinzucker, Salz, 1 großes Ei, 1 Eigelb, 150 g Weizenmehl, 150 g Speisestärke.

Margarine, Zucker, Gewürz und Eier schaumig rühren, das Mehl darübersieben und unterarbeiten. Der Teig muß spritzfähig sein. Nach Rezeptvorschrift verarbeiten.

Grundrezept II (für Kuchen und Torten)

200 g Zucker, 5 Eier, 1 Päckchen Vanillinzucker, Salz, 125 g Weizenmehl, 125 g Speisestärke, 100 g Margarine, 1 bis 2 Eßlöffel Rum.

Zucker, Eier und Gewürz recht schaumig rühren (elektrisch 10 Minuten, mit der Hand in immer gleicher Richtung 25 Minuten). Das gesiebte Mehl locker unterheben und die zerlassene, abgekühlte Margarine unter ständigem Schlagen nach und nach zugießen. Zuletzt den Rum zugeben. In der vorgeschriebenen Weise weiterverarbeiten.

Grundrezept III (für Kuchen und Torten)

300 g Margarine, 300 g Speisestärke, 300 g Zucker, 5 Eier, Salz, Zitronenaroma oder 1 Päckchen Vanillinzucker oder Bittermandelöl.

Unter die schaumig geschlagene Margarine nach und nach das Mehl rühren. Zucker, Eier, Salz und Gewürz recht schaumig schlagen und allmählich unter die Margarinemasse geben. Nach Vorschrift weiterverarbeiten. – Mit dem Mehl kann 1 knapper Teelöffel Backpulver gesiebt werden, dadurch wird das Gebäck etwas lockerer. Die Hälfte der Speisestärke läßt sich durch Weizenmehl ersetzen.

S-Gebäck

Grundrezept I

Die Masse in einen Beutel mit großer Tülle füllen und s-förmig auf ein leicht gefettetes, bestäubtes Blech spritzen. Bei Mittelhitze goldgelb backen. – Das Gebäck kann nach Wunsch ganz oder zur Hälfte mit Schokoladenglasur überzogen werden.

Sandplätzchen

Grundrezept I, Konfitüre, Marmelade oder Gelee.

Gleichgroße Plätzchen auf ein gefettetes, bestäubtes Blech spritzen, jeweils mit etwas Konfitüre betupfen und bei Mittelhitze goldgelb backen. – Anstelle von Konfitüre können kleine Schokoladenplätzchen verwendet werden. Jeweils zwei Plätzchen lassen sich auch mit Konfitüre zusammensetzen.

Sandkeks

200 g Schmelzmargarine, 200 g Zucker, 1 Päckchen Vanillinzucker, Zitronenaroma, Salz, 2 kleine Eier, 1 bis 2 Eßlöffel Rum oder Weinbrand, 400 g Mehl.

Schmelzmargarine, Zucker, Gewürz und Eier schaumig schlagen. Rum und Mehl zugeben und den gut durchgearbeiteten Teig über Nacht bei mäßiger Zimmerwärme stehen lassen. Ausrollen, beliebige Formen davon ausstechen und auf gefettetem Blech bei Mittelhitze goldgelb backen.

Heidesand

200 g Margarine, 200 g Zucker, 1 Päckchen Vanillinzucker, Salz, 1 Eßlöffel Milch, 1 Eßlöffel Weinbrand, 300 g Mehl.

Die beim Erhitzen leicht gebräunte Margarine fest werden lassen und schaumig schlagen. Dabei allmählich Zucker, Gewürz, Milch und Weinbrand zugeben. Mit der Hand nach und nach das Mehl unterarbeiten. Den Teig zu Rollen von etwa 4 cm Durchmesser formen, in Margarinepapier wickeln und mindestens 30 Minuten kalt stellen. Mit scharfem Messer in etwa 5 mm starke Scheiben schneiden und auf leicht gefettetem Blech bei Mittelhitze hellgelb backen.

Sandstreifen

Grundrezept II, III oder Sandkuchenscheiben, 250 g Puderzucker, 5 bis 6 Eßlöffel Ananassaft, Ananasstückchen zum Garnieren.

Die Sandmasse auf einem gefetteten, bestäubten Blech breitstreichen und bei Mittelhitze etwa 30 Minuten goldgelb backen. Nach dem völligen Erkalten in gleichmäßige Streifen schneiden und glasieren. Für die Glasur gesiebten Puderzucker und Ananassaft verrühren. Jeden glasierten Streifen mit abgetropften Ananasstückchen garnieren. – Anstelle von Ananasglasur läßt sich eine andere Glasur mit entsprechender Garnitur verwenden (Schokoladenglasur – Mandeln, Zitronenglasur – mit Sirup überzogene Zitronenstückchen, Rumglasur – Maraschinofrüchte).

Sandkuchen

Grundrezept II oder III
(möglichst mit 1/2 Teelöffel Backpulver bereitet), beliebige Glasur.

Die Sandmasse entweder mit 75 g gehackten Mandeln, Bittermandelöl oder mit je 75 g Sultaninen, geraspeltem Zitronat und gehackten Mandeln verarbeiten. In eine gefettete, mit Butterpapier ausgelegte Kastenform füllen und bei Mittelhitze etwa 45 Minuten backen. Nach dem völligen Erkalten stürzen und hell oder dunkel glasieren. – Sandkuchen läßt sich auch durch eine Fülle verfeinern.

Wiener Sandkuchen

150 g Margarine, 2 Eier, 150 g Zucker, 1 Teelöffel Rum,
Zitronenaroma, Salz, 150 g Speisestärke,
1/2 Päckchen Backpulver, 75 g Sultaninen.

Die sahnig geschlagene Margarine, Eigelb, Zucker, Rum und Gewürz so lange rühren, bis die Masse dickcremig geworden ist. Mehl und Backpulver darübersieben, unterarbeiten, Sultaninen und den steifen Eischnee unterheben. Etwa 45 Minuten backen.

Krümelkuchen

125 g Margarine, 85 g Zucker, 1 Päckchen Vanillinzucker, Salz, 2 Eiweiß,
125 g Mehl, 2 Eßlöffel erhitzte Butter, Streusel aus 150 g Mehl,
2 Eßlöffel Kakao, 100 g Zucker, 100 g Margarine.

Für den Teig Margarine, Zucker, Gewürz und Eiweiß schaumig rühren und das gesiebte Mehl unterheben. Dünn auf ein vorbereitetes Blech streichen, die erhitzte Butter darüber verteilen und mit den aus den übrigen Zutaten bereiteten Streuseln bekrümeln. Bei Mittelhitze backen.

Sachertorte

*350 g Margarine, 225 g Weizenmehl, 125 g Speisestärke,
50 bis 60 g Kakao, 2 Teelöffel Backpulver, 8 Eier, 300 g Zucker, Salz,
2 Päckchen Vanillinzucker, 50 g geriebene Mandeln;
Aprikosenmarmelade, 1 Eßlöffel Rum, 50 g geriebene Mandeln,
Schokoladenglasur oder Kuvertüre.*

Zur schaumig gerührten Margarine Mehl, Speisestärke, Kakao und Backpulver sieben und unterarbeiten. Eigelb, Zucker und Gewürz ebenfalls schaumig schlagen und mit den Mandeln zur Margarinemasse geben. Den steifen Eischnee unterheben und in einer gefetteten, ausgestäubten Springform bei Mittelhitze backen. Am nächsten Tag zweimal quer durchschneiden und mit Aprikosenmarmelade, die nach Wunsch mit Rum und Mandeln verrührt sein kann, füllen. Etwa 3 Eßlöffel Aprikosenmarmelade erhitzen und damit die zusammengesetzte Torte überziehen, sofort mit Schokoladenglasur oder Kuvertüre (mit 1 Teelöffel Öl im Wasserbad erhitzen) bestreichen. Die Torte kann mit Pralinen oder anderem Schokoladendekor garniert werden.

Backpulverteig

Backpulver stets trocken lagern, alle Zutaten kalt und erst unmittelbar vor dem Backen verarbeiten.

Mit dem Handrührgerät braucht man für einen Rührteig nur etwa 5 Minuten. Fett, Zucker und Eier können auch im Mixer schaumig gerührt und anschließend kann mit Rührquirlen das Mehl untergearbeitet werden.

Eier einzeln in eine Tasse aufschlagen, nicht auf einmal zum Teig geben, falls ein schlechtes Ei dabei ist.

Nur so viel Milch dazugießen, daß der gerührte Teig schwer reißend von den Rührquirlen fällt.

Backformen gut fetten, bei schweren Teigen die Form mit Pergamentpapier oder Alufolie auskleiden.

Rührkuchen bei mäßiger Mittelhitze etwa 45 bis 60 Minuten backen.

Während der ersten 35 Minuten Backzeit die Ofentür nicht öffnen.

Zitronat und Mandeln können mit dem Schneidstab oder im Mixer mühelos zerkleinert werden.

Gewaschene, abgetrocknete und in Mehl gewälzte Rosinen erst zum Schluß unter den Teig heben.

Zur Garprobe mit einem Hölzchen in den Kuchen stechen. Bleibt dieses trocken, ist der Kuchen fertig.

Grundrezept für Rührteig

250 bis 300 g Margarine, 200 g Zucker,
Salz, Zitronenaroma oder Vanillinzucker oder Bittermandelöl,
3 bis 4 Eier, 400 g Weizenmehl, 100 g Speisestärke,
1 Päckchen Backpulver, 6 bis 8 Eßlöffel Milch.

Die schaumig geschlagene Margarine, Zucker und Gewürze verrühren. Nach und nach die Eier zugeben. Erst wenn die Masse glatt ist, Mehl und Backpulver darübersieben und während des Weiterschlagens die Milch zugießen. Den Teig ohne weitere Unterbrechung nach Rezeptvorschrift verarbeiten. – Wird für einfaches Gebäck die Margarine- oder Eimenge herabgesetzt, so muß die Milchmenge erhöht werden. Der Teig soll schwerreißend vom Löffel fallen. Bei Verwendung einer elektrischen Küchenmaschine werden zunächst Eier und Zucker schaumig gerührt und dann erst die übrigen Zutaten zugegeben.

Grundrezept für Knetteig

500 g Mehl, 1 Päckchen Backpulver,
175 g Margarine, 125 g Zucker, Salz,
Zitronenaroma oder Vanillinzucker oder Bittermandelöl,
2 Eier, 2 bis 3 Eßlöffel Milch.

Mehl und Backpulver sieben und nach und nach mit den übrigen Zutaten verarbeiten.

Grundrezept für Quark-Öl-Teig

150 g Quark, 5 Eßlöffel Milch, 6 Eßlöffel Öl,
75 g Zucker, 1 Päckchen Vanillinzucker, 1 Prise Salz,
300 g Mehl, 1 Päckchen Backpulver.

Quark, Milch, Öl, Zucker, Vanillinzucker und Salz mit dem Handrührgerät verarbeiten. Etwa 200 g Mehl dazugeben und unterrühren. Das restliche mit dem Backpulver vermischte Mehl darunterkneten.
Dieser schnelle Kuchenteig eignet sich besonders gut für Blechkuchen, er kann mit beliebigem Belag gebacken werden. Für Pizza, Zwiebel- oder Speckkuchen diesen Teig ohne Zucker bereiten.

Nußstäbchen

Hälfte der Rührteigmenge nach Grundrezept, 200 g geriebene Nüsse oder Mandeln, Bittermandelöl, 1 Ei.

Den mit Nüssen und Mandelaroma vermischten Rührteig in gleichmäßigen Streifen auf ein gefettetes, bestäubtes Blech spritzen. Kurz vor Ende der Backzeit mit verquirltem Ei bestreichen und bei Mittelhitze goldgelb werden lassen. – Anstelle von Nüssen lassen sich feingehackte Trockenfrüchte unter den Teig mengen.

Gefüllte Schnitten

Dreiviertel der Rührteigmenge nach Grundrezept, 1/2 Glas Konfitüre, Zuckerglasur, Liebesperlen.

Den Rührteig knapp 1 cm stark auf ein gefettetes, bestäubtes Blech streichen und bei Mittelhitze goldgelb backen. Nach dem Erkalten in Streifen, Vierecke oder Dreiecke schneiden oder mit scharfkantigen Förmchen ausstechen. Jeweils zwei Stücke mit Konfitüre zusammensetzen, glasieren und mit Liebesperlen oder buntem Streuzucker verzieren.

Nußplätzchen

200 g Weizenmehl, 50 g Speisestärke, 1 Teelöffel Backpulver, 100 g Zucker, Salz, 1 Päckchen Vanillinzucker, 1 Ei, 100 g Margarine, 125 g gehackte Nüsse, 1 Eßlöffel Zitronensaft oder Sahne.

Mehl und Backpulver sieben und nacheinander mit den übrigen Zutaten verarbeiten. Aus dem Teig Rollen von etwa 3 cm Durchmesser formen, kalt stellen und in Scheiben schneiden. Nach Wunsch mit verquirltem Ei bestreichen und mit Nüssen belegen. Bei Mittelhitze goldgelb backen.

Mokkataler

Knetteig nach Grundrezept, aber nicht mit Milch, sondern mit Mokka bereitet, Mokkaglasur, etwa 15 Schokoladen-Mokkabohnen oder anderes Schokoladendekor.

Aus dem Teig Rollen von etwa 4 cm Durchmesser formen. Mit scharfem Messer in gleichmäßige Scheiben schneiden und auf gefettetem Blech goldgelb backen. Sofort glasieren und verzieren.

Schokoladenhörnchen

Dreiviertel der Knetteigmasse nach Grundrezept,
2 bis 3 Eßlöffel Kakao, 65 g geriebene Nüsse oder Kokosraspel,
1 Ei, Hagelzucker.

Den Teig mit den übrigen Zutaten – ein halbes Ei zurücklassen – verarbeiten. Zu Hörnchen oder Brezeln formen, auf gefettetem Blech mit dem verquirlten Eirest bestreichen und nach Wunsch mit Hagelzucker bestreuen. Bei Mittelhitze goldgelb backen. – Das Gebäck kann auch beliebig glasiert werden.

Knusperherzen

75 g Margarine, 75 g Zucker, 2 bis 3 Eßlöffel Honig, 1 Teelöffel Zimt,
Zitronenaroma, Salz, 1 Ei, 50 g gehackte Mandeln,
Bittermandelaroma, 250 g Mehl, 1/2 Päckchen Backpulver,
1 Glas Weiß- oder Apfelwein; grober Zucker.

Die weiche Margarine mit allen übrigen Zutaten zu einem zarten Knetteig verarbeiten. Auf grobem Zucker reichlich 5 mm stark ausrollen. Herzen ausstechen und auf gefettetem, bemehltem Blech bei Mittelhitze goldgelb backen. Das Gebäck darf nicht zu dunkel werden.

Quarkbrezeln

250 g trockener Quark, 150 g Margarine, 1 Eßlöffel Öl, 1 Ei,
2 Eßlöffel Zucker, 1 Päckchen Vanillinzucker, Salz, 375 g Mehl,
1 Päckchen Backpulver, verquirltes Ei, gehackte Mandeln.

Quark, erhitzte, abgekühlte Margarine, Öl, Ei, Zucker und Gewürz verrühren und möglichst durch ein Sieb streichen. Das mit dem Backpulver gesiebte Mehl zugeben und rasch einen Teig bereiten. Gleichmäßig lange Röllchen zu Brezeln formen, mit verschlagenem Ei bestreichen und mit gehackten Mandeln bestreuen. Bei Mittelhitze etwa 10 Minuten backen.

Fruchtröllchen

225 g Margarine, 100 g Zucker, 1 Päckchen Vanillinzucker, 2 Eier, Salz, Saft einer 1/2 Zitrone oder Apfelsine, 300 g Mehl, 1/2 Päckchen Backpulver, 100 g Korinthen, 80 g Datteln oder Feigen, 50 g Zitronat, Haselnüsse zum Garnieren.

Margarine, Zucker, Vanillinzucker, 1 1/2 Eier, Salz, Zitronensaft schaumig rühren. Das mit dem Backpulver gesiebte Mehl und die gehackten Früchte unterarbeiten. Den Teig zu gleichmäßigen Röllchen formen, auf gefettetem Blech mit dem verquirlten Eirest bestreichen und mit Haselnußhälften garnieren. Bei Mittelhitze 15 Minuten backen.

Bröselkeks

150 g feine Kuchen- oder Zwiebackbrösel, 100 g Mehl, 1/2 Päckchen Backpulver, 2 bis 3 Eßlöffel Kakao, 100 g Margarine, 75 g Zucker, 1 Päckchen Vanillinzucker, Salz, 1 Ei, 3 bis 4 Eßlöffel Sahne, Zuckerglasur.

Kuchenbrösel leicht rösten, Mehl, Backpulver und Kakao sieben. Margarine, Zucker, Gewürz und Ei schaumig schlagen, löffelweise Brösel, Mehl und Sahne zugeben. Den gründlich durchgearbeiteten Teig zu Kugeln formen, auf gefettetem Blech bei Mittelhitze backen und jedes Stück ganz oder zur Hälfte glasieren.

Mohnecken

Dreiviertel der Knetteigmenge nach Grundrezept (die Hälfte des Mehles durch Grieß ersetzen), Bittermandelöl, 1 kleines Ei, etwa 4 Eßlöffel Mohn.

Den Teig, möglichst mit Bittermandelöl gewürzt, dünn ausrollen, ausstechen oder ausschneiden, mit verquirltem Ei bestreichen und mit dieser Seite in den Mohn drücken. Auf gefettetem Blech goldbraun backen.

Bussel

250 g Mehl, 1 Teelöffel Backpulver, 125 g Zucker, 2 Eier, Salz, Zitronenaroma, 3 Eßlöffel Milch, 175 g Margarine, 200 g geröstete Haferflocken, Bittermandelöl.

Gutes Gelingen und viel Spaß beim Backen
250
g

Leipziger Lerchen

Erdbeertorte

Sachertorte

Mehl und Backpulver sieben und nach und nach mit den übrigen Zutaten verarbeiten. Aus dem Teig runde Plätzchen formen, möglichst mit verquirltem Ei bestreichen und mit Nußkernen verzieren. Bei Mittelhitze goldgelb backen.

Zuckertütchen

300 g Mehl, 2/3 Päckchen Backpulver, 100 g Margarine, 100 g Zucker, 1 Päckchen Vanillinzucker, Salz, 1 Ei, etwa 6 Eßlöffel Milch, Zuckerglasur; Füllung siehe Seite 195, Schokoladenplätzchen.

Aus Mehl, Backpulver, Margarine, Zucker, Gewürz, Eier und Milch einen Teig bereiten. Etwa 2 mm stark ausrollen. 6 bis 8 cm hohe Papiertütchen mit Teig umhüllen, die „Nahtstellen" jeweils mit Zuckerwasser verkleben. Mit der Spitze nach oben auf gefettetem Blech bei kräftiger Mittelhitze backen. Die Papiertütchen vorsichtig herausziehen. Das glasierte Gebäck mit Schokoladenplätzchen verzieren und füllen.

Schokoladenigel

Hälfte der Rührteigmenge nach Grundrezept, Schokoladenglasur, etwa 50 g Mandelstifte.

Den Teig in ovalen vorbereiteten Förmchen bei Mittelhitze backen. Erkaltet stürzen, mit Schokoladenglasur überziehen und mit Mandelstiften bestecken.

Quarkbrötchen

250 g Mehl, knapp 1 Päckchen Backpulver, 1 Eßlöffel Zucker, Salz, Zitronenaroma, 1 Ei, 250 g Quark, 65 g Korinthen.

Mehl und Backpulver sieben und mit Zucker, Gewürz, reichlich einem halben Ei und Quark zu einem Teig verarbeiten. Zuletzt die Korinthen zugeben. Brötchenförmige Stücke auf ein gefettetes Blech setzen, mit dem verquirlten Eirest bestreichen und bei Mittelhitze goldbraun backen.

Gefüllte Hörnchen

250 g gekochte geriebene Kartoffeln vom Vortage, 250 g Mehl, 1 Päckchen Backpulver, 125 g Zucker, 50 g Butterschmalz oder Fett, Salz, 1 bis 2 Eßlöffel Milch, 1 Ei, Zitronenaroma, 1 Päckchen Vanillinzucker; Marmelade.

Alle Zutaten – mit Ausnahme der Marmelade – gründlich verarbeiten, ausrollen und in nicht zu große Dreiecke oder Quadrate schneiden. Jedes Teigstück mit etwas Marmelade betupfen, zusammenrollen und zum Hörnchen biegen. Auf gefettetem Blech möglichst mit Zuckerwasser oder verquirltem Ei bestreichen und bei mäßiger Hitze backen. Nach Wunsch können die Hörnchen glasiert werden. Frisch essen!

Rührkuchen

Rührteig nach Grundrezept, Puderzucker oder beliebige Glasur.

Den Rührteig dreiviertelhoch in eine gefettete, ausgebröselte Form füllen. Bei Mittelhitze mindestens 60 Minuten backen. Nach dem völligen Erkalten stürzen und mit Puderzucker besieben oder glasieren. – Rührkuchenteig läßt sich auf verschiedene Weise verfeinern: durch Zugabe von gehackten Mandeln und Sultaninen oder Korinthen, durch saure oder süße Sahne anstelle von Milch, durch feinblättrig geschnittene oder geraspelte Schokolade.

Marmorkuchen

Rührteig nach Grundrezept, 3 Eßlöffel Kakao, Puderzucker, 4 Eßlöffel Sahne oder Milch, Butter.

Den Teig halbieren und unter die eine Hälfte Kakao, 2 Eßlöffel Puderzucker und Sahne rühren. Den hellen und dunklen Teig abwechselnd in eine gefettete, ausgebröselte Form füllen und bei Mittelhitze etwa 60 Minuten backen. Nach dem Erkalten stürzen, mit zerlassener Butter bestreichen und dick mit Puderzucker besieben oder glasieren. – Gehackte Mandeln oder Nüsse verfeinern den Teig.

Tassenkuchen

2 Tassen Mehl, 1 Päckchen Backpulver, 2 Tassen Grieß, 2 Eier, 2 Tassen Milch, knapp 2 Tassen Zucker, Salz, Zitronenaroma oder Vanillinzucker, Aprikosenmarmelade, Zuckerglasur.

Das mit Backpulver gesiebte Mehl, Grieß, Eier, Milch, Zucker und Gewürz zu einem geschmeidigen Teig verarbeiten. In vorbereiteter Springform bei Mittelhitze backen und nach dem Erkalten einmal quer durchschneiden. Zwischen beide Lagen Aprikosenmarmelade füllen und den zusammengesetzten Kuchen mit erhitzter Marmelade bestreichen, sofort mit Zuckerglasur überziehen.

Selterswasserkuchen

4 Eier, 2 Tassen Zucker, 1 Tasse Öl, 3 Tassen Mehl, 1 Päckchen Backpulver, 1 Prise Salz, Zitronenaroma, 1 Tasse Selterswasser.

Für die Glasur: 150 g Puderzucker, 2 Eßlöffel Zitronensaft, 1 Eßlöffel zerlassenes Kokosfett.

Eier, Zucker und Öl mit dem Rührgerät schaumig schlagen. Das gesiebte Mehl, Backpulver, Salz und Zitronenaroma zugeben und gut einarbeiten. Zum Schluß das Selterswasser unterrühren. Den Teig in eine gut gefettete und ausgebröselte Form geben und im vorgeheizten Ofen bei Mittelhitze backen. Den Kuchen mit Zitronenguß überziehen oder mit Puderzucker bestreuen. – Nach Belieben kann der Kuchen mit Rosinen oder Kakao verfeinert werden.

Kakaokuchen

150 g Margarine, 300 g Zucker, 4 Eier, 3 zerstoßene Nelken, 1 Prise Muskat, 1 Prise Salz, 1 1/2 Teelöffel Zimt, Zitronenaroma, 50 g Kakao, 375 g Mehl, Päckchen Backpulver, 1/4 l Milch.

Aus Butter, Zucker und den Eigelb eine schaumige Masse rühren, die Gewürze und den Kakao unter ständigem Rühren zufügen. Dann das mit Backpulver gesiebte Mehl abwechselnd mit der Milch nach und nach unterrühren. Zuletzt den steifen Eischnee unterheben. In einer gefetteten Form bei Mittelhitze etwa 60 Minuten backen. Nach Belieben mit Schokoladen- oder Zuckerglasur überziehen.

Ungarischer Teekuchen

150 g Margarine, 150 g Zucker, Salz, je eine Prise Zimt und Ingwer, 4 Eier, je 100 g Sultaninen und Korinthen, je 50 g Zitronat und getrocknete Aprikosen, 200 g Mehl, 1 Teelöffel Backpulver, 2 Eßlöffel Milch, 4 bis 6 Eßlöffel Pfirsichgeist, Weinbrand oder Rum.

Margarine, Zucker und Gewürz schaumig schlagen, nach und nach Eigelb und gehackte Trockenfrüchte zugeben. Mehl und Backpulver darübersieben und ebenso wie die anderen Zutaten – mit Ausnahme des Alkohols – unterarbeiten. Zuletzt den steifen Eischnee unterziehen. In einer mit gefettetem Papier ausgelegten Kastenform bei Mittelhitze etwa 50 Minuten backen. Nach dem Erkalten stürzen, den Alkohol in die Form gießen und den Kuchen wieder hineinlegen. Frühestens am nächsten Tag anschneiden.

Schokoladenrührkuchen

150 g Margarine, 200 g Zucker, 1 Päckchen Vanillinzucker, 1 Prise Salz, Saft von 1/2 Zitrone, 3 Eier, 500 g Mehl, 3 Teelöffel Backpulver, knapp 1 Tasse Milch, 200 g Blockschokolade.

Die Margarine zerlassen, mit Zucker, Vanillinzucker, Salz, Zitronensaft und den Eigelb verrühren. Das mit dem Backpulver gesiebte Mehl abwechselnd mit der Milch nach und nach unterrühren, bis der Teig glatt ist. Dann die in kleine Stücke zerschnittene Schokolade und zuletzt den steifen Eischnee unterheben. In eine gefettete Form geben und bei mäßiger Hitze etwa 70 Minuten backen. Nach Belieben mit Zitronen- oder Schokoladenglasur überziehen.

Weintraubenkuchen

200 g Mehl, 1 Teelöffel Backpulver, 1 Eigelb, 3 Eßlöffel Sahne, 250 g Zucker, Salz, 100 g Butter oder Margarine. 1 kg Weinbeeren, 4 Eiweiß, Zitronensaft, 150 g geriebene Mandeln.

Das Mehl mit dem Backpulver vermischen und auf ein Backbrett sieben. In die Mitte eine Vertiefung drücken. Das Eigelb, die saure Sahne, 50 g Zucker und 1 Prise Salz dazugeben und alles mit etwas Mehl vom Rand zu einem dicken Brei verrühren. Die kalte Butter in Flöckchen schneiden und auf den Rand streuen. Alles schnell zu einem glatten Teig verkneten. Den Boden einer gefetteten Springform mit Mehl bestreuen, zwei Drittel des Teigs darauf ausrollen, aus dem restlichen Teig eine Rolle formen und 2 cm hoch an den Rand der Springform drücken. Den Boden mit einer Gabel mehrmals einstechen und 15 Minuten bei Mittelhitze backen. Die Eiweiß mit Zitronensaft steif schlagen. 200 g Zucker nach und nach darunterschlagen und die geriebenen Mandeln unterheben. Die Weinbeeren unter den Eiweißteig mischen. Alles auf dem Teigboden glattstreichen, und den Weintraubenkuchen bei schwacher Hitze etwa 1 Stunde mehr trocknen als backen.

Gedeckter Apfelkuchen

Für den Teig: 150 g Butter oder Margarine, 90 g Puderzucker, 1 Ei, Zitronenaroma, 190 g Mehl, 100 g Speisestärke, 1/2 Teelöffel Backpulver.

Für die Füllung: 5 kleine Äpfel, 60 g Johannisbeergelee, 40 g Mandeln, 3 Eßlöffel Zucker, 30 g Rosinen, 1 Eiweiß, Mandelstifte.

Das Fett schaumig rühren, nach und nach Zucker, Ei und Zitronenaroma dazugeben. Die Hälfte des Mehls dazumischen und verrühren. Das restliche Mehl mit Speisestärke und Backpulver mischen und unter den Teig kneten. 30 bis 40 Minuten ruhen lassen. Etwas mehr als die Hälfte des Teigs ausrollen, eine Springform damit auslegen und einen hohen Rand formen. Den Boden mehrmals mit der Gabel einstechen. Die Äpfel schälen, halbieren und die Kerngehäuse herausschneiden. Die entstandene Vertiefung mit einer Mischung aus geriebenen Mandeln und Johannisbeergelee füllen, mit der Schnittfläche nach unten auf den Teigboden legen, mit Zucker und überbrühten Rosinen bestreuen. Aus dem restlichen Teig eine Platte in Springformgröße ausrollen, über die Äpfel legen und so andrücken, daß die Form der Äpfel zu sehen ist. Die Deckplatte mehrmals mit der Gabel einstechen, mit Eiweiß bestreichen, nach Belieben mit Mandelstiften bestreuen und in der Springform backen.

Englischer Teekuchen

200 g Margarine, 180 g Zucker, Salz, 1 Zitrone, Zitronenbackaroma, 4 Eier, 1 bis 2 Eßlöffel Weinbrand, je 125 g Weizenmehl und Speisestärke, 1/2 Päckchen Backpulver, 80 g süße Mandeln, Bittermandelaroma, 200 g Trockenfrüchte.

Zur schaumig geschlagenen Margarine Zucker, Salz, Zitronensaft und Backaroma rühren. Nach und nach Eier und Weinbrand zugeben. Mehl und Backpulver sieben, mit gehackten Mandeln und Trockenfrüchten vermischen. Unter die Margarinemasse arbeiten. In gefetteter, ausgestäubter Kastenform etwa 45 Minuten bei Mittelhitze backen.

Dresdner Kuchen

125 g Margarine, Salz, 150 g Zucker, 1 Päckchen Vanillinzucker, 4 Eier, je 100 g Weizenmehl und Speisestärke, 1/2 Päckchen Backpulver, 2 Eßlöffel Rum, abgeriebene Schale einer unbehandelten Apfelsine, 50 g Schokolade, Rumglasur.

Margarine, Salz, Zucker und Vanillinzucker schaumig rühren, nach und nach die Eier zugeben. Das mit dem Backpulver gesiebte Mehl unterarbeiten und zuletzt Rum, ein wenig abgeriebene Apfelsinenschale und die in kleine Würfel geschnittene Schokolade zugeben. Den Teig in eine gefettete, ausgestäubte Rehrückenform füllen und bei Mittelhitze mindestens 50 Minuten backen. Mit Rumglasur überziehen.

Griechischer Kastenkuchen

Rührteig nach Grundrezept, 100 g Kokosraspel, 4 Eßlöffel Dessertwein, 75 g Korinthen, Bittermandelöl, Rum- oder Likörglasur.

Den Teig halbieren und in die eine Hälfte die übrigen Zutaten geben. Diesen Teig in eine gefettete, ausgestäubte Ringform füllen, den restlichen Teig darüber verteilen und bei Mittelhitze etwa 60 Minuten backen. Mit Rumglasur überziehen.

Brühkuchen

2 Eier, 200 g Zucker, Salz, 1/2 Zitrone, Backaroma Zitrone, je 150 g Weizenmehl und Speisestärke, 1/2 Päckchen Backpulver, 175 g Margarine, Zuckerglasur.

Eier, Zucker und Salz recht schaumig schlagen. Zitronensaft und Backaroma sowie nach und nach das mit dem Backpulver gesiebte Mehl zugeben. Die Margarine erhitzen und nach leichter Abkühlung flott unter den Teig arbeiten. In gefetteter, ausgestäubter Kastenform bei Mittelhitze mindestens 50 Minuten backen. (Vorsicht, nicht zu zeitig nachsehen!) Nach dem Erkalten stürzen und beliebig glasieren oder mit Creme füllen und garnieren.

Rollkuchen

Knetteig nach Grundrezept, 1 Glas Konfitüre, 1 Ei, 2 Eßlöffel Rum oder Milch, 75 g Mandeln oder Nüsse, Bittermandelaroma, Schokoladen-Fettglasur oder Kuvertüre.

Den Teig rechteckig ausrollen. Konfitüre, Ei und Rum recht gut verrühren, auf dem Teig breitstreichen und mit gehackten Mandeln bestreuen. Die Teigplatte zusammenrollen und auf gefettetem Blech bei Mittelhitze etwa 50 Minuten backen. Nach dem Erkalten mit Schokoladenglasur überziehen und mit Mandeln oder Nüssen garnieren.

Kartoffel-Aschkuchen

125 g Margarine, 175 g Zucker, 1 Ei, Salz, 1/2 Zitrone, Zitronenaroma, 1/4 l Milch, 200 g gekochte, geriebene Kartoffeln, 250 g Mehl, 1 Päckchen Soßenpulver Vanillegeschmack, 1 Päckchen Backpulver, 125 g Sultaninen oder Korinthen, Butter, Puderzucker.

Margarine, Zucker, Ei, Salz, Zitronensaft und Backaroma schaumig rühren. Die Milch, die Kartoffeln, das mit Soßen- und Backpulver gesiebte Mehl und die vorbereiteten Sultaninen zur Margarinemasse geben. In gefetteter Aschkuchenform bei Mittelhitze mindestens 50 Minuten backen. Mit zerlassener Butter bestreichen und mit Puderzucker besieben. Dieser Kuchen muß frisch aufgetragen werden.

Quark-Aschkuchen

150 g Margarine, 225 g Zucker, Salz, Zitronenaroma, 2 Eier, 250 g Quark, 400 g Mehl, 1 Päckchen Backpulver, 100 g Korinthen, Puderzucker.

Margarine, Zucker, Gewürz und Eier schaumig rühren, mit dem Quark verschlagen und durchstreichen. Mehl und Backpulver darübersieben und den Teig zuletzt mit den vorbereiteten Korinthen vermengen. Bei sehr trockenem Quark etwas Milch oder saure Sahne zugießen. Bei Mittelhitze etwa 60 Minuten in einer gefetteten, ausgestäubten Aschkuchenform backen und mit Puderzucker besieben.

Möhrenkuchen

100 g Margarine oder Fett, 125 g Zucker, 3 Eier, Salz, Saft einer ganzen Zitrone, Backaroma Zitrone, 125 g Quark, 375 g Mehl, 1 Päckchen Backpulver, 6 bis 8 Eßlöffel Grieß, 125 g feingeriebene rohe Möhren, 2 geraspelte Äpfel, 3 Eßlöffel Korinthen.

Margarine, Zucker, Eier und Salz schlagen und nach und nach mit den übrigen Zutaten verrühren. In gefetteter, ausgebröselter Kastenform bei Mittelhitze etwa 60 Minuten backen. Nach dem Erkalten stürzen möglichst mit zerlassener Butter bestreichen und mit Puderzucker besieben.

Möhrentorte

6 Eier, 300 g Puderzucker, 250 g gekochte Möhren, 1/2 Zitrone, Zitronenaroma, 80 g Mandeln, 1 Teelöffel Zimt, 100 g Semmelbrösel, 60 g Mehl, 1 Messerspitze Backpulver.

Für die Glasur:
270 g Puderzucker, Saft von 1/2 Zitrone, etwas Wasser.

Die Eigelb mit dem Puderzucker schaumig rühren. Die geraspelten Möhren, den Zitronensaft sowie das Backaroma zugeben. Aus dem Eiweiß steifen Schnee schlagen. Alles zusammen mit den gemahlenen Mandeln, Zimt, Semmelbröseln und dem mit dem Backpulver vermischten Mehl zu der Eigelbmasse geben. Alles leicht verrühren und in einer gut gefetteten und mit Mehl ausgestreuten Tortenform backen. Die fertiggebackene und ausgekühlte Torte mit Zitronenglasur, aus Puderzucker, Zitronensaft und Wasser zubereitet, überziehen.

Mohn-Aschkuchen

150 g gemahlener Mohn, reichlich 1/8 l Milch, 200 g Zucker, Salz, 1 Päckchen Vanillinzucker, 1 Ei, 1 Eßlöffel Weinbrand, 250 g Mehl, 1/2 Päckchen Backpulver.

Den Mohn mit der siedenden Milch brühen und nach Abkühlung Zucker, Salz, Vanillinzucker, Ei und Weinbrand unterrühren. Mehl und Backpulver darübersieben und den gründlich verarbeiteten Teig in einer gefetteten, ausgestäubten Aschkuchenform bei Mittelhitze backen. Möglichst mit einer Zitronenglasur überziehen.

Gefüllter Aschkuchen

Dreiviertel der Rührteigmenge nach Grundrezept, 150 g geriebene Mandeln, Bittermandelöl, 125 g Zucker, 80 g Zitronat, 50 g Semmelbrösel, 1/2 Teelöffel Zimt, Zitronenaroma, 2 Eßlöffel Milch oder Weinbrand, 2 Eiweiß.

Die Hälfte des Teiges in eine vorbereitete Aschkuchenform füllen. Mandeln, Zucker, zerkleinertes Zitronat, Semmelbrösel, Gewürz und Milch verrühren und den steifen Eischnee unterziehen. Diese Fülle auf dem Teig verteilen, den Teigrest darübergeben und den Kuchen bei Mittelhitze etwa 50 Minuten backen. – Ein Backpulver-Rührteig kann auch in eine Springform gefüllt, mit der gleichen Mandelfülle bestrichen und als Torte gebacken werden.

Gestürzter Kirschkuchen

Etwa 750 g Kirschen, 75 g Margarine, 150 g Zucker, 2 Eier, Salz, 125 g Weizenmehl, 65 g Speisestärke, knapp 1/2 Päckchen Backpulver, Bittermandelaroma.

Eine gefettete Springform mit ebenfalls gefettetem Butterpapier auslegen. Die Kirschen darauf verteilen, nach Wunsch Korinthen oder Sultaninen daraufstreuen. Margarine, Zucker, Eier und Salz recht schaumig schlagen, das mit dem Backpulver gesiebte Mehl und das Backaroma unterarbeiten. Den Teig auf die Kirschen füllen und den Kuchen bei Mittelhitze etwa 50 Minuten backen. Nach dem Erkalten stürzen, das Papier vorsichtig herunterziehen. Nach Möglichkeit mit zerlassener Butter beträufeln und mit Puderzucker besieben.

Schokoladenkranz

Rührteig nach Grundrezept, Lukullusmasse, siehe Seite 190, Mandelhälften oder -splitter.

Den Rührteig, wie auf Seite 45 bei Frankfurter Kranz beschrieben, backen. Anstelle von Creme zum Füllen und Überziehen Lukullusmasse verwenden. Mit Mandelhälften oder -splittern garnieren. Die Lukullusmasse für die Fülle kann mit gehackten Mandeln oder Kokosraspeln vermengt werden.

Zarter Fruchtkuchen

Dreiviertel der Rührteigmenge nach Grundrezept, 750 g Obst (Aprikosen, Äpfel, Pflaumen oder Kirschen), Butter, feiner klarer Zucker oder Puderzucker.

Den Rührteig auf einem gefetteten, bestäubten Blech oder in ebenso vorbereiteter Springform breitstreichen. Das Obst (Steinobst entkernt, Äpfel halbiert und anstelle des Kernhauses mit ein wenig Konfitüre gefüllt) in gleichmäßigen Abständen auf dem Teig verteilen (Apfelhälften mit der Rundung nach oben legen). Bei Mittelhitze etwa 45 Minuten backen. Sofort mit erhitzter Butter bestreichen und mit Zucker bestreuen.

Quarkstollen

75 g Margarine oder Butter, 100 g Zucker, 2 Eier, Salz, 1 Päckchen Vanillinzucker, Zitronenaroma, 250 g Quark, 400 g Mehl, 1 Päckchen Backpulver, Butter, Puderzucker.

Margarine, Zucker, Eier und Gewürz recht schaumig schlagen, den Quark unterrühren und diese Masse durch ein Sieb streichen. Das mit dem

Backpulver gesiebte Mehl unterarbeiten. Den Teig entweder stollenähnlich formen und auf ein gefettetes Blech legen oder in einer gefetteten Kastenform bei guter Mittelhitze backen. Nach dem Backen mit zerlassener Butter bestreichen und mit Puderzucker besieben.

Nußkuchen

250 g geriebene Nüsse, 250 g Grieß, 250 g Zucker,
1 Päckchen Vanillinzucker, 1 Eßlöffel Mehl, 1 Päckchen Backpulver,
knapp 1/2 l Milch (auch halb Milch, halb Kaffee),
Schokoladenglasur, Nüsse.

Alle Zutaten, Mehl und Backpulver gesiebt, untereinandermengen und den Teig in einer gefetteten, ausgestäubten Springform ca. 50 Minuten backen. Nach dem Erkalten glasieren und mit Nüssen garnieren. – Der Teig kann auch auf ein gefettetes Blech gestrichen, mit gehackten Nüssen bestreut und bei Mittelhitze etwa 25 Minuten gebacken werden.

Früchtekuchen

Dreiviertel der Rührteigmenge nach Grundrezept,
70 g Korinthen, 70 g Sultaninen, 50 g geraspeltes Zitronat,
100 g getrocknete Aprikosen, Zuckerglasur.

Unter den Rührteig die zerkleinerten Trockenfrüchte mischen und in gefetteter, ausgebröselter Form bei Mittelhitze mindestens 50 Minuten backen. Diesen sich lange Zeit frisch haltenden Kuchen erst vor dem Auftragen glasieren.

Marzipankuchen

250 g Mandeln, Bittermandelaroma, 250 g Puderzucker,
2 Eßlöffel Weinbrand, Konfitüre.
Dreiviertel der Rührteigmenge nach Grundrezept,
Zuckerglasur.

Die abgezogenen, völlig trockenen Mandeln zweimal mit der Maschine zerkleinern, mit Puderzucker vermengen und nochmals durch die Reibemaschine geben. Den Weinbrand gründlich unterarbeiten und die Masse rechteckig ausrollen. Mit Konfitüre bestreichen und zusammenrollen.

Reichlich die Hälfte des Rührteiges in eine gefettete, ausgebröselte Kastenform füllen, die Marzipanrolle vorsichtig auflegen und den übrigen Teig darauf verteilen. Bei Mittelhitze mindestens 50 Minuten backen. Nach dem Erkalten stürzen und glasieren. Wenn möglich, mit einem Marzipanrest, beliebig ausgestochen, garnieren. – Anstelle der Marzipanrolle lassen sich mit Konfitüre zusammengesetzte Biskuits oder Butterkekse als Fülle verwenden.

Feiner Apfelsinenkuchen

185 g Butter, 185 g Zucker, 1 Päckchen Vanillinzucker, 3 Eier, 185 g Mehl, 1 Teelöffel Backpulver; 125 g Zucker, Saft von 1/2 Zitrone sowie von 1 Apfelsine, Zitronenaroma.

Butter, Zucker und Vanillinzucker schaumig rühren, nach und nach 3 Eier darunterrühren. Das mit dem Backpulver gesiebte Mehl unterarbeiten. Den Teig in eine gefettete Springform gießen, glattstreichen und bei Mittelhitze goldgelb backen. Dann den Zucker mit dem Saft von Zitrone und Apfelsine sowie dem Backaroma verrühren, über den Kuchen gießen und noch 10 Minuten weiterbacken.

Zitronenkuchen

250 g Butter oder Margarine, 250 g Zucker, 5 Eier, 3 Eßlöffel Rum, 125 g Mehl, 125 g Speisestärke, 1/8 l Zitronensaft, 120 g Puderzucker.

Die Butter schaumig rühren, Zucker und Eier im Wechsel zugeben. So lange rühren, bis der Zucker sich gelöst hat. Die Masse muß schaumig aussehen. Den Rum, danach Mehl und Speisestärke miteinander vermischt an den Teig geben und ebenfalls gut verrühren. Den Teig in eine gefettete Napfkuchenform geben und im vorgeheizten Ofen backen. Den Kuchen etwas abkühlen lassen, aber nicht aus der Form nehmen und mit einer Stricknadel dicht nebeneinander einstechen. Den Zitronensaft mit 100 g Puderzucker verrühren und über den Kuchen gießen. In der Form kalt werden lassen, stürzen und mit dem restlichen Puderzucker bestäuben.

Kaffeetorte

2 Eier, 50 g Margarine, 150 g Puderzucker, 1/2 Tasse starker schwarzer Bohnenkaffee, 1 Tasse Milch, 200 g Mehl, 1/2 Päckchen Backpulver.

1/8 l Milch, 2 Eßlöffel Mehl, 70 g Butter, 70 g Puderzucker, 1 Eigelb, 1 Päckchen Vanillinzucker, 50 g Mandeln.

Glasur aus 100 g Puderzucker, 1 Eiweiß, 1 Eßlöffel Wasser.

Die Eier trennen. Eigelb, Margarine und Puderzucker schaumig rühren. Unter ständigem Rühren nach und nach den Bohnenkaffee, die Milch und das mit dem Backpulver vermischte Mehl dazugeben. Zuletzt den steifgeschlagenen Eischnee leicht unter die Masse ziehen. Diese dann in eine gefettete und mit Mehl ausgestreute Tortenform füllen und langsam backen. Nach dem Auskühlen die Torte quer durchschneiden und füllen. Dafür 3 Eßlöffel Wasser in die Milch gießen, mit dem Mehl verrühren, zu einem Brei kochen und auskühlen lassen. Inzwischen Butter, Puderzucker, Eigelb und Vanillinzucker verrühren. Nach und nach den ausgekühlten Brei und die gemahlenen Mandeln dazugeben und alles zusammen noch einmal gut verrühren.
Zum Schluß die Oberfläche der Torte glasieren.

Frankfurter Kranz

Rührteig nach Grundrezept, Buttercreme, siehe Seite 195, 125 g Zucker, 125 g gehackte Mandeln oder Nüsse, evtl. 1 Eßlöffel Butter.

Den Teig in einer gefetteten, ausgestäubten Ringform backen und nach dem Erkalten stürzen. Zweimal quer durchschneiden, mit Buttercreme füllen und auch außen mit einer dünnen Schicht Creme bestreichen. Den Zucker in einer beschichteten Pfanne vorsichtig schmelzen lassen, vom Feuer nehmen und die Mandeln darin verrühren. Sofort auf einem leicht gefetteten Blech breitstreichen und nach dem Erkalten zerklopfen. Die gehackten Mandeln können auch in dem mit wenig Butter erhitzten Zucker geröstet werden, dabei ständig rühren. Diesen Krokant gleichmäßig auf dem Kranz verteilen und nach Belieben mit Cremetupfen verzieren. – Der Frankfurter Kranz wird besonders wirkungsvoll, wenn zwei Cremesorten – eine helle und eine dunkle – verwendet werden.

Dänischer Kranz

150 g Sultaninen, 100 g Korinthen, 150 g gehackte Nüsse oder Mandeln, Bittermandelaroma, 75 g Zitronat, 50 g Margarine, 2 Gläschen Rum, anderthalbfache Knetteigmenge nach Grundrezept, 250 g Konfitüre oder Marmelade.

Die vorbereiteten Sultaninen und Korinthen mit Nüssen und geraspeltem Zitronat mischen. Die erhitzte Margarine und den Rum zugießen und gut verrühren. Auf dem lang ausgerollten Teig die Konfitüre breitstreichen und die Fülle darauf verteilen. Den zusammengerollten Teig als Kranz auf gefettetem Blech bei guter Mittelhitze backen. Die Oberfläche des Kranzes kann vor dem Backen mit der Schere in gleichmäßigen Abständen kreuzweise eingeschnitten werden. Anstelle des Backpulver-Knetteiges läßt sich auch ein Hefeteig verwenden.

Schnelle Krümeltorte

500 g Mehl, 1 Päckchen Backpulver, 180 g Margarine, 180 g Zucker, Salz, 1 Päckchen Vanillinzucker, 2 Eier, 2 bis 3 Eßlöffel Milch, 1 Glas gedünstete Früchte, Butter, feiner Zucker.

Aus Mehl, Backpulver, Margarine, Zucker, Gewürz, Eiern und Milch rasch einen Teig kneten und etwas mehr als die Hälfte davon in eine gefettete Springform krümeln. Das gut abgetropfte Obst darauf verteilen und den übrigen Teig darüberkrümeln. Bei Mittelhitze etwa 45 Minuten backen. Sofort mit zerlassener Butter bestreichen und mit feinem Zucker bestreuen. – Anstelle von Obst läßt sich Marmelade oder Pflaumenmus für dieses rasch bereitete Gebäck verwenden.

Kokos-Makronentorte

Hälfte der Knetteigmenge nach Grundrezept, 125 g Margarine, 100 g Honig, 200 g Kokosraspel, Bittermandelöl, 3 Eier, 100 g Puderzucker.

Mit dem Teig eine vorbereitete Springform auslegen, dabei einen Rand andrücken. Margarine und Honig leicht erhitzen, Kokosraspel und geriebene Mandeln zugeben, vom Feuer nehmen und die Eigelb unterrühren.

Die Masse auf den Teigboden streichen. Bei mäßiger Hitze etwa 40 Minuten backen. Inzwischen die Eiweiß steif schlagen, nach und nach den Puderzucker zugeben, siehe auch Baisermasse, Seite 182, und die Torte damit sternförmig bespritzen oder nur bestreichen. Im mäßig warmen Ofen die Baisermasse fest werden lassen. – Der Einfachheit halber kann der steife Eischnee auch unter die Makronenmasse gehoben werden, dann aber während des Backens mit leicht gefettetem Butterbrotpapier vor zu starker Oberhitze schützen.

Gänseschmalztorte

180 g Gänseschmalz oder Schweinefett, 150 g Zucker, Salz, 1 Päckchen Vanillinzucker, 3 Eier, 2 Gläschen Rum oder Weinbrand, 375 g Mehl, 3/4 Päckchen Backpulver, 3 bis 5 Eßlöffel Milch, 1 Glas Johannisbeer- oder Apfelgelee, 100 g geröstete Haferflocken, Bittermandelaroma, Datteln.

Gänseschmalz, Zucker und Gewürz recht schaumig schlagen. Nach und nach Eier und Alkohol zugeben, Mehl und Backpulver darübersieben und den Teig mit so viel Milch verarbeiten, daß er die Konsistenz eines Rührteiges bekommt. In vorbereiteter Springform oder Kastenform bei Mittelhitze etwa 45 Minuten backen. Unter das erhitzte Gelee die gerösteten Haferflocken und das Backaroma rühren. Mit einem Teil dieser Masse die durchgeschnittene Torte füllen. Den Rest häufchenweise auf der Oberfläche verteilen und jeweils mit einer Dattel garnieren. – Die Torte kann auch aprikotiert oder nur mit Puderzucker besiebt werden.

Bröseltorte

225 g Margarine, 200 g Zucker, Salz, 1 Päckchen Vanillinzucker, Zitronenaroma, 4 bis 5 Eier, 250 g Kuchen- oder Zwiebackbrösel, 1/2 Päckchen Backpulver, 3 bis 5 Eßlöffel saure Sahne, weiße Zuckerglasur, Schokoladen-Fettglasur, Hagelzucker.

Margarine, Zucker, Gewürz und Eigelb schaumig schlagen. Das mit den Kuchenbröseln vermischte Backpulver und die saure Sahne zugeben, zuletzt den steifen Eischnee unterheben. In gefetteter, ausgebröselter Springform bei Mittelhitze etwa 45 Minuten backen. Nach dem Erkalten stürzen, die Oberfläche gegebenenfalls geradeschneiden, und die Torte zweifarbig glasieren oder mit Hagelzucker garnieren.

Quarktorte ohne Teigboden

50 bis 100 g Margarine, 6 Eier, 200 g Zucker, 2 Zitronen, Zitronenaroma, 1 kg trockener Quark, 100 g Grieß, 1 Päckchen Backpulver, 1 Eßlöffel Mehl, Salz, Butter, Puderzucker.

Margarine, Eigelb, Zucker, den Saft beider Zitronen und das Backaroma schaumig rühren. Den durchgestrichenen Quark, Grieß und das mit dem Mehl gesiebte Backpulver darunterschlagen. Den leicht gesalzenen steifen Eischnee zuletzt unterheben. Mindestens 60 Minuten bei Mittelhitze in einer vorbereiteten Springform backen. Die Quarktorte kann sofort mit Butter bestrichen und mit Puderzucker besiebt werden.

Quarktorte

Hälfte der Knetteigmenge nach Grundrezept, 50 g Margarine, 200 g Zucker, 1 Päckchen Vanillinzucker, Salz, 3 bis 4 Eier, 1 Gläschen Rum oder Weinbrand, 1 kg Quark, Vanillepudding aus 1/2 l Milch bereitet.

Eine leicht gefettete Springform mit dem Teig auslegen, dabei einen hohen Rand andrücken. Margarine, Zucker, Gewürz und nach und nach auch die Eier zusammen schaumig schlagen. Rum, Quark und erkalteten Vanillepudding zugeben. Die glattgerührte Masse (sofern kein elektrisches Gerät vorhanden ist, durch ein Sieb streichen) auf dem Teig verteilen. Bei guter Mittelhitze etwa 90 Minuten backen. – Durch die Zugabe von Korinthen oder Sultaninen, gehackten Mandeln oder Zitronenaroma läßt sich die Quarkmasse geschmacklich verändern. Möglichst mit Puderzucker besieben.

Quarktorte mit Schokoladendecke

Quarktorte, nach vorstehendem Rezept bereitet, halbe Menge Lukullusmasse, siehe Seite 190, oder fertig käufliche Schokoladen-Kuvertüre, 1 Teelöffel Öl.

Die Quarktorte nach dem Abkühlen mit Lukullusmasse oder der mit dem Öl im Wasserbad geschmolzenen Kuvertüre überziehen. Nach Belieben mit Mandelsplittern oder kleinen Gebäckstücken garnieren.

Quarktorte mit Mürbeteiggitter

Quarktorte, in der angegebenen Weise bereitet,
Hälfte der Mürbeteigmenge nach Grundrezept, siehe Seite 8,
1 Ei, gedünstete Aprikosen, Butter, Puderzucker.

Die Quarktorte etwa 15 Minuten vor Beendigung der Backzeit gitterförmig mit eibestrichenen Mürbeteigstreifen belegen. Die freibleibenden Quarkflächen mit sehr gut abgetropften Aprikosenhälften ausfüllen. Nach Beendigung der Backzeit buttern und mit Puderzucker bestreuen. – Anstelle von Teig und Aprikosen läßt sich eine Bienenstichmasse auf den Quark streichen. Diese äußerst schmackhafte Zusammenstellung eignet sich auch sehr gut für einen Blechkuchen.

Sizilianische Quarktorte

Hälfte der Knetteigmenge nach Grundrezept,
Quarkmasse, siehe Quarktorte, 100 g getrocknete Aprikosen,
100 g Kokosraspel, Butter, Puderzucker.

Eine vorbereitete Springform in der üblichen Weise mit dem Teig auslegen, dabei einen hohen Rand andrücken. Die Hälfte der Quarkmasse daraufstreichen, mit den vorgeweichten, gut abgetropften Aprikosen belegen und mit Kokosraspeln bestreuen. Den restlichen Quark darübergeben und bei Mittelhitze etwa 90 Minuten backen. Möglichst noch warm mit zerlassener Butter bestreichen und mit Puderzucker besieben.

Mailänder Quarktorte

100 g Margarine, 225 g Zucker, 3 Eier, Salz, 375 g Mehl,
3/4 Päckchen Backpulver, Milch, 500 g Quark,
1 Päckchen Puddingpulver Mandelgeschmack,
2 Gläschen Rum oder Weinbrand, 1 Eßlöffel erhitzte Butter,
50 g Sultaninen, Marmelade.

Margarine, 125 g Zucker, 1 Ei und Salz schaumig rühren und das mit dem Backpulver gesiebte Mehl zugeben. Nur wenig Milch zugießen, damit der Teig ausrollfähig bleibt. Mit etwas mehr als der Hälfte des Teiges eine gefettete Springform auslegen, dabei einen hohen Rand andrücken. Den mit etwas Milch verrührten, durch ein Sieb gestrichenen Quark mit Puddingpulver, Rum, Butter, 1 1/2 Eiern und Sultaninen verarbeiten und diese cremige Masse auf den Teig geben. Den restlichen, rechteckig ausgerollten Teig mit Marmelade bestreichen, zusammenrollen und mit einem jeweils in Mehl getauchten Messer in Scheiben schneiden. Diese Röllchen mit der Schnittfläche nach oben auf dem Quark verteilen. Zunächst etwa 45 Minuten bei Mittelhitze backen, mit dem verquirlten Eirest bestreichen und weitere 15 Minuten backen. Nach Wunsch mit Puderzucker besieben.

Kirmestorte

Hälfte der Knetteigmenge nach Grundrezept, Quarkmasse aus 750 g Quark, siehe Seite 97, 100 g Margarine, 150 g Mehl, 50 g geriebene Mandeln, 75 g Zucker, Salz.

Mit dem Teig eine vorbereitete Springform auslegen, dabei einen hohen Rand andrücken. Die Quarkmasse darauffüllen. Die übrigen Zutaten zu Streuseln verarbeiten und auf den Quark krümeln. Die Torte bei Mittelhitze backen.

Linzer Torte

350 g Mehl, 350 g Semmel- oder Zwiebackbrösel, 1 Päckchen Backpulver, 350 g Zucker, 300 g Margarine, 300 g geriebene Nüsse oder Mandeln, 3 Eier, 3 Eßlöffel Rum oder Milch, Zitronenaroma oder 1 Päckchen Vanillinzucker; Konfitüre.

Alle Zutaten, mit Ausnahme der Konfitüre, rasch zu einem Teig verarbeiten. Etwas mehr als die Hälfte des Teiges in eine große, gefettete ausgestäubte Springform legen. Konfitüre daraufstreichen. Den restlichen Teig ausrollen, Streifen ausrädeln oder schneiden und diese gitterförmig auf dem Kuchen anordnen. Die Torte bei Mittelhitze etwa 30 Minuten backen, dann möglichst mit verquirltem Ei bestreichen und noch weitere 10 Minuten backen.

Linzer Rolle

Zwei Drittel der Teigmenge für Linzer Torte, 85 g Margarine, 175 g Zucker, 30 g bittere Mandeln, 175 g Sultaninen, Zuckerglasur.

Mit dem größeren Teil der Teigmenge eine gefettete, ausgestäubte Rehrücken oder Kastenform auslegen. Die Margarine erhitzen, dabei den Zucker zugeben und gut verrühren. Vom Feuer nehmen, die geriebenen Mandeln und die vorbereiteten Sultaninen untermischen. Diese Fülle auf den Teig in der Form geben, den restlichen Teig darüberdecken und an den Rändern ein wenig festdrücken. Bei guter Mittelhitze mindestens 45 Minuten backen. Nach dem Erkalten stürzen und der Form des Gebäcks entsprechend glasieren. – Aus Teig und Fülle können auch Törtchen bereitet werden.

Stachelbeertorte

Backpulver-Knetteig nach Grundrezept,
500 g grüne Stachelbeeren, 250 g Zucker, etwa 1/2 Tasse Wasser,
75 g Zitronat, 1 bis 2 Eßlöffel Rum oder Weinbrand,
1 Ei, Butter, Puderzucker.

Mit der Hälfte des ausgerollten Teiges eine vorbereitete Springform auslegen. Die geputzten Stachelbeeren in der siedenden Zuckerlösung mehrmals aufkochen lassen. Nach dem Erkalten mit dem geraspelten Zitronat, das mit dem Alkohol angefeuchtet wurde, vermengen und auf der Teigplatte verteilen. Den Teigrest entweder als Decke oder gitterförmig auflegen und mit verquirltem Ei bestreichen. Bei guter Mittelhitze etwa 40 Minuten backen, mit zerlassener Butter bestreichen und mit Puderzucker besieben oder die Torte mit Zuckerglasur überziehen.

Rhabarbertorte

Für den Teig: 150 g Mehl, 75 g Speisestärke,
1 1/2 Teelöffel Backpulver, 150 g Margarine,
150 g Zucker, 1 Päckchen Vanillinzucker, 2 Eier, 1 Eigelb.

Für den Belag: 600 g Rhabarber, 3 Eiweiß, 1 Prise Salz,
Zitronensaft, 175 g Zucker.

Mehl, Speisestärke und Backpulver sieben. Weiche Margarine, Zucker und Vanillinzucker schaumig rühren. Eier und Eigelb nach und nach mit je 1 Eßlöffel Mehlgemisch darunterrühren, bis das Mehl verbraucht ist. In eine gefettete Springform füllen. Den geschälten Rhabarber in 3 cm lange Stücke schneiden, auf dem Teig verteilen und bei 180 °C 25 Minuten backen. Die Eiweiß mit Salz steif schlagen, zuletzt 175 g Zucker darunterschlagen und den Zitronensaft unterrühren. Den Kuchen aus der Röhre nehmen, mit dem Eischnee überziehen und noch weitere 20 Minuten backen.

Zitronentorte

250 g Margarine, 350 g Zucker, 4 Eier, Zitronenaroma, Saft von 2 Zitronen, Salz, 200 g Mehl, 1/2 Päckchen Backpulver.

Zur schaumig geschlagenen Margarine 200 g Zucker, nach und nach Eier, Backaroma und Salz rühren. Mehl und Backpulver darübersieben und den glatten Teig in einer gefetteten Springform 30 bis 40 Minuten bei Mittelhitze backen. Sofort mit einem dünnen Hölzchen Löcher in die Oberfläche stechen und den zuvor gründlich mit dem restlichen Zucker verrührten Zitronensaft darauf verteilen.

Walnußtorte

3 Eier, 200 g Margarine, 75 g Zucker, Salz, 500 g geriebene Walnüsse, 1/4 l Milch, 100 g geriebener Zwieback.

1 Ei und 2 Eigelb, Margarine, Zucker und Salz schaumig rühren, Nüsse, Milch und Zwieback zugeben, zuletzt den steifen Eischnee unterheben. Den Teig in eine gefettete, ausgebröselte Form füllen, bei Mittelhitze mindestens 50 Minuten backen und beliebig garnieren.

Haselnußtorte

4 Eier, 300 g Zucker, Salz, 3 Gläschen Rum oder Weinbrand, 50 g Mehl, 1/2 Päckchen Backpulver, 50 g geriebener Zwieback, 200 g geriebene Haselnüsse, Schokoladen-Kuvertüre oder halbe Menge Lukullusmasse, siehe Seite 190.

Eigelb, Zucker, Salz und Alkohol schaumig rühren, dabei nach und nach das mit dem Backpulver gesiebte Mehl, den Zwieback und die Haselnüsse zugeben. Unter den gründlich geschlagenen Teig den steifen Eischnee heben. In einer gefetteten, ausgestäubten Springform bei Mittelhitze etwa 45 Minuten backen. Nach dem Erkalten quer durchschneiden. Mit Schokoladen-Kuvertüre oder Lukullusmasse füllen und überziehen. Nach deren Festwerden kann die Torte mit dünnen Linien aus weißer Zuckerglasur gitterartig bespritzt werden. Mit Haselnüssen (ohne braune Häutchen) garnieren. – Anstelle von Haselnüssen lassen sich auch andere Nüsse oder Kokosraspel verwenden.

Nußcremetorte

150 g Puderzucker, 5 Eier, Salz, 1 Päckchen Vanillinzucker, 150 g Mehl, knapp 1/2 Päckchen Backpulver; 125 g Butter oder Margarine, 125 g Zucker, 1 Eigelb, 3 bis 5 Eßlöffel Milch, 125 g geriebene Nüsse.

Puderzucker, Eigelb und Gewürz recht schaumig schlagen, das mit dem Backpulver gesiebte Mehl zugeben und zuletzt den steifen Eischnee unterheben. In einer nicht zu großen gefetteten Springform bei mäßiger Mittelhitze etwa 45 Minuten backen. Butter, Zucker, Eigelb und Milch glattrühren, die geriebenen Nüsse zugeben und nach Wunsch mit ein paar Tropfen Zitronensaft abschmecken. Diese Creme mit weiter Tülle auf die erkaltete Torte spritzen.

Käsetörtchen

Rührteig nach Grundrezept, aber ohne Zucker, dafür mit 1/8 l Sahne und 150 g geriebenem Käse sowie mit reichlich Paprika und ein paar Spritzern Suppenwürze bereitet, Käsecreme, siehe Seite 197, Kapern.

Den Rührteig auf gefettetem, bestäubtem Blech breitstreichen und bei Mittelhitze goldgelb backen. Zu beliebig geformten Törtchen ausstechen oder -schneiden, mit Käsecreme bespritzen und mit Kapern, nach Wunsch auch Tomatenachteln, Petersilie oder Salzgebäck garnieren.

Weiteres Gebäck aus Backpulverteig ist im Kapitel „Blechkuchen“, Seite 87, zu finden.

Biskuitmasse

Biskuitmasse besteht vorwiegend aus Eiern, Zucker und Mehl.

Sorgfältige Trennung von Eigelb und Eiweiß ist wichtig.

Eigelb stets mit Zucker schaumig schlagen.

Eiweiß ganz steif schlagen, es dürfen keine Eigelbspuren vom unsachgemäßen Trennen enthalten sein.

Handrührgeräte, aber auch Schneebesen sind für die Biskuitbereitung gut geeignet.

Biskuitteige ohne Verzögerung bereiten und sofort backen.

Es können auch ganze Eier mit dem Zucker schaumig gerührt werden, das Backergebnis ist ebenfalls gut.

Backformen für Torten nur am Boden fetten oder mit Pergamentpapier auslegen.

Die Garprobe erst kurz vor Beendigung der Backzeit mit einem Holzstäbchen durchführen.

Biskuit bei milder gleichmäßiger Mittelhitze backen. Das Gebäck darf keine braune Kruste bekommen.

Biskuitteig nicht einfrieren, fertig gebackener Biskuit oder auch Torten eignen sich zum Einfrieren.

Grundrezept I für Biskuitmasse

150 g Puderzucker, 6 Eier, Zitronenaroma, Salz, 100 g Weizenmehl, 50 g Speisestärke, 1 Teelöffel Backpulver.

Den gesiebten Puderzucker unter allmählicher Zugabe von Eigelb, Zitronenaroma und Salz mit dem Schneebesen so lange schlagen, bis sich die Masse fast verdoppelt hat. Den steifen Eischnee daraufgeben, sofort Mehl und Backpulver darübersieben und alles locker untereinanderheben.

Grundrezept II für Biskuitmasse

3 Eier, 3 Eßlöffel Wasser, 125 g Zucker, 1 Päckchen Vanillinzucker, Salz, 75 g Weizenmehl, 75 g Speisestärke, 1 Teelöffel Backpulver.

Die Eigelb unter allmählicher Zugabe des heißen Wassers recht schaumig schlagen, dabei 100 g Zucker, Vanillinzucker und Salz zugeben. Unter den steifen Eischnee den restlichen Zucker ziehen. Den völlig schnittfesten Eischnee auf die Eigelbmasse geben, das mit dem Backpulver vermischte Mehl darübersieben und alles mit dem Schneebesen locker untereinanderheben.

Grundrezept III

1 Ei, 200 g Zucker, 1 Päckchen Vanillinzucker, Salz, 375 g Mehl, 1/4 l heißes Wasser, 1 Päckchen Backpulver.

Ei, Zucker und 2 Eßlöffel kaltes Wasser recht schaumig schlagen, dabei Vanillinzucker und Salz zugeben. Abwechselnd das gesiebte Mehl und heißes Wasser unterrühren, mit dem letzten Mehl auch das Backpulver sieben.

Biskuitplätzchen

Biskuitmasse II, abgezogene Mandeln.

Die Biskuitmasse in einen Spritzbeutel mit großer Tülle füllen und nicht zu dicht auf ein gefettetes, bemehltes Blech spritzen. In die Mitte jedes Plätzchens eine abgezogene Mandel legen. Bei nicht zu starker Mittelhitze 12 bis 15 Minuten goldgelb backen.

Anisplätzchen

Biskuitmasse II, 1 Teelöffel Anispulver.

Bei der Teigbereitung das Anispulver unter das Mehl mischen. In nicht zu dichten Abständen Häufchen auf ein gefettetes, bemehltes Blech setzen oder spritzen und bei Mittelhitze goldgelb backen. – Anstelle der Gewürze kann auch Kakao verwendet werden, nach Wunsch ebenfalls mit Mandelhälften verzieren. Jeweils zwei dieser Plätzchen können mit Mokkaglasur oder -creme zusammengesetzt werden.

Mandelbiskuitplätzchen

150 g Zucker, Salz, 1 Eßlöffel Wasser, 3 Eier, 100 g geriebene Mandeln, Bittermandelaroma, 150 g Mehl, Zuckerglasur.

Zucker, Salz, Wasser und Eier recht schaumig schlagen, einige Tropfen Bittermandelaroma zugeben, das darübergesiebte Mehl unterarbeiten. Jeweils zwei Plätzchen dicht nebeneinander auf ein gefettetes, bemehltes Blech setzen und bei nicht zu starker Mittelhitze backen. Mit Zuckerglasur oder Konfitüre jeweils zwei Doppelplätzchen zusammensetzen.

Biskuitzwieback

Biskuitmasse I.

Die Biskuitmasse in eine vorbereitete Kastenform füllen und bei Mittelhitze etwa 30 Minuten goldgelb backen. Abgekühlt stürzen und völlig erkalten lassen. Den Kuchen in gleichmäßige Scheiben schneiden und auf ungefettetem Blech auf beiden Seiten goldbraun rösten. Die Zwiebäcke nach Belieben mit Zuckerglasur überziehen.

Biskuitkuchen

Biskuitmasse nach Grundrezept, etwa 100 g Korinthen, Schokoladen-Kuvertüre oder -Fettglasur, gehackte Nüsse.

Die Biskuitmasse rasch mit den gewaschenen, trockengetupften Korinthen verarbeiten, 1 1/2 cm stark auf ein mit gefettetem Papier belegtes Blech streichen und bei Mittelhitze etwa 25 Minuten backen. Nach leichter Abkühlung stürzen, das Papier entfernen, die Oberfläche des Kuchens mit Schokoladenglasur oder Kuvertüre überziehen und mit Nußsplittern bestreuen. – Anstelle von Schokoladenglasur läßt sich auch erhitztes Gelee verwenden. Werden jeweils zwei Stücke mit Schokoladenglasur oder Gelee zusammengesetzt, dann die Oberfläche des Kuchens weiß glasieren.

Biskuitrolle

Biskuitmasse I, 1/2 Glas Konfitüre, Puderzucker.

Die Biskuitmasse etwa 1 cm stark auf ein mit gefettetem Backpapier belegtes Blech streichen und bei Mittelhitze knapp 15 Minuten backen. Sofort auf ein Küchentuch stürzen (für Ungeübte ist es günstig, wenn das Tuch zuvor mit Zucker bestreut wurde) und das Papier von der Biskuitplatte abziehen. Mit Konfitüre, nach Wunsch mit Weinbrand oder Rum und Mandelsplittern verrührt, bestreichen und vorsichtig, aber ohne Verzögerung aufrollen. Die Biskuitrolle mit Puderzucker besieben. – Wird die Rolle bald aufgebraucht, läßt sich die Konfitüre mit ein oder zwei zerdrückten Bananen vermengen.

Erdbeer-Sahne-Rolle

Für den Teig: 3 Eier, 150 g Zucker, 1 Päckchen Vanillinzucker, 60 g Mehl, 60 g Speisestärke, 1 gestrichener Teelöffel Backpulver.

Für Füllung und Überzug: 500 bis 700 g Erdbeeren, 2 Teelöffel Gelatine, 1/2 l Schlagsahne, Zucker, 1 Päckchen Vanillinzucker.

Die Eier mit 3 Eßlöffel kaltem Wasser zu einer dicken Creme schlagen. Unter weiterem kräftigem Schlagen mit dem Schneebesen nach und nach Zucker und Vanillinzucker zugeben. Das Mehl mit Speisestärke und Backpulver mischen, auf die Creme sieben und vorsichtig unterheben. Den Teig auf ein mit Alufolie oder Pergamentpapier belegtes Backblech streichen und backen, dann sofort auf ein mit Zucker bestreutes Geschirrtuch stürzen, die Alufolie oder das Pergamentpapier abziehen, die Rolle mit dem Tuch zusammen aufrollen und abkühlen lassen. Von den Erdbeeren etwa 20 schöne Früchte zum Garnieren zurücklegen, die übrigen Erdbeeren in Viertel schneiden. Gelatine 10 Minuten in 2 Eßlöffel kaltem Wasser quellen lassen, dann im heißen Wasserbad oder bei ganz schwacher Hitze auflösen. Die Sahne schlagen, lauwarme Gelatine, Zucker und Vanillinzucker nach und nach dazugeben und die Sahne fertigschlagen. Etwa 1/3 von der Sahne zum Garnieren abnehmen. Die restliche Sahne mit den Erdbeeren mischen, die Teigrolle aufwickeln, mit Erdbeersahne bestreichen und aufrollen. Mit Schlagsahne und Erdbeeren garnieren.

Mokka-Schokoladen-Rolle

3 Eier, 150 g Zucker, 1 Päckchen Vanillinzucker, 60 g Mehl, 60 g Speisestärke, 1 gestrichener Teelöffel Backpulver.

1/2 l Milch, 1 Päckchen Puddingpulver Schokoladengeschmack, 100 g Zucker, 4 gestrichene Teelöffel Kaffeepulver, 150 bis 250 g Butter oder Margarine; Krokantstreusel, Mokkabohnen, Schlagsahne zum Garnieren.

Die Eier mit 3 Eßlöffel kaltem Wasser zu einer dicken Creme schlagen, unter kräftigem Schlagen mit dem Schneebesen nach und nach Zucker und Vanillinzucker zugeben. Das Mehl mit Speisestärke und Backpulver mischen, auf die Creme sieben und vorsichtig unterheben. Den Teig auf ein mit Alufolie oder Pergamentpapier belegtes Backblech streichen und backen, auf ein mit Zucker bestreutes sauberes Küchentuch stürzen, die Alufolie oder das Pergamentpapier abziehen, die Rolle mit dem Tuch zusammen aufrollen und abkühlen lassen.

Das Puddingpulver mit 6 Eßlöffel Milch glattrühren. Die restliche Milch mit Zucker und Kaffee zum Kochen bringen, durchseihen, die Puddingmasse hineingeben und nochmals kurz aufkochen. Unter Umrühren abkühlen lassen. Das Fett schaumig rühren, den kalten Pudding löffelweise dazugeben und gut unterrühren. Darauf achten, daß Fett und Pudding etwa die gleiche Temperatur haben. Die Creme kalt stellen. Dann die Rolle vorsichtig aufwickeln, mit der Buttercreme bestreichen und wieder zusammenrollen. Von außen ebenfalls mit Buttercreme bestreichen, mit Krokant bestreuen und mit Mokkabohnen sowie Sahne garnieren. Das Gebäck vor dem Anschneiden kalt stellen.

Eiche

Biskuitmasse nach Grundrezept, Schokoladencreme, siehe Seite 197.

Die Biskuitmasse in einer vorbereiteten halbrunden Form (wie Kastenform, aber mit muldenförmigem Boden) backen. Nach dem völligen Erkalten zweimal durchschneiden und mit Schokoladencreme füllen. Die gewölbte Oberfläche ebenfalls mit Creme überziehen und mit der Gabel Längsstreifen durchziehen. – Ein mit heller Creme bestrichener „Eichenstamm“ kann auch mit Längsstreifen aus Schokoladencreme bespritzt werden. Dann einen kleinen Teil helle Creme mit Speisefarbe oder mit Spinatsaft grün färben und als Blattansätze aufspritzen.

Biskuitring

200 g Zucker, 6 Eier, 1 Päckchen Vanillinzucker, Salz, 125 g Weizenmehl, 100 g Speisestärke, 80 g Margarine, Zuckerglasur.

Zucker, Eigelb und Vanillinzucker so lange schlagen, bis die Masse dickschaumig geworden ist. Die gesalzenen, steif geschlagenen Eiweiß zugeben und das Mehl darübersieben. Beim Untereinanderheben des Teiges die flüssige, aber nicht mehr heiße Margarine zufügen. Die Masse in einer gefetteten, ausgestäubten Ringform bei Mittelhitze etwa 40 Minuten backen. Nach dem völligen Erkalten stürzen und mit Zuckerglasur überziehen. – Dem Teig kann ein halber Teelöffel Backpulver zugesetzt werden. In die Mitte eines unglasierten Ringes läßt sich eine leichte Creme, siehe Seite 196, mit Früchten vermischt, füllen.

Rehrücken

Dreiviertel der Biskuitmasse I, 30 g Kakao, Schokoladenglasur oder Kuvertüre, Mandelstifte.

Bei der Bereitung der Biskuitmasse mit dem Mehl den Kakao sieben. Die Masse in eine vorbereitete Rehrückenform füllen und etwa 40 Minuten bei Mittelhitze backen. Mit Schokoladenglasur überziehen und – wie einen gespickten Rehrücken – mit Mandelstiften bestecken.

Englische Biskuits

65 g Margarine, 100 g Zucker, 1 Päckchen Vanillinzucker, Salz, 4 Eier, 250 g Mehl, 125 Speisestärke, knapp 1 Päckchen Backpulver, Schokoladenglasur.

Zur sahnig geschlagenen Margarine allmählich Zucker, Gewürz, Eier und das zweimal mit dem Backpulver gesiebte Mehl rühren. Den Teig etwa 5 mm stark ausrollen, beliebig ausstechen, auf gefettetem Blech etwa 12 Minuten backen und sofort glasieren.

Emilienkuchen

150 g Zucker, 6 Eier, Salz, Zitronenaroma, 150 g Mehl, 1 Teelöffel Backpulver, 4 Eßlöffel Dessertwein oder Likör, 1 Apfelsine oder Zitrone, 100 g Puderzucker, 50 g Butter.

Zucker, Eier, Salz und Zitronenaroma recht schaumig schlagen, die Masse soll sich nahezu verdoppelt haben. Das zweimal mit dem Backpulver gesiebte Mehl zugeben, den Teig in eine gefettete, ausgestäubte Springform füllen und etwa 20 Minuten bei Mittelhitze backen. Mit dünnem Stäbchen in dichten Abständen Löcher einstechen. Dessertwein, Apfelsinensaft und Puderzucker verrühren und auf dem Kuchen verteilen, nochmals für 5 Minuten in die Röhre schieben. Die Butter flöckchenweise obenaufsetzen und bei Mittelhitze weitere 10 Minuten backen.

Biskuitschnitten

Biskuitmasse I oder II, 50 g Schokoladenwürfelchen, Schokoladenglasur, einige Nüsse zum Garnieren.

Unter die Biskuitmasse die kleinen Schokoladenwürfel mengen und die Masse auf ein mit gefettetem Papier belegtes Blech streichen. Bei Mittelhitze hellgelb backen. Den Kuchen vom Papier lösen und sofort mit Schokoladenglasur überziehen. Schmale Streifen schneiden und mit Nüssen oder bestreuten Schokoladenplätzchen garnieren.

Fruchtschnitten

Biskuitmasse nach Grundrezept, Frucht-Buttercreme, siehe Seite 196, Früchte zum Belegen.

Die Biskuitmasse auf einem mit gefettetem Papier belegten Blech breitstreichen und bei Mittelhitze etwa 30 Minuten goldgelb backen. Sofort stürzen und das Papier abziehen. Die erkaltete Biskuitplatte in Rechtecke schneiden. Jeweils zwei Stücke mit Frucht-Buttercreme zusammensetzen und mit Creme und Früchten garnieren. – Anstelle von Creme läßt sich Konfitüre verwenden. Die Schnitten mit Zuckerglasur bestreichen.

Apfelsinenbiskuits

3 Eier, 150 g Zucker, 2 Apfelsinen, 1 Prise Salz, 100 g Mehl, 100 g Speisestärke, 1 Teelöffel Backpulver.

Die Eigelb mit 4 Eßlöffel Wasser schaumig schlagen. Zucker, die abgeriebene Apfelsinenschale und Salz dazugeben. Mit dem Schneebesen so lange schlagen, bis eine Creme entsteht. Nach und nach das gesiebte Mehl und die mit Backpulver gemischte Speisestärke dazugeben. Den Saft von 1 Apfelsine und den steifen Eischnee unterziehen. Mit einem Löffel auf ein gefettetes, mit Mehl bestäubtes Blech kleine Häufchen setzen, in jedes eine Apfelsinenspalte eindrücken. In der vorgeheizten Röhre 15 Minuten backen. – Die Schalen der Apfelsinen vor dem Abreiben mit warmem Wasser abbürsten.

Feine Schokoladenschnitten

Für den Teig: 130 g Margarine, 200 g Zucker, je 1 Prise Salz und Zimt, 1 Messerspitze abgeriebene Zitronenschale, 6 Eier, 130 g Blockschokolade, 130 g Mehl.

Für die Füllung: 200 g Halbbitter-Schokolade, 2 Eier, 400 g Puderzucker, 120 g Kokosfett, 2 Gläschen Weinbrand oder Rum.

Die Margarine mit 100 g Zucker, Salz, Zimt und Zitronenschale schaumig rühren. Die Eigelb nach und nach unterrühren. Die Blockschokolade im heißen Wasserbad auflösen, etwas abkühlen lassen und unter die Schaummasse rühren. Die Eiweiß steif schlagen, dabei den restlichen Zucker einrieseln lassen und unter die Schaummasse heben. Das gesiebte Mehl ebenfalls darunterziehen. Ein Backblech mit gefettetem Pergamentpapier auslegen, den Teig daraufstreichen und im vorgeheizten Ofen bei 180 °C etwa 20 Minuten backen. Sofort auf ein mit Zucker bestreutes Geschirrtuch stürzen. Das Pergamentpapier schnell mit kaltem Wasser bestreichen und abziehen. Den Biskuitboden längs halbieren und auskühlen lassen. Die Schokolade in eine Schüssel reiben, Eier und Puderzucker unterrühren. Das erhitzte Kokosfett leicht abkühlen lassen, unter die Schokoladenmasse rühren und mit dem Weinbrand verfeinern. Eine Hälfte des Bodens mit der Masse bestreichen, die andere daraufsetzen, ebenfalls bestreichen und mit einem Löffel verzieren. Vor dem Servieren 1 bis 2 Stunden in den Kühlschrank stellen; erst dann in schmale Stücke schneiden.

Biskuit-Obsttorte

Biskuitmasse nach Grundrezept,
frisches Obst (Weinbeeren, Erdbeeren, Himbeeren)
oder gut abgetropfte gedünstete Früchte,
3/8 l Fruchtsaft oder Weißwein, Zucker nach Geschmack,
15 g Gelatine, Mandelsplitter.

Die Biskuitmasse in einer gefetteten, ausgestäubten Springform bei Mittelhitze goldgelb backen. Nach dem Erkalten die Oberfläche gerade schneiden und mit Früchten belegen. Den Springformrand wieder um die Torte legen. In dem gesüßten Fruchtsaft die in wenig kaltem Wasser vorgeweichte Gelatine auflösen oder hellen Tortenguß verwenden. Bei Beginn des Gelierens auf dem Obst verteilen. Kalt gestellt völlig erstarren lassen und den Rand mit Mandelsplittern bestreuen oder mit Creme bespritzen.

Paradiestorte

Biskuitmasse I oder II,
1 Packung gefrorene Erd- oder Himbeeren,
1/4 l Schlagsahne, 2 Päckchen Tortenguß rot, Puderzucker,
Schokoladenstreusel.

Die Biskuitmasse in einer mit gefettetem Papier ausgelegten Springform backen. Nach kurzer Abkühlung stürzen, das Papier entfernen und nach völligem Erkalten die Torte einmal quer durchschneiden, mit Fülle zusammensetzen, dick mit Puderzucker besieben und mit Schokoladenstreuseln bestreuen. Für die Fülle die aufgetauten Erdbeeren abtropfen lassen, große halbieren und unter die steife Schlagsahne ziehen. In 1/4 l Obstsaft den Tortenguß nach Vorschrift auflösen. Kurz vor dem Gelieren unter die Fruchtcreme ziehen und nach Wunsch mit Puderzucker süßen.

Pralinentorte

Biskuitmasse nach Grundrezept, Buttercreme, siehe Seite 195; 125 g Zucker, 40 g Kakao, 1 Ei, 200 g Kokosfett, 100 g Mandeln oder Nüsse, 20 g Butter, Pralinen.

Die Biskuitmasse in einer mit gefettetem Papier ausgelegten Springform bei Mittelhitze etwa 40 Minuten backen. Abgekühlt stürzen und das Papier entfernen. Nach dem völligen Erkalten ein- oder zweimal quer durchschneiden und mit zwei Drittel der Buttercreme füllen.

75 g Zucker und den Kakao mischen, Ei und tropfenweise auch das erhitzte, sich abkühlende Kokosfett unterrühren. Die Oberfläche der Torte damit überziehen, den Tortenrand dünn mit der restlichen Buttercreme bestreichen. Die gehackten Mandeln in der heißen Butter rösten, dabei mit dem restlichen Zucker bestreuen. Nach dem Abkühlen an den Tortenrand drücken. Die dunkle Tortenoberfläche mit einer Gabel gitterartig mustern, am Rand mit heller Creme betupfen und jeweils eine Praline auflegen. – Die Torte kann auch nur mit heller Creme gefüllt und mit Schokoladenmasse überzogen werden. Helle Creme läßt sich mit kurz vorm Gelieren stehendem rotem Tortenguß färben und zugleich schnittfester machen.

Dobosch-Torte

Für den Teig: 8 Eier, 170 g Puderzucker, 100 g Mehl.

Für die Fülle: 5 Eier, 200 g Puderzucker, 100 g Schokolade, 200 g Butter, 50 g Mandeln.

Für die Glasur und Garnitur: 100 g Puderucker, 100 g Schokolade, Nüsse oder Haferflocken.

Die Eigelb mit 90 g Puderzucker schaumig rühren. Die Eiweiß steif schlagen, den restlichen Puderzucker zugeben und noch eine Weile schlagen. Den Eischnee mit dem gesiebten Mehl vorsichtig unter die Eigelbmasse ziehen. Die Masse in sechs gleiche Teile teilen und jeden für sich in einer gefetteten und mit Mehl ausgestreuten Tortenform backen. Die einzelnen Böden auskühlen lassen. Für die Fülle Eier, Puderzucker und geraspelte Schokolade in einem Töpfchen in kochendes Wasser stellen und so lange schlagen, bis die Masse dick wird. Dann aus dem Wasserbad nehmen und die Masse weiterschlagen, bis sie ausgekühlt ist. Die weiche Butter und die abgezogenen und gemahlenen Mandeln einrühren. Fünf Böden mit dieser

Fülle bestreichen und zusammensetzen. Obenauf ebenfalls mit dieser Creme bestreichen. Puderzucker unter Rühren leicht bräunen, damit er flüssig wird. Über den letzten Boden gießen und mit einem mit Butter bestrichenen Messer sehr schnell verteilen. Auskühlen lassen und mit der im Wasserbad aufgelösten Schokolade überziehen. Diesen Teil auf die Torte legen. Die Seiten der Torte mit Fülle bestreichen und mit gehackten Nüssen oder gerösteten Haferflocken bestreuen. – Diese Torte möglichst am Tag zuvor backen, damit sie gut durchzieht.

Prager Torte

Für den Teig: 6 Eier, 110 g Margarine oder Butter, 130 g Puderzucker, 50 g Schokolade, 110 g Mandeln, 1 Päckchen Vanillinzucker, 40 g Semmelbrösel.

Für die Fülle: 150 g Butter, 100 g Puderzucker, 1 Ei, 1 Eßlöffel Rum.

Für die Schokoladenglasur: 120 g Zucker, 30 g Schokolade, 10 g Margarine, Schlagsahne zum Garnieren.

Die Eigelb mit Margarine und Puderzucker etwa 20 Minuten rühren. Dann die erweichte Schokolade, die gemahlenen Mandeln, den Vanillinzucker dazugeben und durchrühren. Die Eiweiß zu steifem Schnee schlagen und mit den Semmelbröseln unter die Eigelbmasse ziehen. Die Masse in einer nur am Boden gefetteten und mit Mehl ausgestreuten Tortenform langsam backen. Die fertig gebackene Torte auskühlen lassen, durchschneiden und füllen. Für die Füllung die Butter schaumig rühren, Puderzucker dazugeben, Ei und Rum gründlich unterrühren. Die Oberfläche der Torte mit Schokoladenglasur überziehen. Dazu den Zucker in etwas Wasser aufkochen, die erweichte Schokolade sowie die Margarine hineingeben und eine Weile kochen lassen. Die glasierte Torte mit Schlagsahne verzieren.

Himbeertorte

Für den Teig: 4 Eier, 200 g Zucker, 1 Päckchen Vanillinzucker, 200 g Mehl, 1 Päckchen Backpulver.

Himbeerfüllung: 300 g Himbeeren, 1 Päckchen Tortenguß,

Schokoladenfüllung: 1/2 l süße Sahne, 1/2 Tafel Edelbitterschokolade, 1/2 Tafel Vollmilchschokolade, 1 Päckchen Vanillinzucker.

Eigelb, 3 Eßlöffel heißes Wasser, 2/3 des Zuckers und Vanillinzucker schaumig rühren. Die Eiweiß steif schlagen, den restlichen Zucker unterrühren und mit Mehl und Backpulver unter die Eigelbmasse heben. In eine gefettete und mit gefettetem Butterbrotpapier ausgelegte Springform (22 cm Durchmesser) füllen und im vorgeheizten Ofen bei 175 °C 30 bis 35 Minuten backen. Den Boden stürzen, das Papier abziehen. Den ausgekühlten Boden zweimal durchschneiden. Die vorbereiteten Himbeeren mit dem nach Vorschrift zubereiteten Tortenguß andicken und auf den ersten Boden streichen. Den zweiten Boden daraufdrücken. Am Vortag die Sahne mit der Schokolade aufkochen und 24 Stunden kühl stellen (sonst läßt sie sich nicht aufschlagen). Die Sahne dann steif schlagen, Vanillinzucker unterheben und 2/3 der Masse auf den zweiten Boden streichen. Den letzten Boden daraufsetzen und mit der restlichen Sahne verzieren.

Kirsch-Sahne-Torte

1/2 Tafel bittere Schokolade, 4 Eier, 150 g Zucker, 1 Päckchen Vanillinzucker, 75 g Mehl, 75 g Speisestärke, 2 gestrichene Teelöffel Backpulver.

Für die 1. Fülle: 1 1/2 kg Sauerkirschen, 250 g Zucker, 3 Eßlöffel Kirschwasser oder Wodka, 30 g Speisestärke.

Für die 2. Fülle: 15 g Gelatine, 1/2 l Schlagsahne, 5 Eßlöffel Kirschwasser oder Wodka, 150 g Puderzucker.

1/2 Tafel bittere Schokolade zum Garnieren.

Für den Tortenboden die halbe Tafel Schokolade bei milder Hitze schmelzen. Die Eier trennen. Eiweiß zu Schnee schlagen, Eigelb mit 4 Eßlöffel heißem Wasser, Zucker und Vanillinzucker schaumig rühren. Die geschmolzene Schokolade unterrühren. Den Eischnee auf die Masse geben, darüber Mehl und Speisestärke sieben. Alle Zutaten schnell unterheben. Den Backofen auf 200 °C vorheizen. Den Boden einer Springform ausfetten, mit Butterbrotpapier belegen und ebenfalls leicht fetten. Den Rand der Springform nicht fetten, damit der Kuchen am Rand ebenso hoch steigt wie in der Mitte, etwa 35 Minuten backen (mit einem Holzstäbchen eine Garprobe machen). Wird er zu braun, mit Butterbrotpapier abdecken. Den abgekühlten Boden in drei möglichst gleichdicke Scheiben schneiden.

Für die 1. Fülle die Kirschen entsteinen und mit Zucker kurz dünsten. Abtropfen lassen. Den Saft auffangen und mit Kirschwasser verfeinern. Speisestärke unterrühren und einmal aufkochen lassen. Die Kirschen wieder zugeben (ein paar zum Garnieren der Torte zurückbehalten). Vom Feuer nehmen und kalt werden lassen.

Für die 2. Fülle die Gelatine nach Vorschrift einweichen. Die Sahne sehr steif schlagen, Kirschwasser und Puderzucker unterrühren. Die Gelatine im heißen Wasserbad auflösen und in dünnem Strahl unter ständigem Schlagen zu der Sahne geben. Kühl stellen, bis die Sahne beginnt steif zu werden. Den untersten Tortenboden mit der Hälfte der Kirschen belegen, ein Drittel der Sahne darüberstreichen, die mittlere Tortenbodenschicht daraufsetzen und leicht andrücken. Nun wieder den Rest der Kirschen und das zweite Drittel der Sahne auf dem Boden verteilen. Mit der oberen Bodenschicht bedecken und wieder leicht andrücken. Die Torte ringsum mit der restlichen Sahne bestreichen, und die Schokolade mit einem Kartoffelschäler auf die Torte raspeln, so daß die Oberfläche gleichmäßig mit Schokoladenraspeln bedeckt ist. Zuletzt die Torte mit den restlichen Kirschen garnieren und kalt stellen.

Hefeteig

Der Hefeteig ist beliebt wegen seines herzhaften Geschmacks.

Bei etwa 35 °C geht er gut und, wenn die Zubereitungshinweise beachtet werden, gelingt er immer.

Alle Zutaten in einem warmen Raum rechtzeitig bereitstellen. Milch soll lauwarm, die Butter etwas geschmeidig sein.

Für den Vorteig die zerkrümelte Hefe mit etwas lauwarmer Milch, Zucker und Mehl verrühren; zugedeckt an warmem Ort gehenlassen, bis sich die Menge verdoppelt hat. Erst dann die Teigzutaten dazugeben. Mandeln und Sultaninen oder Korinthen erst unterkneten, wenn alle anderen Zutaten im Teig sind.

Auch bei der Zubereitung mit dem Handrührgerät sollte ein Vorteig bereitet werden. Vorteig ebenfalls mit Knethaken durcharbeiten.

Salz immer erst zu dem Mehl geben, wenn der Vorteig bereits gegangen ist.

Hefe niemals überlagern, kuhlgestellt hält sie sich etwa 3 Tage.

Für leichte Hefeteige 20 bis 30 g Hefe auf 500 g Mehl verwenden. Schwere Stollenteige benötigen dagegen 50 g Hefe.

Hefeteig für Brötchen und anderes Frühstücksgebäck am Abend vorher kneten, über Nacht kühl stellen, am Morgen formen und gehen lassen, backen.

Das Hefe-Frühstücksgebäck vor dem Backen mit Milch bestreichen, nach Belieben mit Kümmel und Salz, Mohn oder Anis bestreuen.

Backfertiger Hefeteig aus der Tiefkühltruhe erleichtert die Arbeit.

Grundrezept I für Knetteig

*500 g Mehl, 100 g Zucker, 80 g Margarine, Salz,
1 Päckchen Vanillinzucker oder Zitronenaroma oder Bittermandelöl,
knapp 1/4 l Milch, 30 g Hefe.*

Grundrezept II für Knetteig

*500 g Mehl, 150 g Zucker, 200 g Margarine, Salz,
1 Päckchen Vanillinzucker oder Zitronenaroma oder Bittermandelöl,
reichlich 1/8 l Milch, 30 g Hefe, 1 Ei.*

Den Teig jeweils nach Zubereitung I, II oder III herstellen.

I. Das gesiebte Mehl mit den übrigen zimmerwarmen Zutaten (die zerbröckelte Hefe in der handwarmen Milch verrührt) zu einem glatten Teig verarbeiten. An einem warmen, jedoch nicht heißen Platz etwa 90 Minuten gehen lassen. Den Teig zusammenstoßen und nochmals kurz kneten. Nach Vorschrift verarbeiten.

II. Das Mehl in eine Schüssel sieben, eine Vertiefung eindrücken und auf dem Mehlrand Zucker, Margarineflöckchen und Gewürz verteilen. Die zerbröckelte Hefe, einen Teelöffel Zucker und die Hälfte der handwarmen Milch verrühren, in die Vertiefung gießen und von da aus mit etwa einem Drittel des Mehles verarbeiten, so daß ein kleiner fester Teig entsteht. Wenig Mehl darüberstäuben und die mit einem Tuch bedeckte Teigschüssel an einen warmen Platz stellen. Nach etwa 20 Minuten das aufgegangene Hefestück mit allen übrigen Zutaten verkneten. Nochmals 60 Minuten gehen lassen. Vor der Weiterverarbeitung den Teig zusammenstoßen und kurz kneten.

III. Eine besonders während der kühlen Jahreszeit empfehlenswerte Methode: Auf dem gesiebten Mehl Zucker, Margarineflöckchen und Gewürz verteilen. Die zerbröckelte Hefe in der kalten Milch verrühren und unter die übrigen Zutaten kneten. Den glatten geschmeidigen Teig zur Kugel formen, in eine mit Mehl ausgestäubte Schüssel legen, ein wenig Mehl darüberstreuen und 8 bis 10 Stunden (am besten über Nacht) zugedeckt und nicht warm gestellt gehen lassen. Zusammenstoßen und nochmals kurz kneten. Diese Zubereitungsart ist bei der Stollenbäckerei beliebt.

Grundrezept für Rührteig

500 g Mehl, 30 g Hefe, 1/4 l Milch, 200 g Margarine, 150 g Zucker, Salz, 1 Päckchen Vanillinzucker oder Zitronenaroma oder Bittermandelöl, 2 bis 3 Eier oder 4 bis 6 Eigelb.

In das gesiebte Mehl eine Vertiefung drücken. Die zerbröckelte Hefe in der Hälfte der lauwarmen Milch verrühren und von der Mitte her mit so viel Mehl verarbeiten, daß ein kleiner fester Teig entsteht. Wenig Mehl darüberstäuben und zugedeckt an warmem Platz gehen lassen. Inzwischen die Margarine schaumig schlagen, Zucker, Gewürz und nach und nach ebenfalls die Eier unterrühren. Das aufgegangene Hefestück, Mehl und die restliche Milch unterarbeiten. Den gründlich geschlagenen Teig nochmals an warmer Stelle etwa 60 Minuten gehen lassen. Wieder kurz schlagen und nach Vorschrift verarbeiten. Werden nur Eigelb verwendet, wird der Teig besonders zart.

Milchbrötchen

Knetteig I, Zuckerwasser.

Den gut gegangenen Hefeteig in apfelgroßen Kugeln auf ein gefettetes Blech setzen. Nach etwa 10 Minuten Gehzeit mit Zuckerwasser bestreichen und bei guter Mittelhitze goldbraun backen.

Hörnchen

Knetteig I oder II, Ei, Milch.

Den Hefeteig etwa 5 mm stark ausrollen, in gleichmäßig große Dreiecke schneiden und jeweils von der Breitseite her aufrollen. In Hörnchenform auf ein gefettetes Backblech legen, mit Eiermilch bestreichen und bei Mittelhitze goldbraun backen. – Die Hörnchen können vor dem Backen mit ungemahlenem Mohn bestreut oder vor dem Aufrollen mit Marmelade gefüllt werden.

Hefezöpfchen

Knetteig II, 125 g Sultaninen, Ei, Milch, zerlassene Butter, Puderzucker.

Unter den gut gegangenen Hefeteig die gehackten Sultaninen kneten und den Teig in gleichmäßige Röllchen teilen. Jeweils drei zu einem Zöpfchen flechten, auf ein gefettetes Backblech legen und mit Eiermilch bestreichen. Bei Mittelhitze goldbraun backen und möglichst mit zerlassener Butter bestreichen und mit Puderzucker besieben.

Schleißküchel

Knetteig I oder II, 100 g Korinthen, zerlassener Honig, Zuckerglasur.

Unter den Hefeteig die vorbereiteten Korinthen kneten und den Teig rechteckig ausrollen. Die Teigplatte mit zerlassenem Honig oder Zuckerwasser bestreichen, aufrollen und etwa 5 cm breite Stücke davon abschneiden. Jeweils mit einem Quirlstiel eine Rille eindrücken, so daß sich die seitlichen Schnittflächen ein wenig nach oben öffnen. Nach kurzem Gehen auf gefettetem Blech bei guter Mittelhitze goldbraun backen und sofort mit einer dünnen Zuckerglasur überziehen.

Nußschnecken

Dreiviertel der Knetteigmenge II,
125 g geriebene Nüsse oder Kokosraspel, 6 bis 8 Eßlöffel Milch,
Zuckerglasur.

Unter den gegangenen Hefeteig Nüsse und lauwarme Milch kneten. Aus dem Teig gleichmäßige Röllchen von etwa 15 cm Länge formen und schneckenartig auf ein gefettetes Backblech setzen. Nach kurzem Gehen bei Mittelhitze goldbraun backen. Noch warm mit einer nicht zu dick gehaltenen Zuckerglasur überziehen. – Der Teig kann auch zu Rollen geformt und nach dem Backen zweifarbig glasiert werden.

Kartoffelkipfel

Knetteig I oder II, 200 g gekochte Kartoffeln vom Vortage,
einige Tropfen Bittermandelaroma, Marmelade, Ei, Milch.

Unter den gegangenen Hefeteig die geriebenen Kartoffeln und das Backaroma kneten und den Teig zu einer rechteckigen Platte von 5 mm ausrollen. Auf die Hälfte des Teiges in Abständen von 4 cm etwa 10 cm lange Marmeladestreifen spritzen, die freie Teigplatte darüberklappen und den Erhebungen entsprechend Rechtecke ausschneiden oder -rädeln. Die Ränder jedes Gebäckstückes mit einer Gabel festdrücken. Auf ein gefettetes Backblech legen und über der Marmelade den Teig kreuzweise mit der Schere einschneiden. Vorsichtig mit Eiermilch bestreichen und bei Mittelhitze goldbraun backen.

Nickelchen

Knetteig nach Grundrezept, 200 g Pumpernickel oder Pfefferkuchen, 150 g Honig, 2 bis 3 Eßlöffel Korinthen.

Den gegangenen Hefeteig ausrollen und in Streifen von 8 cm x 15 cm Größe schneiden. Pumpernickel oder Pfefferkuchen reiben, mit Honig und vorbereiteten Korinthen vermengen und diese Fülle auf die Streifen verteilen. Längs aufrollen und auf gefettetem Blech nach kurzem Gehen goldbraun backen. – Die Teigstreifen können auch quer aufgerollt und auf einer Schnittseite stehend gebacken werden.

Schokoladentaschen

Knetteig II, Schokoladenglasur, 6 Eßlöffel geriebener Zwieback, 2 Äpfel, Ei, Milch.

Den gegangenen Hefeteig rechteckig ausrollen und diese Teigplatte in etwa 6 cm x 6 cm große Quadrate teilen. Schokoladenglasur, Zwiebackbrösel und kleingeschnittene Äpfel untereinandermengen. Diese Masse auf den Teigstücken verteilen, die Ränder jeweils mit Eiermilch bestreichen und jedes Teigstück zu einer Tasche zusammenklappen. Nach kurzem Gehen auf gefettetem Blech mit Eiermilch bepinseln und backen.

Kolatschen

400 g Mehl, 150 g Margarine, 25 g Hefe, 75 g Zucker, 4 Eßlöffel Milch, 2 Eier, Salz, Zitronen- oder Bittermandelaroma, Pflaumenmus, Mandelstifte.

Auf dem Rand des gesiebten Mehles die Margarine verteilen. Die zerbröckelte Hefe, 2 Teelöffel Zucker und die lauwarme Milch gut verrühren, mit Mehl, Margarine, Zucker, Eiern und Gewürz zu einem glatten Teig verarbeiten. Den gut gegangenen Teig zusammenstoßen knapp 1 cm stark ausrollen und davon kleine runde Kuchen ausstechen. Jeweils ringsum als Rand ein Teigröllchen legen und möglichst mit verquirltem Ei bestreichen. Auf gefettetem Blech mit Pflaumenmus füllen und mit Mandelstiften bestreuen. Nochmals kurz gehen lassen und bei nicht zu starker Mittelhitze etwa 20 Minuten backen.

Osterbrot

750 g Mehl, 40 g Hefe, 1/4 l Milch, 250 g Margarine, 70 g Zucker, Salz, 70 g gehackte Mandeln, einige Tropfen Bittermandelöl, Zitronenaroma, 3 Eier.

Aus allen Zutaten (ein halbes Ei zurücklassen) in der üblichen Weise einen Hefeteig bereiten. Nach dem Gehen zusammenstoßen, zwei Drittel davon zu einem länglichen Brot formen und mit dem verquirlten Eirest bestreichen. Den übrigen Teig entweder ausrollen, österliche Formen davon ausstechen und auf das Brot legen oder lange Röllchen aus dem Teig formen und, gedreht oder geflochten, auf dem Brot anordnen. Ein zum Kranz geformter Teig kann auch nur mit der Schere kreuzweise eingeschnitten und mit verquirltem Ei oder Zuckerwasser bestrichen werden. Bei Mittelhitze 50 bis 60 Minuten backen. Korinthen oder Sultaninen verfeinern den Teig. In einem Kranz können am Ostermorgen die bunten und verzierten Eier fürs Frühstück liegen.

Osterhäschen

Hälfte der für Osterbrot angegebenen Hefeteigmenge, Ei, Milch, Korinthen.

Den gut gegangenen Hefeteig zusammenstoßen. Kugeln von 6 bis 8 cm Durchmesser und dicke Röllchen von etwa 4 cm Länge in gleicher Anzahl formen. Die Röllchen längs zwei Drittel einschneiden, als Kopf mit Ohren auf die Teigkugeln setzen. Kopf, Ohren und Körper der Häschen mit verquirltem Ei bestreichen, zwei Korinthenaugen und ein rundes Teigschwänzchen anbringen, nach Wunsch auch ein hufeisenförmig gebogenes Teigstück als Vorderpfötchen. Nicht zu dicht nebeneinander auf ein gefettetes Blech setzen und bei Mittelhitze 20 bis 25 Minuten goldbraun backen.

Kartoffelhefezopf

750 g Mehl, 500 g gekochte Kartoffeln vom Vortage, 100 g Margarine, 125 g Zucker, 1/4 l Milch, 40 g Hefe, 250 g Sultaninen oder Korinthen, Salz.

Das gesiebte Mehl, die geriebenen Kartoffeln und die übrigen Zutaten in der üblichen Weise zu einem lockeren Teig verkneten. Warm gestellt gehen lassen, zusammenstoßen und in drei gleich lange Stücke teilen. Zu einem Zopf verflechten und auf gefettetem Blech mit Zuckerwasser oder verquirltem Ei bestreichen. Bei Mittelhitze etwa 50 Minuten goldgelb backen.

Hefe-Aschkuchen

Rührteig nach Grundrezept, 150 g Sultaninen oder Korinthen, auch beides gemischt, 50 g gehackte Mandeln, Bittermandelaroma, 30 g geraspeltes Zitronat, Butter, Puderzucker.

Unter den gut gegangenen Hefe-Rührteig Sultaninen, Mandeln und Zitronat arbeiten. Den Teig in eine gefettete, ausgestäubte Aschkuchenform füllen, nochmals 20 Minuten gehen lassen und bei Mittelhitze etwa 60 Minuten backen. Nach Abkühlung stürzen, buttern und dick mit Puderzucker besieben.

Bäbe

750 g Mehl, 300 g Margarine, Salz, 175 g Zucker, 125 g süße Mandeln, Bittermandelöl, Zitronenaroma, 45 g Hefe, reichlich 1/8 l saure Milch oder Sahne.

Das gesiebte Mehl mit allen übrigen Zutaten – die zerbröckelte Hefe in der lauwarmen Flüssigkeit aufgelöst – zu einem geschmeidigen Teig verarbeiten und gehen lassen. Nochmals kurz durcharbeiten, in eine gefettete, ausgestäubte Aschkuchenform füllen und bei Mittelhitze goldbraun backen. Nach Wunsch mit Butter bestreichen und mit klarem Zucker bestreuen.

Quarkstriezel

500 g Mehl, 30 g Hefe, 5 Eßlöffel Milch, 100 g Margarine, 175 g Zucker, Salz, 1 Päckchen Vanillinzucker, 2 Eier, 200 g Quark, 2 Eßlöffel Rum, Butter, Puderzucker.

In das gesiebte Mehl eine Vertiefung drücken und darin die in der handwarmen Milch verrührte Hefe mit etwas Mehl zu einem mittelfesten Vorteig verarbeiten. Zugedeckt gehen lassen. Inzwischen unter die schaumig geschlagene Margarine Zucker, Gewürz, Eier, Quark und Rum rühren. Das aufgegangene Hefestück und das Mehl allmählich zugeben und zu einem glatten Teig verkneten. Brotähnlich geformt auf ein gefettetes Blech legen, mit der Schere kreuzweise einschneiden und bei kräftiger Mittelhitze goldbraun backen. Sofort mit zerlassener Butter bestreichen und mit Puderzucker besieben. – Anstelle von Vanillinzucker oder zusätzlich kann Bittermandelaroma zum Teig gegeben werden.

Mohnstriezel

500 g Mehl, 30 g Hefe, 1/4 l Milch, 1 Prise Salz, 2 kleine Eier, 75 g Butter, 100 g Zucker, 1 Päckchen Vanillinzucker, Zitronenaroma.

1/4 l Milch, 75 g Zucker, 250 g Mohn, Zitronenaroma, 2 Eßlöffel Rum, 1/4 Teelöffel Zimt, 100 g Rosinen, 50 g Zitronat, 30 g geriebene Semmel, 2 Eßlöffel zerlassene Butter, 1 Eigelb zum Bestreichen, Puderzucker.

Aus den Teigzutaten einen Hefeteig bereiten wie bei Rosinenstollen. (Die Eier mit den anderen Zutaten vor dem Durcharbeiten des Teiges zufügen!) Während der Teig zum Gehen warm gestellt wird, die Mohnfüllung herstellen. Dazu die Milch mit dem Zucker unter Rühren aufkochen lassen, den gemahlenen Mohn und Gewürze zufügen, unter ständigem Rühren zu einem dicken Brei kochen und abkühlen lassen. Den Mohnbrei mit Zimt und Zucker abschmecken, die aufgeweichten, abgetropften Rosinen, das gehackte Zitronat und die geriebene Semmel unter die Masse rühren. Dann den Hefeteig rechteckig ausrollen, mit etwas zerlassener Butter bestreichen, die Mohnfüllung darauf verteilen und den Striezel aufrollen. (Die Teigränder mit etwas Eigelb bepinseln, damit sie festkleben.) Auf ein gefettetes Blech legen und bei Mittelhitze backen. Zuckern.

Quarkkroketten

200 g frischer trockener Quark, knapp 1/8 l saure Sahne, 1 Ei, Zitronenaroma, 150 g Mehl, 10 g Hefe, etwas Milch, 50 g Rosinen, Fett zum Ausbacken, 50 g Zucker.

Den Quark mit der sauren Sahne, dem Ei, dem Zitronenaroma und so viel Mehl, wie der Teig aufnimmt, ohne fest zu werden, verarbeiten. Dann die in Milch aufgelöste Hefe und Rosinen dazugeben und mit bemehlter Hand kleine Kroketten daraus formen. Auf einem bemehlten Brett gehen lassen, dann in heißem Fett ausbacken und mit Zucker bestreuen.

Rosinenzöpfchen

Hefeteig nach Grundrezept II, 125 g Sultaninen, 1 Ei, 3 Eßlöffel Milch, zerlassene Butter, Puderzucker.

Unter den gut gegangenen Hefeteig die aufgeweichten, gehackten Sultaninen kneten und den Teig in gleichmäßige Röllchen teilen. Jeweils drei zu einem Zöpfchen flechten, auf ein gefettetes Backblech legen und mit Eiermilch bestreichen. Bei Mittelhitze goldbraun backen. Mit zerlassener Butter bestreichen und dick mit Puderzucker besieben.

Savarin

Rührteig nach Grundrezept, 1/4 l leicht gesüßter Rotwein oder mit Weinbrand versetzter Fruchtsaft, Aprikosenmarmelade, gehackte Mandeln.

Den gegangenen Hefeteig in eine gefettete, ausgestäubte Ringform füllen, nochmals 20 Minuten gehen lassen und bei Mittelhitze etwa 50 Minuten backen. Den warmen Kuchen vorsichtig stürzen, in die Backform den gesüßten Rotwein gießen, den Kuchen in die Form zurückgeben und mehrere Stunden ziehen lassen. Mit erhitzter Aprikosenmarmelade bestreichen und mit Mandelsplittern bestreuen. – Der Teig kann auch in kleinen Ringformen gebacken und danach ebenso wie ein großer Savarin behandelt werden. Die Mitte eines warmen Savarins läßt sich mit abgetropften Kompottfrüchten, auch mit Schlagcreme oder -sahne füllen, so daß das Gebäck als feine Nachspeise aufgetragen werden kann. Zum erkalteten Savarin paßt ebenfalls Schlagsahne, dann ist er das Glanzstück des Kaffeetisches.

Nußrolle

*Knetteig nach Grundrezept, 150 g geriebene Nüsse,
150 g Zucker, 1 Päckchen Vanillinzucker,
5 bis 6 Eßlöffel saure Sahne, Zuckerglasur.*

Den gegangenen Hefeteig ausrollen, mit der aus Nüssen, Zucker, Vanillinzucker und saurer Sahne bereiteten Fülle bestreichen und die Teigplatte aufrollen. Die Rolle in eine gefettete Ringform legen, 20 Minuten gehen lasen und bei Mittelhitze etwa 45 Minuten backen. Mit Zuckerglasur überziehen.

Teekranz

*450 g Mehl, 15 g Hefe, 10 Eßlöffel Milch, Salz, 100 g Zucker,
Bittermandelaroma, 1 Ei, 50 g Margarine, 100 g süße Mandeln,
Nüsse oder Kokosraspel, 1 Teelöffel Zimt.*

Aus gesiebtem Mehl, der in der lauwarmen Milch verrührten Hefe, Salz, 50 g Zucker, Bittermandelaroma und Ei einen glatten Teig kneten. Nach dem Gehen zusammenstoßen und auf bemehltem Tuch dünn zu einem langen Rechteck ausrollen. Mit zerlassener Margarine bestreichen und mit dem Gemisch aus gehackten Mandeln, restlichem Zucker und Zimt bestreuen. Die Teigplatte unter Zuhilfenahme des Tuches aufrollen und als Ring auf ein gefettetes Blech legen. Mit recht scharfem Messer, das immer wieder in Mehl getaucht wird, den Teigring in gleichmäßigen Abständen tief einschneiden. Die auf diese Weise angedeuteten, aber nicht durchgeschnittenen Scheiben ein wenig schräg legen. Nur noch kurz gehen lassen und etwa 35 Minuten bei Mittelhitze backen. – Der Teekranz kann kurz vor Beendigung der Backzeit mit Zuckerwasser oder verquirltem Ei bestrichen werden.

Mohnrolle

*3/8 l Wasser oder Milch, Salz, 100 g Zucker,
2 Eßlöffel Puddingpulver Vanille- oder Mandelgeschmack,
200 bis 250 g gemahlener Mohn, etwa 50 g Margarine, 1 Ei,
100 g Sultaninen, anderthalbfache Knetteigmenge nach Grundrezept,
Butter, Puderzucker.*

Wasser, Salz und Zucker aufkochen, das in ganz wenig Flüssigkeit angerührte Puddingpulver, den gemahlenen Mohn und die Margarine unter Rühren mehrfach darin aufkochen lassen. Ei und vorbereitete Sultaninen nach leichter Abkühlung unterschlagen und die Mohnmasse auf der rechteckig ausgerollten Teigplatte breitstreichen. Von der Breitseite her aufrollen und entweder auf gefettetem Blech oder in gefetteter Form bei Mittelhitze etwa 50 Minuten backen. Buttern und mit Puderzucker besieben.

Kirschrolle

500 g Mehl, 25 g Hefe, knapp 1/4 l Milch, 1 Prise Salz, 125 g Zucker, 100 g Margarine, etwas Butter, etwa 50 g Grieß, 1 Glas Sauerkirschen, 2 Eier, 1 Päckchen Puddingpulver Vanillegeschmack, 1 Eßlöffel Weinbrand, 50 g Mandeln, 1 Eigelb, 75 g Puderzucker.

Aus Mehl, Hefe, Milch, Salz, Zucker und Margarine einen Hefeteig bereiten und gehen lassen. Zusammenstoßen, rechteckig ausrollen, mit zerlassener Butter bestreichen und mit Grieß bestreuen. Die entsteinten, abgetropften Kirschen, die verschlagenen Eier, das Puddingpulver, den Weinbrand und die abgezogenen gehackten Mandeln vermengen. Etwas Zucker zufügen. Den Teig mit der Kirschfülle belegen, aufrollen und auf ein gefettetes Backblech legen. Mit verquirltem Eigelb bestreichen und die Kirschrolle bei Mittelhitze 50 bis 60 Minuten goldgelb backen. Aus Puderzucker und etwas Wasser eine Zuckerglasur bereiten und die Kirschrolle damit überziehen.

Bienenstichrolle

Knetteig nach Grundrezept, 100 g Margarine, 125 g Zucker, 1 Päckchen Vanillinzucker, 125 g Kokosraspel oder Mandeln, Bittermandelaroma, 1 bis 2 Eßlöffel Milch, Ei.

Den gegangenen Teig rechteckig ausrollen. Die Margarine zerlassen. Zucker und Vanillinzucker, Kokosraspel, geriebene Mandeln, Backaroma und Milch zugeben und alles gut verrühren. Diese Masse sofort auf der Teigplatte verteilen. Aufgerollt mit verquirltem Ei bestreichen und entweder auf gefettetem Blech oder in gefetteter Form backen. – Die Fülle kann durch Zugabe von Sultaninen und Ei verändert werden.

Marzipanhorn

200 g gekochte geriebene Kartoffeln vom Vortage, 300 g Zucker, 125 g geriebene Mandeln oder Nüsse, Bittermandelaroma, 2 Eier, Milch, Knetteig nach Grundrezept.

Kartoffeln und Zucker auf kleiner Flamme rühren, bis die Masse geschmeidig geworden ist, die Mandeln zugeben und bis zum Erkalten weiterrühren, dabei 1 1/2 Eier unterarbeiten. Den gegangenen Hefeteig zu einem Dreieck ausrollen und mit der Marzipanmasse bestreichen. Von der Breitseite her aufrollen und auf gefettetem Blech, zum Horn geformt, mit dem in wenig Milch verquirlten Eirest bepinseln. Bei Mittelhitze etwa 45 Minuten backen.

Ringelkuchen

Knetteig nach Grundrezept, 100 g Honig, 50 g Margarine, 1 Ei, 65 g Zitronat, 150 g Korinthen, 100 g Zwiebackbrösel oder geriebene Nüsse, einige Tropfen Bittermandelöl, Milch.

Den gegangenen Hefeteig dünn ausrollen. Eine Platte in Springformgröße und Teigstreifen von reichlich 3 cm Breite daraus schneiden. Honig und Margarine erhitzen und nach leichter Abkühlung Ei, geraspeltes Zitronat, Korinthen, Zwiebackbrösel oder Nüsse und Backaroma zugeben. Diese Masse auf die Teigstreifen streuen und diese aufrollen. Die Teigplatte in der Springform mit Milch bestreichen und die Teigringel nicht zu dicht nebeneinander daraufsetzen. Bei Mittelhitze etwa 45 Minuten backen. – Das Gebäck wird, besonders fein, wenn es mit zerlassener Butter oder heißem Gelee bestrichen und mit feinem Zucker bestreut wird.

Gefüllter Striezel

Anderthalbfache Knetteigmenge nach Grundrezept, 1/4 l Sahne, 1/4 l Milch, Salz, 1 Päckchen Vanillinzucker, 125 g Zucker, 2 Päckchen Puddingpulver Mandelgeschmack, 75 g Margarine, 2 Eier, 1 Tasse Korinthen.

Den gegangenen Hefeteig rechteckig ausrollen. Aus Sahne, Milch, Gewürz, Zucker und Puddingpulver in der üblichen Weise einen Pudding kochen. Vom Feuer nehmen und flott die Margarine und die Eier unterrühren. Den abgekühlten Pudding, nach Wunsch auch noch mit Rum verfeinert, auf der Teigplatte breitstreichen, die vorbereiteten Korinthen darüberstreuen und den Teig aufrollen. Die Oberfläche der Rolle mit Messer oder Schere einschneiden und bei Mittelhitze goldbraun backen. Nach Wunsch mit Puderzucker besieben.

Kranzkuchen

Doppelte Knetteigmenge nach Grundrezept, 175 g Margarine, 350 g Zucker, Bittermandelaroma, 350 g Sultaninen, Butter, Puderzucker.

Den gegangenen Hefeteig zu einer rechteckigen Platte von knapp 1 cm Stärke ausrollen. In der erhitzten Margarine den Zucker verrühren, vom Feuer nehmen, die geriebenen Mandeln und die vorbereiteten Sultaninen untermengen. Den mit dieser Masse bestrichenen Teig von der Breitseite her aufrollen und kranzförmig auf ein gefettetes Blech legen. Bei Mittelhitze mindestens 60 Minuten backen. Mit Butter bestreichen und mit Puderzucker besieben oder glasieren.

Stollen

2,5 kg Mehl, 300 g Hefe, etwa 3/4 l Milch, 500 g Zucker, 4 Päckchen Vanillinzucker, die abgeriebene Schale von 1 bis 2 unbehandelten, heiß abgebürsteten Zitronen, 35 g Salz, 100 bis 200 g Schweinefett, 1 kg Schmelzbutter, 150 g Zitronat, 50 g bittere Mandeln oder Mandelaroma, 200 g süße Mandeln, 1 bis 1,5 kg Sultaninen, 250 g Korinthen, Rum oder Weinbrand, Butter, Zucker, Puderzucker.

Am Abend vor der Teigbereitung die Zutaten in einen warmen Raum stellen und die vorbereiteten Sultaninen und Korinthen mit Rum anfeuchten. Am nächsten Tag in das gesiebte Mehl eine Vertiefung drücken und darin die mit dem kleinen Teil der handwarmen Milch verrührte Hefe zu einem mittelfesten Vorteig (Hefestück) verarbeiten. Nach dem Aufgehen, Zucker, Gewürz, Fett, Butter, geraspeltes Zitronat und geriebene Mandeln sowie warme Milch nach Bedarf unterwirken, erst dann Sultaninen und Korinthen zugeben. Den gründlich durchgearbeiteten Teig warm, aber nicht zu nahe an den Ofen stellen, damit das Fett nicht austreten kann. Nach mindestens zweistündigem Gehen den Teig zusammenstoßen, nochmals kurz durcharbeiten und in ein oder anderthalb Kilo schwere Stücke aufteilen (zwei Kilo schwere Stollen sind für das Blech des Haushaltherdes nicht geeignet). Die Teigstücke brotähnlich formen und entweder längs jeweils 1 cm tief einschneiden oder mit dem Handrücken bzw. einem Holzstab längs seitlich eine tiefe Furche eindrücken, die den geformten Stollenteig in zwei unterschiedlich breite Längen teilt, und die schmale Länge über die breite schlagen. Den geformten Teig ohne weiteres Gehenlassen bei guter Mittelhitze etwa 60 Minuten backen. Danach buttern und zuckern, am besten in der Reihenfolge: Butter, feiner klarer Zucker, Butter, Puderzucker. Stollen braucht mindestens eine Woche Lagerzeit.

Mandelstollen

Zutaten und Zubereitung siehe vorstehendes Rezept.
Die Zuckermenge aber auf 350 g erhöhen.
Sultaninen und Korinthen weglassen und dafür insgesamt
500 g süße und 80 g bittere Mandeln verwenden.

Der Wohlgeschmack der Stollen hängt weitgehend von einer sachgemäßen Lagerung ab. Am ratsamsten ist es, jeden Stollen in einen Frischhaltebeutel zu packen und in einem kühlen Raum aufzubewahren.

Obstkranz

Knetteig nach Grundrezept,
etwa 25 g Butter oder Margarine, 125 g Zucker,
knapp 1 Teelöffel Zimt, 4 Eßlöffel geröstete Haferflocken
oder gehackte Mandeln, 500 g entkernte Kirschen
oder ganz kurz gedünstete Apfelstücke, Ei, Milch.

Den gegangenen Hefeteig rechteckig ausrollen und mit zerlassener Butter bestreichen. Zucker und Zimt vermischen und ebenso wie die Haferflocken auf der Teigplatte verteilen. Das völlig abgetropfte Obst daraufgeben und die Teigplatte von der Breitseite her aufrollen. Kranzförmig auf ein gefettetes Blech legen und bei Mittelhitze 50 Minuten backen, dann mit verquirltem Ei bestreichen und weitere 10 Minuten backen. – Die belegte Teigplatte kann auch mit einem Teiggitter abgedeckt werden.

Zweifarbiger Streuselkuchen

Aschkuchen

Linzertorte

Kirmestorte

Hefe-Obsttorte

*Dreiviertel der Knetteigmenge nach Grundrezept,
750 g frisches Obst, 1/4 l Milch, einige Tropfen Bittermandelöl,
Zitronenaroma, Salz, 50 g Zucker, 40 g Grieß, 2 Eier,
1/8 l saure Sahne, Butter, Puderzucker.*

Den gegangenen Hefeteig zusammenstoßen und so in eine große gefettete Form drücken, daß ein hoher Rand entsteht. Das vorbereitete Obst darauf verteilen. Milch, Gewürz und Zucker aufkochen, den Grieß einstreuen und ausquellen lassen. Nach kurzer Abkühlung die Eigelb und die saure Sahne flott unterrühren, zuletzt den steifen Eischnee unterheben. Diesen Guß über die inzwischen nochmals gegangene Torte geben. Bei Mittelhitze etwa 35 Minuten backen. Noch warm mit zerlassener Butter beträufeln und zuckern.

Backpflaumentorte

*375 g Backpflaumen, 1/4 Apfelwein oder -saft,
100 g Sultaninen oder Korinthen, 300 g Mehl, 20 g Hefe,
4 Eßlöffel Sahne oder Milch, 150 g Margarine, Salz, 50 g Zucker,
1 Ei, Puderzucker.*

Die gewaschenen Backpflaumen möglichst entsteinen und kurz in Apfelwein dünsten. Die vorbereiteten Sultaninen, nach Belieben auch ein wenig Zimt, zufügen. Aus einem kleinen Teil des gesiebten Mehles und der in der lauwarmen Sahne verrührten Hefe ein Hefestück ansetzen. Margarine, Salz, Zucker und Ei schaumig rühren, das gegangene Hefestück und das Mehl unterarbeiten.

Mit Dreiviertel des gegangenen Teiges eine gefettete Springform auslegen, die abgetropften Backpflaumen daraufgeben und mit dem streifig ausgerädelten Teigrest die Torte stern- oder gitterförmig belegen. Möglichst mit verquirltem Ei bestreichen und bei Mittelhitze etwa 45 Minuten backen. Mit Puderzucker besieben.

Borsdorfer Quarktorte

*Hälfte der Knetteigmenge nach Grundrezept,
50 g Margarine, 175 g Zucker, 2 Eier, 1 Päckchen Vanillinzucker,
500 g Quark, 500 g Äpfel, 2 Eßlöffel Grieß,
3 Eßlöffel Rum oder Weinbrand.*

Mit dem gegangenen Hefeteig eine gefettete Springform auslegen, dabei einen hohen Rand andrücken. Margarine, Zucker, Eier und Vanillinzucker recht schaumig schlagen, Quark, geraspelte Äpfel, Grieß und Rum zugeben. Die gründlich verrührte Masse auf dem Teig verteilen und die Torte bei Mittelhitze mindestens 50 Minuten backen. Möglichst mit Butter bestreichen und zuckern.

Bierkrapfen

Ungesüßter Knetteig nach Grundrezept, anstelle von Milch Bier verwenden, kleine feste Tomaten, 200 g Knackwurst oder Bratwurst, 100 g geriebener Käse, Ei, Milch.

Den gegangenen Hefeteig in gleich große Stücke teilen. Jede Teigkugel auf dem Handteller breitdrücken, eine Tomatenhälfte, ein Stück Knack- oder Bratwurst und geriebenen Käse daraufgeben. Die Teigkugeln zusammendrehen, auf ein gefettetes Blech setzen, mit verquirltem Ei bestreichen und bei Mittelhitze goldbraun backen. – Bierkrapfen können auch in siedendem Fett schwimmend ausgebacken werden.

Schinkenrollen

Ungesüßter Knetteig nach Grundrezept, mit reichlich Salz, Paprika und ein wenig Suppenwürze bereitet, Schinkenscheiben, geriebener Käse oder Zwiebelwürfelchen, Ei, Milch.

Den gegangenen herzhaften Hefeteig etwa 5 mm stark ausrollen, in gleichmäßige Quadrate teilen und jedes mit einer Schinkenscheibe belegen. In die Mitte jeweils geriebenen Käse oder Zwiebelwürfelchen streuen, nach Wunsch auch Kümmel. Die Teigplatten aufrollen, auf gefettetem Blech mit verquirltem Ei bestreichen und bei Mittelhitze goldgelb backen. – Anstelle der Schinkenscheiben läßt sich eine Fülle aus Schinken-, Jagdwurst- und Speckwürfelchen, Ei, geriebener Zwiebel und Gewürzen verwenden. Dann die Teigstücke mit dieser Fülle belegen und zu Taschen geformt backen.

Wurstrolle

Ungesüßter Knetteig nach Grundrezept, 2 Eier, 300 g Zwiebel- oder Gutsleberwurst, 1 Eßlöffel Majoran, 1 Zwiebel, 2 Eßlöffel gehackte Petersilie, etwa 4 Eßlöffel saure Sahne.

Den gegangenen Hefeteig rechteckig ausrollen. Für die Fülle 1 1/2 Eier, Leberwurst, Gewürz, Zwiebelwürfelchen und Petersilie gut verrühren. Die Teigplatte mit saurer Sahne und der Wurstfülle bestreichen und aufrollen. Auf gefettetem Blech mit dem verquirlten Eirest bepinseln und bei Mittelhitze goldgelb backen. Noch warm mit einer Tomaten-, Pilz- oder Kräutersoße auftragen.

Pirogge

Ungesüßter Knetteig nach Grundrezept,
1 mittelgroßes Weißkraut, 65 g Speck oder Fett,
ein Fleisch- oder Fischrest (gar), 1 hartgekochtes Ei,
Salz, Kümmel.

Den gegangenen Hefeteig rechteckig ausrollen. Für die Fülle das Kraut (ohne die dicksten Rippen) grob hacken und in erhitztem Speck oder Fett dünsten, dabei nur ganz wenig Wasser, das verdampfen soll, zugießen. Mit Fleisch- oder Fisch- und mit Eiwürfeln vermengen und mit Salz und Kümmel abschmecken. Die Teigplatte in der Mitte mit Fülle belegen und beide Längsseiten zusammenschlagen, dabei die Teigränder fest zusammendrücken. Nach etwa 10 Minuten Gehzeit auf gefettetem Blech bei Mittelhitze 40 Minuten backen. Mit Wasser oder verquirltem Ei bestreichen und weitere 5 Minuten backen lassen. – Anstelle einer großen Pirogge können kleine Piroggen bereitet werden, die nur 15 bis 20 Minuten Backzeit brauchen. Nach Belieben eine Tomatensoße dazu auftragen.

Leinsamenbrot

600 g Roggenmehl, 250 g Weizenmehl, 150 g Leinsamen,
40 g Hefe, 1 Teelöffel Zucker, reichlich 1/2 l lauwarmes Wasser,
1 1/2 Teelöffel Salz.

Roggenmehl, Weizenmehl und Leinsamen in eine Schüssel geben und mischen. Eine Mulde hineindrücken. Hefe mit Zucker und 8 Eßlöffel lauwarmem Wasser und etwas Mehl zum Vorteig verrühren. Den Vorteig in die Mulde gießen und die Schüssel zugedeckt 20 Minuten warmstellen. Restliches Wasser und Salz dazugeben und alle Zutaten 10 bis 15 Minuten zu einem glatten Teig verarbeiten. Eine Kugel daraus formen und auf dem Blech etwa 40 Minuten warm gestellt gehen lassen. Das Leinsamen-

brot vor dem Backen kreuzweise einschneiden, mit lauwarmem Wasser bepinseln und mit etwas Mehl bestreuen.
Im vorgeheizten Ofen bei starker Mittelhitze auf der mittleren Schiene bei 220 °C 20 Minuten backen, dann bei milder Mittelhitze fertigbacken. Gesamtbackzeit etwa 1 Stunde.

Hefemischbrot

300 g Weizenmehl, 700 g Roggenmehl, 60 g Hefe, 1 Teelöffel Zucker, 4 Eßlöffel lauwarme Milch, 1 1/2 Teelöffel Salz, 2 Eßlöffel Sonnenblumenöl, 1/2 l lauwarmes Wasser.

Weizen- und Roggenmehl in einer Schüssel mischen. Eine Mulde hineindrücken. Hefe mit Zucker, der lauwarmen Milch und etwas Mehl zu einem Vorteig rühren. Diesen in die Mehlmulde gießen und die abgedeckte Schüssel 20 Minuten warm stellen. Salz, Öl und lauwarmes Wasser zum Vorteig geben. Alle Zutaten zu einem glatten Teig durcharbeiten, 10 Minuten gut durchkneten. Aus dem Teig einen länglichen Brotlaib formen, auf ein gefettetes Backblech legen und mit einem Tuch bedecken, warm gestellt etwa 40 Minuten gehen lassen. Das Mischbrot bei Mittelhitze etwa 60 Minuten backen.

Hefebrot mit Knoblauchwurst

760 g Mehl, 2 Teelöffel Salz, 40 g Hefe, 1 Prise Zucker, 3/8 l Milch, 2 rote Paprikafrüchte, 1 grüne Paprikafrucht, 400 g Knoblauchwurst, 1 Eßlöffel Öl, 2 Eßlöffel Milch zum Bestreichen.

750 g Mehl mit Salz vermischen. Hefe mit Zucker verrühren. Die lauwarme Milch zugeben und alles zu einem festen Hefeteig verkneten. 20 Minuten gehen lassen. Paprikafrüchte waschen, die Kerne entfernen, das Fruchtfleisch würfeln, unter den Hefeteig kneten. Die Knoblauchwurst halbieren. Die Wursthälften der Länge nach in den Hefeteig hineinkneten. Auf ein geöltes, mit Mehl bestreutes Backblech geben. Den Teig kreuzweise mit einem scharfen Messer einkerben. Zugedeckt nochmals 20 bis 25 Minuten gehen lassen. Mit Milch bestreichen und im vorgeheizten Ofen bei 200 °C etwa 40 Minuten backen. – In den Brotteig können auch Schinkenwürfel geknetet werden.

Porreebrot

1 kg Mehl, 3 Teelöffel Salz, 80 g Hefe, 500 g Porree, 200 g Margarine, 40 g Reibekäse, 1 Eigelb.

Mehl in einer Schüssel mit dem Salz mischen. In die Mitte eine Mulde drücken. Hefe in 1/2 Liter lauwarmem Wasser auflösen und in die Mulde gießen. Mit ein wenig Mehl verrühren. Die Schüssel zudecken und an einem warmen Ort ca. 15 Minuten gehen lassen.
In der Zwischenzeit den Porree putzen, waschen, in feine Ringe schneiden und 5 Minuten in sprudelnd kochendes Salzwasser geben, herausnehmen und gut abtropfen lassen. Mit 2 Eßlöffel Mehl überstäuben. Die Margarine erwärmen und mit dem geriebenen Käse zum Porree geben. Einen glatten Teig aus den Zutaten kneten. Diesen wieder 30 Minuten gehen lassen. Dann den Teig zu einem Brotlaib formen, auf ein gefettetes Backblech setzen, mit verquirltem Eigelb bestreichen und noch einmal 15 Minuten gehen lassen. Im gut vorgeheizten Backofen etwa 1/2 Stunde backen.

Kräuterbrot

500 g Weizenmehl, 30 g Hefe, 1 Teelöffel Zucker, 1/4 l lauwarme Milch, 1 Bund Dill, 1 Bund Schnittlauch, 30 g Butter oder Margarine, 1 Ei, 1 Teelöffel Salz, 1/2 Teelöffel Pfeffer, etwas Milch zum Bepinseln.

Das Mehl in eine Schüssel sieben und eine Mulde hineindrücken. Aus Hefe, Zucker, 6 Eßlöffel lauwarmer Milch und etwas Mehl einen Vorteig rühren, in die Mehlmulde gießen. Die Schüssel mit einem Tuch bedecken und 20 Minuten an einen warmen Ort stellen. Die Kräuter waschen, abtrocknen und fein hacken.
Die zerkleinerten Kräuter, die restliche, leicht erwärmte Milch, Butterflöckchen, Ei, Salz und Pfeffer zum Vorteig geben und den Teig gut schlagen, bis er Blasen wirft.
Eine große Kastenform fetten, den Teig hineingeben und nochmals 40 Minuten zugedeckt gehen lassen. Die Teigoberfläche mit lauwarmer Milch bepinseln. Das Brot reichlich eine halbe Stunde bei Mittelhitze backen.

Schmalzbrötchen

200 g Roggenmehl, 300 g Weizenmehl, 50 g Hefe, 1 Teelöffel Zucker, 1/4 l Buttermilch, 2 Teelöffel Salz, 75 g Schweineschmalz.

Roggenmehl und Weizenmehl in eine Schüssel sieben, vermischen und eine Mulde hineindrücken. Hefe, Zucker, 5 Eßlöffel laufwarmes Wasser und etwas Mehl zu einem Vorteig verrühren, in die Mehlmulde gießen und etwa 20 Minuten zugedeckt an einem warmen Ort gehen lassen. Buttermilch, Salz und geschmeidiges Schweineschmalz zum Vorteig geben und einen glatten Teig daraus kneten. Aus dem Teig 5 cm lange ovale Brötchen formen, auf ein gefettetes Backblech setzen und nochmals gehen lassen. 2- bis 3mal schräg einschneiden und bei Mittelhitze etwa 30 Minuten backen. Kurz vor Beendigung der Backzeit mit heißem Wasser bepinseln. Schmalzbrötchen schmecken besonders gut, wenn sie vor dem Backen mit Milch bestrichen und mit Kümmel und Salz bestreut werden.

Zwiebelsemmeln

500 g Weizenmehl, 40 g Hefe, 1 Teelöffel Zucker, 1/8 l Milch, 150 g Zwiebeln, 1 Knoblauchzehe, 3 Eßlöffel Öl, Pfeffer, 2 Teelöffel Salz.

Das Mehl in eine Schüssel sieben und eine Mulde hineindrücken. Hefe mit Zucker, 8 Eßlöffel lauwarmer Milch und etwas Mehl zu einem Vorteig verrühren, diesen in die Mulde geben und zugedeckt 20 Minuten gehen lassen. Die geschälten Zwiebeln und die Knoblauchzehe würfeln, im heißen Öl glasig braten. Mit etwas Pfeffer und Salz würzen. Die restliche lauwarme Milch, 1/8 l Öl, lauwarmes Wasser, die gebratenen Zwiebeln und noch etwas Salz zum Vorteig geben. Alle Zutaten zu einem glatten Teig verarbeiten, den Teig schlagen, bis er Blasen wirft. Aus dem Teig ovale Semmeln formen, auf ein gefettetes Blech setzen und zugedeckt an einem warmen Ort nochmals 15 Minuten gehen lassen. Die gegangenen Semmeln kreuzweise einschneiden und bei Mittelhitze etwa 30 Minuten backen. Kurz vor Beendigung der Backzeit mit heißem Wasser bepinseln.

Weiteres Gebäck aus Hefeteig ist im Kapitel „Blechkuchen“, siehe folgende Seiten, zu finden.

Blechkuchen

Blechkuchen können vielfältig bereitet werden, es eignen sich sowohl Hefe- als auch Backpulverteige. Bei einer anderen Teigart (Rührteig, Sand- oder Biskuitmasse) geht der eigentliche Charakter eines Blechkuchens verloren, aber wenn der Belag trocken ist, hält sich das Gebäck dafür länger.

Teig für Blechkuchen so dünn wie möglich ausrollen, damit der Belag gut zur Geltung kommt.

Blechkuchen bei milder Mittelhitze backen, damit der Belag nicht austrocknet.

Bei Blechkuchen mit saftigem Belag einen Teigrand formen, damit nichts herunterlaufen kann.

Obstkuchen möglichst nach dem Backen zuckern. Vor dem Backen gezuckertes Obst sondert viel Saft ab.

Pizza und Zwiebelkuchen können schon vormittags gebacken und bei Bedarf aufgewärmt werden.

Hefe-Knetteig, *siehe Seite 68.*

Der gut gegangene Teig braucht nicht unbedingt ausgerollt zu werden, er läßt sich auch mit bemehlter Hand auf dem gut gefetteten Backblech breitdrücken. Der belegte Kuchen muß vor dem Backen stets noch 20 Minuten gehen.

Backpulver-Knetteig, *siehe Seite 29.*

Der Einfachheit halber kann auch dieser Teig in der gleichen Weise wie Hefeteig auf dem gefetteten Blech breitgedrückt werden. Blechkuchen mit Backpulverteig schmecken nicht ganz so kräftig wie die mit Hefeteig, sind aber rascher als diese bereitet.

Quark-Öl-Teig, *siehe Seite 29*

Dieser Teig, ohne Zucker bereitet, eignet sich sehr gut für Pizzen oder pikantwürzige Gemüsekuchen.

Zucker- oder Butterkuchen

Knetteig, 125 g Butter, 50 g Zucker, 1/2 Teelöffel Zimt oder 1 Päckchen Vanillinzucker.

In die Teigplatte kleine Vertiefungen drücken, Butterflöckchen oder Butterklümpchen hineinsetzen und den mit dem Zimt vermischten Zucker darüberstreuen. Bei starker Mittelhitze etwa 25 Minuten backen.

Zitronen-Butter-Kuchen

Knetteig, 200 g Butter, 125 g Zucker, 1 unbehandelte, heiß abgewaschene Zitrone oder Apfelsine, 2 Eigelb, Salz.

In die Teigplatte kleine Vertiefungen drücken. Zur schaumig geschlagenen Butter Zucker, etwas abgeriebene Zitronenschale, Zitronensaft, Eigelb und eine Prise Salz rühren. Diese Masse, wie bei Zuckerkuchen beschrieben, auf dem Teig verteilen. Bei kräftiger Mittelhitze etwa 30 Minuten backen.

Schokoladenkuchen

Knetteig, 200 g Margarine oder Butter, Kakao, feiner klarer Zucker.

Die Teigplatte mit einem Drittel der erhitzten Margarine oder Butter bestreichen. So viel Kakao und Zucker daraufstreuen, wie von der Margarine aufgenommen wird. Das zweite Drittel Margarine darüberträufeln, wieder Kakao und Zucker folgen lassen und zuletzt den Margarinerest auf dem Teig verteilen. Bei Mittelhitze etwa 25 Minuten backen.

Rosinenkuchen

Knetteig, 250 g Rosinen, 75 g Margarine, 50 g Zucker, 1 Päckchen Vanillinzucker.

Unter den Knetteig die gewaschenen, trockengetupften Rosinen wirken und auf ein gefettetes Blech geben. Mit zerlassener Margarine bestreichen und mit dem Vanillinzucker bestreuen. Bei Mittelhitze etwa 30 Minuten backen. – Mit den Rosinen können auch 1 bis 2 kalte geriebene Kartoffeln unter den Teig geknetet werden.

Kartoffelkuchen

Hefe-Knetteig, etwa 150 g gekochte Kartoffeln vom Vortage, Butter oder Margarine, Zimtzucker.

Die geriebenen Kartoffeln unter den Teig kneten und nochmals gehen lassen. Auf gefettetem Blech breitdrücken oder ausrollen. Nach weiteren 15 Minuten Gehen bei Mittelhitze etwa 25 Minuten backen. Sofort mit zerlassener Butter oder Margarine bestreichen und mit Zimtzucker bestreuen. – Der Kartoffelgeschmack wird verstärkt, wenn bei der Bereitung des Hefeteiges nur 375 g Mehl und 200 g geriebene Kartoffeln verwendet werden.

Kartoffelkuchen schmeckt frisch am besten, er kann aber auch nochmals kurz aufgebacken werden. Dafür die Unterseiten der einzelnen Stücke leicht mit Wasser bespritzen und in die sich erwärmende Backröhre schieben. Nach Erreichen der erforderlichen Backtemperatur kann abgeschaltet werden.

Streuselkuchen

Knetteig, Milch oder Wasser, 400 g Mehl, 250 g Margarine, 200 g Zucker, Salz.

Die Teigplatte mit Milch oder Wasser bestreichen. Das gesiebte Mehl mit Margarine, Zucker und einer Prise Salz zur Streuselmasse verarbeiten und auf die Teigplatte krümeln. Bei Mittelhitze etwa 30 Minuten hellgelb backen.

Mandel-Streuselkuchen

Knetteig, Sahne oder Kaffeesahne, 300 g Mehl, 125 g gehackte süße Mandeln, 3 Tropfen Bittermandelaroma, 250 g Margarine, 225 g Zucker, Salz.

Die Teigplatte mit der Sahne bestreichen. Das gesiebte Mehl, Mandeln, Backaroma, Margarine, Zucker und eine Prise Salz zu Streuseln verarbeiten und auf den Teig krümeln. Bei Mittelhitze hell backen.

Zweifarbiger Streuselkuchen

Knetteig, Milch oder Wasser, 400 g Mehl, 200 g Margarine, 2 Eßlöffel Öl, 250 g Zucker, Salz, 4 Eßlöffel Kakao.

Die Teigplatte mit Milch oder Wasser bestreichen. Das gesiebte Mehl, Margarine, Öl, 200 g Zucker und eine Prise Salz zu Streuselmasse verarbeiten. Den restlichen Zucker und Kakao vermischen und unter die Hälfte der Streusel kneten. Die beiden Streuselarten abwechselnd auf der Teigplatte verteilen und bei Mittelhitze etwa 30 Minuten backen.

Glasierter Streuselkuchen

Ein Streuselkuchen, nach einem der vorstehenden Rezepte gebacken, halbe Menge Lukullusmasse, siehe Seite 190, oder Schokoladenglasur.

Den abgekühlten Streuselkuchen gleichmäßig mit Lukullusmasse oder Schokoladenglasur überziehen und nach Wunsch mit Mandel- oder Nußsplittern bestreuen.

Gefüllter Streuselkuchen

Ein Streuselkuchen, nach einem der vorstehenden Rezepte gebacken, leichte Vanillecreme, siehe Seite 195.

Den erkalteten Streuselkuchen quer halbieren. Die untere Kuchenhälfte mit Vanillecreme bestreichen. Das obere Teil daraufsetzen, recht kalt stellen und mit scharfem Messer in Stücke teilen.

Feiner Streuselkuchen

75 g Margarine, 40 g Zucker, Salz, 2 Eier, 1 Eßlöffel Rum oder Weinbrand, 1/4 l Milch, 30 g Hefe, 400 g Mehl; 300 g Mehl, 125 g geriebene Mandeln, 150 g Zucker, Zitronenaroma, 200 g Margarine.

Margarine, Zucker, Salz und Eier recht schaumig schlagen, den Rum und abwechselnd auch die in der lauwarmen Milch verrührte Hefe und das gesiebte Mehl unterarbeiten. Den Teig warm gestellt gehen lassen. Inzwischen über Mehl, Mandeln, Zucker und Zitronenaroma die erhitzte Margarine gießen, so daß kleine Klümpchen entstehen. Damit die Teigplatte auf gefettetem Backblech bekrümeln und bei Mittelhitze etwa 35 Minuten backen.

Tüpfelkuchen

Hefe-Knetteig nach Grundrezept, aber nicht nur mit Margarine, sondern mit 40 g Talg, 30 g Margarine, 30 g Schmalz und 1 Eßlöffel Öl bereitet, 2 Eier, 125 g gut gekühlte Margarine, 125 g Zucker, Mehl.

Die Teigplatte auf gefettetem Backblech mit verquirlten Eiern bestreichen. Margarine, Zucker und etwa eine Handvoll Mehl locker zu Streuseln verarbeiten und auf dem Teig verkrümeln. Bei Mittelhitze backen.

Russischer Hefekuchen

450 g Mehl, 1/4 l Milch, 15 g Hefe, 80 g Margarine, 150 g Zucker, 2 Eigelb, Salz, 125 g gehackte Nüsse oder Mandeln, Bittermandelöl, 100 g Margarine oder Butter, knapp 1 Teelöffel Zimt.

Aus 400 g Mehl und der in der Milch zerbröckelten Hefe ein Hefestück bereiten. Nach dem Gehen Margarine, 50 g Zucker, Eigelb und Salz schaumig schlagen, mit dem Hefestück und 25 g Nüssen zu einem lockeren Teig verarbeiten. Nach nochmaligem Gehen etwa fingerdick auf ein gefettetes Backblech geben, dabei einen kleinen Rand andrücken und mehrmals mit der Gabel einstechen. Die schaumig geschlagene Margarine, Mehl-, Zucker- und Nußreste sowie Zimt vermischen und auf dem Teig verteilen. Bei Mittelhitze etwa 30 Minuten backen.

Carolinenkuchen

Knetteig, 150 g Margarine, 150 g Zucker, 1 Päckchen Vanillinzucker, Salz, Zitronenaroma, 1 Eßlöffel Speisestärke, 65 g Kokosraspel oder gehackte Mandeln.

In die Teigplatte leichte Vertiefungen drücken oder mehrfach mit einer Gabel einstechen. In der flüssigen, abgekühlten Margarine Zucker, Gewürz, Speisestärke und Kokosraspel oder Mandeln verrühren. Diese Masse entweder häufchenweise in die Teigvertiefungen setzen oder breitstreichen. Bei Mittelhitze etwa 30 Minuten backen.

Lausitzer Zwiebackkuchen

Knetteig, reichlich 1/8 l Milch oder Sahne, 300 g Zwieback, 75 g Nüsse oder Mandeln, 125 g Zucker, 1 Päckchen Vanillinzucker, Salz, 125 g Margarine.

Die Teigplatte mit Milch oder Sahne bestreichen. Zwieback und Nüsse reiben, mit Zucker, Vanillinzucker und einer Prise Salz locker vermischen. Den Teig damit bekrümeln und den Kuchen bei Mittelhitze etwa 25 Minuten backen. Sofort mit der zerlassenen Margarine beträufeln und nach Möglichkeit mit einer dünnen Zitronenglasur überziehen oder mit Puderzucker besieben.

Mandel- oder Nußkuchen

Knetteig, 2 Eier, 1/8 l saure Sahne, 1 Teelöffel Speisestärke, Salz, 150 g gehackte Mandeln oder Nüsse, 150 g Zucker, Butterflöckchen, Zitronenglasur.

An die Teigplatte einen Rand drücken. Eier, saure Sahne, Speisestärke und eine Prise Salz glattrühren und auf dem Teig verteilen. Gehackte Mandeln und Zucker darüberstreuen. Sofort bei guter Mittelhitze etwa 25 Minuten backen. – Der Mandelkuchen kann nach Belieben mit einer Zitronenglasur, siehe Seite 203, überzogen werden. 10 Minuten vor Beendigung der Backzeit aufgesetzte Butterflöckchen verfeinern den Kuchen.

Makronenkuchen

Knetteig, 125 g Margarine, 150 g Zucker, 1 Zitrone, Zitronenaroma, 3 Eier, 300 g Kokosraspel, Bittermandelöl, 6 Zwiebäcke, Salz.

Den Knetteig auf ein gefettetes Blech geben, dabei einen Rand andrücken. Die schaumig geschlagene Margarine mit Zucker, Zitronensaft und Backaroma verrühren, nach und nach Eigelb, Kokosraspel, einige Tropfen Bittermandelöl und Zwiebäcke zugeben. Die leicht gesalzenen Eiweiß steif schlagen und zuletzt unterheben. Die Makronenmasse auf dem Teig verteilen und den Kuchen bei Mittelhitze backen.

Bienenstich

Knetteig, 150 g Butter oder Margarine, 150 g Zucker, 75 g Honig, 200 g Mandeln, Nüsse oder Kokosraspel, Bittermandelöl, 2 bis 3 Eier, 1/16 l Sahne oder Milch, Salz.

Den Teig auf ein gefettetes Blech geben, dabei einen Rand andrücken. Butter oder Margarine, Zucker und Honig auf kleiner Flamme kurz kochen lassen, vom Feuer nehmen, die gehackten Mandeln, Backaroma und nach weiterer Abkühlung die Eier zugeben. Sahne und eine Prise Salz unterrühren, die Masse auf dem Teig breitstreichen und bei Mittelhitze etwa 25 Minuten backen, wenn nötig vor zu starker Oberhitze schützen. – Für Bienenstichmasse können auch nur Margarine, Zucker und Mandeln gemeinsam erhitzt werden. Vom Feuer genommen und mit 6 Eßlöffel Sahne oder Milch verrührt, wird diese Masse nach Abkühlung auf dem Teig verteilt.

Schokoladen-Bienenstich

Ein Bienenstich- oder Makronenkuchen, nach vorstehenden Rezepten gebacken, halbe Menge Lukullusmasse, siehe Seite 190 oder Schokoladen-Fettglasur.

Den abgekühlten Kuchen mit Lukullusmasse überziehen und mit scharfem Messer in Stücke schneiden.

Gefüllter Bienenstich

Wie gefüllten Streuselkuchen, siehe Seite 91, bereiten.

Gußkuchen

Knetteig, 150 g Sultaninen, 100 g Mandeln oder Nüsse, 125 g Margarine, 75 g Zucker, 1 Päckchen Vanillinzucker, 4 bis 5 Eier, 1/8 l saure Sahne, Salz, Puderzucker.

Den Knetteig auf ein gefettetes Blech geben, dabei den Rand andrücken. Sultaninen und Mandelstifte darauf verteilen. Die erhitzte, vom Feuer genommene Margarine mit Zucker, Vanillinzucker, Eigelb und saurer Sahne verrühren, den leicht gesalzenen, steifen Eischnee unterziehen. Den Guß auf dem Teig verteilen, bei Mittelhitze etwa 30 Minuten backen und mit Puderzucker besieben. – Der Guß kann durch Zugabe von 2 Eßlöffel Kakao verändert werden.

Thüringer Makronenkuchen

Knetteig, 250 g Grieß, 250 g Zucker, 1 Päckchen Vanillinzucker, Salz, 250 g Margarine, 3 Eier, einige Tropfen Bittermandelöl.

Den Knetteig auf ein gefettetes Blech geben, dabei einen Rand andrücken. Die übrigen Zutaten recht gut miteinander verarbeiten, auf der Teigplatte verteilen und bei Mittelhitze etwa 30 Minuten backen. Wenn gewünscht, mit Puderzucker besieben.

Mollykuchen

Knetteig, 1 Glas herbe Marmelade, 1/8 l saure Sahne, 2 Eier,
1 Eßlöffel Speisestärke 1 Tasse Korinthen
oder gehackte Sauerkirschen
oder geraspelte Äpfel.

Den Knetteig auf ein gefettetes Blech geben, dabei einen Rand andrücken. Marmelade, saure Sahne, Eier, Speisestärke und nach Wunsch auch etwas Rum oder Weinbrand recht gut verquirlen und auf die Teigplatte gießen. Die vorbereiteten Korinthen oder Früchte darüberstreuen. Nach Belieben Butterflöckchen daraufsetzen und den Kuchen bei guter Mittelhitze etwa 30 Minuten backen.

Mohnkuchen

Knetteig, 1/2 l Wasser oder Milch, 125 g Margarine, 125 g Zucker,
Salz, 65 g Grieß, 500 g gemahlener Mohn, 1/2 Teelöffel Zimt,
2 Eier, 100 g Sultaninen, weiße Zuckerglasur.

Den Teig auf ein gefettetes Blech geben, dabei einen Rand andrücken. Mit der Mohnmasse bestreichen und bei Mittelhitze etwa 40 Minuten backen. Mit weißer Zuckerglasur, die in diesem Fall mit Milch angerührt werden kann, überziehen. Für die Mohnmasse Wasser, Margarine, Zucker und eine Prise Salz aufkochen, den eingestreuten oder angerührten Grieß darin ausquellen lassen. Sofort den gemahlenen Mohn, den Zimt, nach leichter Abkühlung die Eier und die vorbereiteten Sultaninen untermengen.

Feiner Mohnkuchen

Knetteig, Mohnmasse, siehe vorstehendes Rezept, 3 Eier,
75 g Puderzucker, 4 bis 5 Eßlöffel Sahne oder Kaffeesahne,
100 g geriebene Mandeln, Bittermandelöl, 1 Päckchen Vanillinzucker,
1/2 Päckchen Puddingpulver Vanillegeschmack,
1 bis 2 Eßlöffel Rum oder Weinbrand.

Den mit der Mohnmasse bestrichenen Teig knapp 20 Minuten backen. Inzwischen die übrigen Zutaten recht gut miteinander verrühren und als Guß auf dem Kuchen verteilen. Weitere 15 bis 20 Minuten bei Mittelhitze backen.

Mohn-Apfel-Kuchen

Knetteig, halbe Menge Mohnmasse, siehe Mohnkuchen, etwa 500 g Äpfel, 1 Tasse Sultaninen, 30 g Butter oder Margarine, Puderzucker.

Den Teig auf ein gefettetes Backblech geben, dabei einen Rand andrücken. Unter die Mohnmasse die geraspelten Äpfel und die vorbereiteten Sultaninen, nach Wunsch auch etwas Zucker mischen. Gleichmäßig auf dem Teig verteilen und bei Mittelhitze etwa 30 Minuten backen. Auf den Kuchen Butterflöckchen setzen und weitere 10 Minuten backen lassen. Mit Puderzucker besieben.

Bunter Mohnkuchen

Knetteig, Quarkmasse aus 375 g Quark, siehe Quarkkuchen, Mohnmasse aus 250 g Mohn, siehe Mohnkuchen, etwa 750 g Äpfel, Puderzucker.

Den Teig auf ein gefettetes Blech geben und dabei einen Rand andrücken. Die Quarkmasse darauf verteilen. Apfelringe – ohne Schale und Kernhaus – darauflegen. Die Zwischenräume mit Mohnmasse ausfüllen, dazu am besten einen Spritzbeutel mit großer Tülle verwenden. Bei Mittelhitze backen, zuckern.

Kleckselkuchen

Knetteig, Quarkmasse aus 500 g Quark, siehe Quarkkuchen, Mohnmasse aus 250 g Mohn, siehe Mohnkuchen, 2 Äpfel oder geröstete Mandelsplitter, Butter, Puderzucker.

Den Teig auf ein gefettetes Blech geben und dabei einen Rand andrükken. Quark- und Mohnmasse löffelweise abwechselnd auf dem Teig verteilen. Kleine Apfelwürfelchen oder Mandelsplitter, auch beides zusammen, darüberstreuen und den Kuchen bei Mittelhitze etwa 45 Minuten backen. Buttern und zuckern. – Kleckselkuchen kann ohne Apfelwürfelchen bereitet oder vor dem Backen mit Streuseln verfeinert werden.

Quarkkuchen

Knetteig, 80 g Margarine, 200 g Zucker, 2 bis 3 Eier, 1 kg Quark, 1 Päckchen Puddingpulver Vanille- oder Mandelgeschmack oder 50 g Speisestärke, Milch, Salz, Zitronenaroma, 125 g Sultaninen oder Korinthen, Butter, Puderzucker.

Den Teig auf ein gefettetes Backblech geben, dabei einen Rand andrücken. Zur schaumig gerührten Margarine nach und nach die übrigen Zutaten geben und so lange schlagen, bis die Masse cremig ist. Dann auf die Teigplatte streichen und bei Mittelhitze etwa 45 Minuten backen. Möglichst noch warm mit zerlassener Butter beträufeln und mit Puderzucker besieben. – Durch Zugabe von 5 geriebenen Mandeln läßt sich Quarkkuchen geschmacklich verändern.

Lukullus-Quarkkuchen

Knetteig, Quarkmasse aus 750 g Quark, siehe Quarkkuchen, 200 g Kokosraspel, Zitronenaroma, halbe Menge Lukullusmasse, siehe Seite 190, oder Schokoladen-Fettglasur.

Den Knetteig auf ein gefettetes Blech geben, dabei einen Rand andrücken. Unter die Quarkmasse Kokosraspel und Zitronenaroma mengen und auf dem Teig verteilen. Bei Mittelhitze etwa 40 Minuten backen. Nach dem Erkalten mit Lukullusmasse oder Schokoladen-Fettglasur überziehen.

Quarkkuchen mit Früchten

Knetteig, Quarkmasse, siehe Quarkkuchen, 50 g Butter, 1/2 Glas Konfitüre, einige Früchte, der Konfitüre entsprechend.

Den Knetteig auf ein gefettetes Blech geben, dabei einen Rand andrücken. Die Quarkmasse darauf verteilen. Unter die schaumig geschlagene Butter die Konfitüre mischen und tüpfelweise auf den Quark geben. Auf jeden Tupf eine Frucht legen und den Kuchen bei Mittelhitze backen.

Kirmeskuchen

Knetteig, Quarkmasse, siehe Quarkkuchen, 2 bis 3 Eier, 80 g Zucker, 2 bis 3 Eßlöffel Rum, 65 g Margarine, Streusel aus 200 g Mehl, 100 g Margarine und 100 g Zucker.

Den Teig auf ein gefettetes Blech geben, dabei einen Rand andrücken. Die Quarkmasse aufstreichen. Eier, Zucker, Rum und die flüssige, aber nicht mehr heiße Margarine verrühren und auf dem Quark verteilen. Die Streusel darüberkrümeln und den Kuchen bei Mittelhitze etwa 40 Minuten backen.

Eierschecke

Knetteig, Quarkmasse, siehe Quarkkuchen, 30 g süße Mandeln, Bittermandelöl, 1/4 l saure Sahne, 1/4 l Milch, 20 g Speisestärke, 5 Eier, 75 g Zucker, 1 Päckchen Vanillinzucker, 50 g Butter, 3 Eßlöffel Rum, 2 Eßlöffel zerlassene Butter.

Den Teig auf ein gefettetes Blech geben, dabei einen Rand andrücken. Unter die Quarkmasse die geriebenen Mandeln sowie das Backaroma mischen und damit die Teigplatte gleichmäßig bestreichen Die übrigen Zutaten so lange im Wasserbad schlagen, bis sie dickschaumig geworden sind, erst dann über die Quarkmasse ziehen. Bei Mittelhitze etwa 50 Minuten backen. Vor zu starker Oberhitze schützen! Der Kuchen wird besonders appetitlich in der Farbe, wenn er gegen Ende der Backzeit mit zerlassener Butter bestrichen wird.

Böhmische Eierschecke

Knetteig, Quarkmasse, siehe Quarkkuchen, 80 g Margarine, 80 g Zucker, 1 Päckchen Vanillinzucker, 3 Tropfen Bittermandelöl, Salz, 2 Eier, 3 Eßlöffel Rum.

Den Teig auf ein gefettetes Blech geben, dabei einen Rand andrücken. Die Quarkmasse darauf verteilen. Margarine, Zucker und Gewürz schaumig schlagen, 1 Ei und 1 Eigelb sowie den Rum zugeben. Zuletzt den steifen Eischnee unterheben und auf dem Belag breitstreichen. Bei Mittelhitze etwa 40 Minuten backen, dabei vor zu starker Oberhitze schützen.

Quark-Obst-Kuchen

Knetteig, Quarkmasse aus 500 g Quark, siehe Quarkkuchen, frisches oder gedünstetes, gut abgetropftes Obst, Zucker, 20 g Butter.

Den Teig auf ein gefettetes Blech geben, dabei einen Rand andrücken. Die Quarkmasse darauf breitstreichen und mit Früchten belegen. Nur ganz wenig Zucker aufstreuen und bei Mittelhitze etwa 40 Minuten backen. Noch warm mit zerlassener Butter beträufeln. – Es können auch erst die Früchte und dann die Quarkmasse auf den Teig gegeben werden.

Stachelbeerkuchen

Knetteig, Quarkmasse aus 500 g Quark, siehe Quarkkuchen, 1/2 Dose Nußmus, Bittermandelaroma, gedünstete, abgetropfte grüne Stachelbeeren, Puderzucker.

Den Teig auf ein gefettetes Blech geben, dabei einen Rand andrücken. Quarkmasse, Nußmus und Backaroma vermengen, gegebenenfalls nachsüßen, und auf dem Teig breitstreichen. Die Stachelbeeren dicht darauf anordnen und bei Mittelhitze etwa 40 Minuten backen. Mit Puderzucker besieben.

Rhabarberkuchen

1 kg Rhabarber, 250 g Zucker, Knetteig, 1 Päckchen Puddingpulver Vanille- oder Mandelgeschmack, etwa 1/16 l saure Sahne, 50 g Butter, 3 Eier, 3 Eßlöffel zerlassene Butter, Puderzucker.

Den in Stücke geschnittenen Rhabarber mit dem Zucker bestreuen und zugedeckt stehen lassen, bis sich reichlich Saft gebildet hat. Den Teig auf ein gefettetes Blech geben, dabei einen Rand andrücken. Den Rhabarbersaft nötigenfalls auf 3/8 l auffüllen und mit dem in der sauren Sahne angerührten Puddingpulver dicken. Unter den warmen Pudding Butter und Eier rühren. Mit dieser Masse die Teigplatte bestreichen, die abgetropften Rhabarberstückchen darauf verteilen. Den Kuchen bei Mittelhitze etwa 40 Minuten backen. Sofort mit heißer Butter beträufeln und mit Puderzucker besieben. – Anstelle von Rhabarber können kurz vorgedünstete grüne Stachelbeeren verwendet werden.

Apfelkuchen mit Sahneguß

500 g Mehl, 30 g Hefe, 100 g Zucker, 80 g Margarine, Salz, 1 Päckchen Vanillinzucker oder Zitronenaroma, knapp 1/4 l Milch.

1/2 l Milch, 4 Eßlöffel Zucker, 1 Päckchen Puddingpulver Vanillegeschmack, 2 kg Äpfel, Rosinen, 1/4 l saure Sahne, 2 Eier, Zucker.

Einen Hefeteig bereiten, auf gefettetem Blech ausrollen und einen Rand andrücken. Nochmals gehen lassen. Aus Milch, Zucker und Puddingpulver einen Pudding kochen. Einen Teil davon dünn auf den Teig streichen. Die geschälten Äpfel vom Kernhaus befreien, in Schnitzel schneiden und dicht auf den Teig legen. Mit den Rosinen bestreuen. Den restlichen Pudding mit der sauren Sahne und den Eiern verquirlen, über die Äpfel geben. Den Kuchen bei 200 °C etwa 35 Minuten backen. Mit Zucker bestreuen. – Auf die gleiche Art können Johannisbeer-, Pflaumen- und Stachelbeerkuchen bereitet werden.

Aprikosenkuchen mit Guß

500 g Mehl, 30 g Hefe, 1/4 l Milch, 100 g Zucker, 1 Ei, 125 g Butter oder Margarine, 1 Prise Salz, 1 Päckchen Vanillinzucker, Zitronenaroma.

2 kg Aprikosen, 1/4 l Milch, 4 Eier, 200 g Zucker, Zitronenaroma, 200 g Mehl, 125 g Butter, 1 bis 2 Teelöffel Zimt.

Einen Hefeteig nach Vorschrift bereiten. Zugedeckt an einem warmen Ort etwa 30 Minuten gehen lassen. In der Zwischenzeit die Aprikosen halbieren und entsteinen. Für den Guß die Milch mit den Eiern, 100 g Zukker und dem Backaroma verquirlen. Aus Mehl, restlichem Zucker, Butter und Zimt nach Geschmack Streusel kneten. Den Teig auf einem gefetteten Backblech ausrollen, den Rand etwas hochziehen, dicht mit Aprikosenhälften belegen, Eiermilch darübergießen und Streusel darüberstreuen. Das Blech in den vorgeheizten Ofen schieben und bei 200 °C etwa 40 Minuten backen.

Kirschkuchen

Knetteig, 1,5 kg Kirschen, 3 Eier, 80 g Zucker, 1 kleine Flasche Kaffeesahne, 25 g Speisestärke, Salz, Zucker zum Bestreuen.

Den Teig auf ein gefettetes Blech geben, dabei einen Rand andrücken. Die vorbereiteten, möglichst entkernten Kirschen auflegen. Eigelb und Zucker recht schaumig schlagen, Kaffeesahne und Speisestärke verquirlt zugeben. Zuletzt den leicht gesalzenen steifen Eischnee unterheben. Diese Masse über die Kirschen ziehen und den Kuchen bei Mittelhitze backen. Noch warm zuckern. – Statt Guß läßt sich eine Quarkmasse verwenden.

Sächsischer Kirschkuchen

Knetteig, 1,5 bis 2 kg Kirschen, 50 g Zimtzucker, 200 g Mehl, 100 g Margarine, 100 g Zucker, Salz.

Den Teig auf ein gefettetes Blech geben, dabei einen Rand andrücken. Dick mit Kirschen belegen und mit Zimtzucker bestreuen. Aus Mehl, Margarine, Zucker und einer Prise Salz Streusel kneten und auf die Kirschen krümeln. Etwa 40 Minuten backen.

Heidelbeerkuchen

Knetteig, Semmelbrösel oder Grieß, 1,5 kg Heidelbeeren (Blaubeeren, Schwarzbeeren), Zimtzucker.

Den Teig auf ein gefettetes Blech geben, dabei einen Rand andrücken. Gleichmäßig, aber dünn mit Semmelbröseln oder Grieß bestreuen und mit den vorbereiteten, möglichst trockenen Heidelbeeren belegen. Nur ganz leicht zuckern und bei Mittelhitze etwa 35 Minuten backen. Noch warm mit Zimtzucker bestreuen.

Johannisbeerkuchen

Wie Rhabarber-, Kirsch- oder Heidelbeerkuchen bereiten.

Besonders fein im Geschmack wird der Kuchen, wenn rote und schwarze Johannisbeeren gemischt verwendet werden.

Aprikosenkuchen

Knetteig, 50 g Margarine, 50 g Zucker, 1 Päckchen Vanillinzucker, Salz, 2 Eier, 2 Gläser Aprikosen, 1 Päckchen Puddingpulver Mandelgeschmack, 4 Eßlöffel süße Sahne, Butter.

Den Teig auf ein gefettetes Blech geben, dabei einen Rand andrücken. Margarine, Zucker, Gewürz und Eier recht schaumig schlagen. Aus 1/2 Liter abgelaufenem Aprikosensaft und dem in der Sahne angerührten Puddingpulver einen Pudding kochen. Nach dem Abkühlen löffelweise unter die Eiermasse schlagen und auf dem Teig breitstreichen. Die Aprikosen auflegen, nach Wunsch mit gehackten Mandeln bestreuen und bei Mittelhitze etwa 40 Minuten backen. Kurz vor Ende der Backzeit mit zerlassener Butter bepinseln.

Apfelkuchen

Knetteig, 1,5 kg Äpfel (möglichst mürbe, säuerliche), 125 g Sultaninen, Butter, Zucker.

Den Teig auf ein gefettetes Blech geben, dabei einen Rand andrücken. Die geschälten, in Achtel geschnittenen Äpfel schuppenförmig darauf anordnen. Die Sultaninen darauf verteilen. Den Kuchen bei Mittelhitze etwa 40 Minuten backen, bei zu starker Oberhitze mit gefettetem Papier abdecken. Mit zerlassener Butter beträufeln, nochmals 5 Minuten in die heiße Röhre schieben und sofort mit feinem Zucker bestreuen. – Anstelle von Sultaninen können Korinthen verwendet werden. Durch Streusel (Hälfte der unter Streuselkuchen angegebenen Menge) läßt sich der Kuchen vor dem Backen noch verfeinern.

Apfelkuchen nach Großmutterart

Knetteig, knapp 2 kg Äpfel, 100 g Sultaninen oder Korinthen, Zucker nach Geschmack der Äpfel, 1 Päckchen Vanillinzucker, ein Schuß Rum oder Weinbrand, einige Tropfen Bittermandelöl, Zitronensaft, 1/2 Teelöffel Zimt, Butter, Zucker.

Den Teig auf ein gefettetes Blech geben, dabei einen Rand andrücken. Die geschälten Äpfel halbieren, das Kernhaus entfernen und die Apfelhälften raspeln. Sofort mit den übrigen Zutaten, nach Wunsch auch etwas Zitronensaft, verrühren. Diese Masse auf dem Kuchen verteilen. Bei Mittelhitze etwa 45 Minuten backen. Auch dieser Kuchen gewinnt sehr, wenn er sofort mit zerlassener Butter beträufelt und mit feinem Zucker bestreut wird.

Apfelkuchen mit Guß

*Knetteig, 1,5 kg Äpfel, Zucker, Zimt, 150 g Korinthen,
1/2 l Buttermilch, 1 Päckchen Puddingpulver Sahnegeschmack,
Zitronenaroma, 1 bis 2 Eier, Salz.*

Den Teig auf ein gefettetes Blech geben und dabei einen Rand andrücken, Die geraspelten Äpfel, ohne Schale und Kernhaus, mit Zucker nach Geschmack, Zimt und Korinthen vermengen. Auf der Teigplatte verteilen. Buttermilch, 2 Eßlöffel Zucker, Puddingpulver, etwas Zitronenaroma, Ei und eine Prise Salz auf kleiner Flamme unter ständigem Rühren zum Kochen bringen. Abgekühlt über die Äpfel gießen und den Kuchen etwa 40 Minuten backen, gegebenenfalls vor zu starker Oberhitze schützen.

Blitz-Apfelkuchen

*60 g Butter, 60 g Zucker, 1 Päckchen Vanillinzucker, 4 Eier,
Zitronenaroma, 250 g Quark, 1 Teelöffel Backpulver, 100 g Mehl.*

2 kg Äpfel, 100 g Korinthen, 2 Teelöffel Zimt, 100 g Zucker.

Butter, Zucker und Vanillinzucker schaumig schlagen. Nach und nach die Eier zugeben. Dann Zitronenaroma, Quark und das mit Backpulver vermengte Mehl untermischen. Den Teig auf ein gefettetes Blech streichen. Die Äpfel schälen, vierteln, die Kerngehäuse herausschneiden. Die Apfelviertel in feine Spalten schneiden und dachziegelartig auf den Teig legen. Mit Korinthen und Zimt bestreuen. Im vorgeheizten Backofen bei 200 °C etwa 30 Minuten backen. Sofort dick mit Zucker bestreuen.

Pflaumenkuchen

*Knetteig, 1,5 kg Pflaumen, Zucker, 200 g Mehl, 100 g Margarine,
100 g Zucker, Salz.*

Butter und Zucker zum Verfeinern.

Den Teig auf ein gefettetes Blech geben, dabei einen Rand andrücken. Die längs aufgeschnittenen Pflaumen entkernen, jede der zusammenhängenden Pflaumenhälften nochmals längs einschneiden und die Früchte flach und schuppenförmig auf den Teig legen. Ein wenig Zucker daraufstreuen. Aus Mehl, Margarine, Zucker und einer Prise Salz Streusel bereiten und auf den Pflaumen verteilen. Bei Mittelhitze etwa 40 Minuten backen. Sofort mit zerlassener Butter beträufeln und nochmals mit Zucker bestreuen.

Schneller Pflaumenkuchen

Quark-Öl-Teig, siehe Seite 29.

1 bis 1,5 kg Pflaumen, Zucker, 2 Eßlöffel zerlassene Butter.

Den Teig ausrollen und auf ein gefettetes Backblech legen. Die Pflaumen waschen, abtrocknen und entsteinen. Mit der Innenseite nach oben auf den Teig legen. Den Kuchen bei Mittelhitze etwa eine halbe Stunde backen. Nach dem Backen den etwas ausgekühlten Kuchen mit Zucker oder Zimtzucker bestreuen und mit Butter beträufeln.

Zwiebelkuchen

Ungesüßter Hefe-Knetteig nach Grundrezept, 175 g Speck, 65 g Margarine, 750 g Zwiebeln, 2 bis 3 Eßlöffel Kümmel, Salz, 1/4 l saure Sahne, 3 bis 4 Eier, 40 g Speisestärke.

Den Teig auf ein gefettetes Blech geben, dabei einen Rand andrücken. Für den Belag den kleinwürfelig geschnittenen Speck in der erhitzten Margarine auslassen. Zwiebelringe, Kümmel und Salz zugeben, doch nur kurz dünsten lassen. Vom Feuer nehmen und die übrigen verquirlten Zutaten unterrühren. Den Belag auf der Teigplatte verteilen. Bei Mittelhitze etwa 40 Minuten backen und sofort auftragen.

Speckkuchen

Ungesüßter Hefe-Knetteig nach Grundrezept, 250 g Speck, 50 g Margarine, 2 Eßlöffel Kümmel, 1/4 l saure Sahne, 3 Eier, Salz, 20 g Speisestärke.

Den gegangenen Hefeteig auf ein gefettetes Blech geben, dabei einen Rand andrücken. Während der Teig nochmals geht, den kleinwürfelig geschnittenen Speck in der erhitzten Margarine anbraten, auf der Teigplatte verteilen und mit Kümmel bestreuen. Die übrigen Zutaten miteinander verquirlen und über den Speck gießen. Bei Mittelhitze etwa 45 Minuten backen.

Tomatenkuchen

Ungesüßter Knetteig nach Grundrezept, 40 g Margarine, 150 g Speck, 350 g Zwiebeln, etwa 750 g Tomaten, Petersilie, 100 g Weißbrot, 2 bis 3 Eier, Salz, Reibekäse.

Den Teig auf ein gefettetes Blech geben, dabei einen Rand andrücken. In der erhitzten Margarine den kleinwürfelig geschnittenen Speck auslassen. Die in Ringe oder Würfel geschnittenen Zwiebeln kurz darin dünsten. Auf der Teigplatte verteilen und darauf Tomatenscheiben legen. Mit gehackter Petersilie bestreuen. Das eingeweichte, ausgedrückte Weißbrot mit Eiern und Salz, nach Wunsch auch einer Spur Muskat, verrühren und auf den Tomaten breitstreichen. Bei Mittelhitze etwa 40 Minuten backen, noch warm mit Reibekäse bestreuen.

Tomatenpizza

Quark-Öl-Teig, siehe Seite 29, 4 Zwiebeln, 5 Eßlöffel Öl, 200 g Käsewürfel, 500 g Tomaten, Salz, Pfeffer.

Mit dem Teig ein Backblech auslegen. Die gehackten Zwiebeln in dem Öl anrösten, vom Herd nehmen und mit den Käsewürfeln vermischen. Die Masse auf dem Teig verteilen, dicht mit Tomatenscheiben belegen. Mit Salz und Pfeffer würzen. Bei guter Mittelhitze backen. Schinken, Salami oder dünne Scheiben von 2 Bockwürsten können auch zum Belegen verwendet werden.

Hackfleischpizza

350 g Mehl, 20 g Hefe, 1 Teelöffel Zucker, 3 bis 4 Eßlöffel Milch, 2 Eier, 1 Prise Salz, 40 g Margarine.

Öl, 250 g gewürztes und angebratenes Hackfleisch, 400 g geschälte, in Scheiben geschnittene Tomaten, 2 Zwiebeln, 125 g Schmelzkäse; Salz, Pfeffer, Majoran.

Aus den Teigzutaten einen Hefeteig bereiten, gehen lassen und ein gefettetes Kuchenblech damit belegen, nochmals gehen lassen und mit Öl bepinseln. Das Hackfleisch auf der Teigplatte verteilen, mit Tomaten- und Zwiebelscheiben belegen. Den Schmelzkäse in Würfel oder Scheiben schneiden, darauf verteilen und würzen. Bei Mittelhitze backen.

Blätterteig

Blätterteig ergibt ein besonders feines, aber fettreiches Gebäck. Die Bereitung des echten Blätterteiges ist zeitaufwendig, backfertiger Blätterteig erfreut sich großer Beliebtheit.

Blätterteig immer in einer Richtung und nicht zu dünn ausrollen.

So ausschneiden oder ausstechen, daß wenig Reste entstehen. Teigreste vor dem erneuten Ausrollen nur übereinanderlegen.

Ränder und Schnittkanten dürfen nicht mit Eigelb bestrichen werden, das Gebäck kann sonst nicht blättrig aufgehen.

Backbleche für Blätterteig niemals einfetten, nur mit kaltem Wasser abspülen.

Blätterteig in der gut vorgeheizten Röhre backen. Nicht zu zeitig nachsehen.

Blätterteig verträgt süße oder herzhafte, kräftig gewürzte Füllungen.

Blätterteig schmeckt frisch am besten. Bei längerer Aufbewahrung kann der Geschmack talgig werden.

Gebäck mit süßer Fülle noch warm mit Zuckerglasur bestreichen.

Echter Blätterteig

250 g Mehl, Salz, 10 Eßlöffel Wasser, 2 Eßlöffel Weinbrand, Rum oder Essig, 250 g Butter.

Das Mehl, wenn möglich, auf eine kalte Marmorplatte sieben. In eine Vertiefung in der Mitte einen Teelöffel Salz geben, Wasser und Weinbrand zugießen und mit kalten Händen einen festen, zähen Teig kneten, dabei einen Teelöffel Butter unterarbeiten. Die Butter zwischen zwei Bogen Butterpapier zu einer dicken rechteckigen Platte breitrollen. Teig und Butter kalt stellen, damit beide für die weitere Verarbeitung die gleiche Temperatur bekommen. Den Teig auf bemehltem Untergrund so ausrollen, daß eine rechteckige, in der Mitte etwas stärkere Platte entsteht. Die Butter darauflegen und den Teig von beiden Seiten darüberschlagen. Für etwa 20 Minuten kalt stellen und wieder ausrollen, dann dreifach zusammenschlagen und den Teig mindestens 30 Minuten kalt stellen. Den Vorgang des Ausrollens, Zusammenschlagens und Kaltstellens noch zweimal wiederholen und erst dann den Teig nach Rezeptvorschrift weiterverarbeiten. Anhaftendes Mehl sollte bei den einzelnen Arbeitsgängen (Touren) abgestäubt werden, da sonst der Teig brüchig werden kann.

Quarkblätterteig

250 g Margarine oder Butter, 250 g trockener Quark; 250 g Mehl, Salz.

Margarine oder Butter, glattgestrichenen Quark, gesiebtes Mehl und eine Prise Salz rasch und gründlich zu einem Teig verarbeiten. Mindestens 30 Minuten kalt stellen und möglichst wie echten Blätterteig mehrfach ausrollen und zusammenschlagen. – Mit dem Mehl kann eine Prise Backpulver gesiebt werden.

Blitzblätterteig

500 g Mehl, 500 g Margarine oder Butter, 1 Tasse Milch, Salz.

Alle Zutaten rasch zu einem Teig verkneten und mindestens 24 Stunden kalt gestellt rasten lassen. Der Teig kann bis zu einer Woche im Kühlschrank lagern, das macht ihn um so besser. Nach Rezeptvorschrift verarbeiten.

Blätterzungen

Blätterteig nach Grundrezept, etwa 150 g grober Zucker.

Den Blätterteig etwa 1 cm stark ausrollen und zu kleinen runden Plätzchen ausstechen. Groben Zucker auf das Backbrett streuen und die Teigstücke darauf oval ausrollen. Mit der Zuckerseite nach oben auf ein wasserbenetztes Blech legen und bei starker Mittelhitze etwa 15 Minuten backen.

Vanillezungen

Blätterteig nach Grundrezept, 75 g grober Zucker, 50 g gehackte Mandeln, Nüsse oder Kokosraspel, Vanillecreme, siehe Seite 195.

Den Blätterteig etwa 1 cm stark ausrollen und kleine runde Plätzchen ausstechen. Zucker und Mandeln mischen, auf ein Backbrett streuen und die Hälfte der runden Teigstücke darauf oval ausrollen, die übrigen Teigstücke auf unbestreutem Brett ebenfalls oval rollen. Die Zungen - mit der gezuckerten Seite nach oben - auf ein wasserbenetztes Blech legen und bei Mittelhitze backen. Die einfachen Zungen mit Vanillecreme bespritzen und jeweils eine gezuckerte Zunge darauflegen.

Monikaschnitten

Blätterteig nach Grundrezept, halbe Menge Lukullusmasse, siehe Seite 190, oder Schokoladenglasur, Aprikosenmarmelade.

Den ausgerollten Blätterteig in gleichmäßige Rechtecke oder Quadrate teilen und auf einem mit Wasser benetzten Blech bei Mittelhitze etwa 15 Minuten backen. Mit Lukullusmasse bestreichen und nach dem Festwerden jeweils zwei Gebäckstücke mit Aprikosenmarmelade zusammensetzen.

Schweinsohren

Blätterteig nach Grundrezept, etwa 150 g grober Zucker.

Unter den knapp 5 mm stark ausgerollten Blätterteig die Hälfte des groben Zuckers streuen und noch einmal mit dem Rollholz leicht über den

Teig fahren. Die Teigplatte in Stücke von etwa 20 cm x 30 cm teilen und jedes von den beiden Schmalseiten her zur Mitte hin aufrollen. Nochmals kalt stellen und erst dann mit scharfem Messer in gleichmäßige Scheiben schneiden. Jeweils mit einer Seite in den restlichen Zucker drücken. Die Schweinsohren mit der gezuckerten Seite nach oben auf ein wasserbenetztes Blech legen und bei Mittelhitze etwa 15 Minuten backen.

Nußstengel

Blätterteig nach Grundrezept, 6 Eßlöffel Nuß-Nougatcreme aus dem Glas, 3 Eßlöffel Honig, 1 Ei.

Den Blätterteig etwa 5 mm stark ausrollen und in gleichmäßige Stangen schneiden. Nuß-Nougatcreme, Honig und Ei verrühren und vorsichtig auf die schmalen Teigstücke streichen. Auf wasserbenetztem Blech bei Mittelhitze etwa 15 Minuten backen. – Anstelle der Nuß-Nougatcreme ist auch die Bienenstichmasse, siehe Seite 93, verwendbar.

Mohnhörnchen

Blätterteig nach Grundrezept, halbe Menge Mohnmasse, siehe Seite 95, Zitronenglasur.

Den knapp 5 mm stark ausgerollten Blätterteig in Dreiecke teilen. Auf jedes Teilstück einen Klecks Mohnmasse geben, die Dreiecke von der Breitseite her aufrollen und auf wasserbenetztem Blech bei Mittelhitze etwa 20 Minuten backen. Mit einer Zitronenglasur überziehen. – Anstelle der Mohnmasse läßt sich Marmelade oder Quarkmasse verwenden.

Quarktaschen

Blätterteig nach Grundrezept, 200 g Quark, 50 g Zucker, 1 Ei, 1 Eßlöffel helles Puddingpulver oder Speisestärke, 2 bis 3 Eßlöffel Sahne, Zitronenaroma, zum Bestreichen verquirltes Ei oder Butter, Puderzucker.

Den rechteckig ausgerollten Blätterteig in gleichmäßige Quadrate schneiden und die aus den übrigen Zutaten bereitete Quarkmasse in die Mitte jedes Stückes geben. Die vier Ecken jeweils nach oben klappen. Entweder vor dem Backen oder kurz vor Beendigung des Backens vorsichtig mit Ei oder mit zerlassener Butter bestreichen. Die goldbraun gebackenen Quarktaschen können mit Puderzucker besiebt werden.

Prasselkuchen

Blätterteig nach Grundrezept, 250 g Mehl, 125 g Zucker, 125 g Margarine, Salz, Zitronenglasur.

Den knapp 5 mm stark ausgerollten Blätterteig in etwa 5 cm x 10 cm große Rechtecke schneiden, auf ein wasserbenetztes Blech legen und mit Wasser bestreichen. Die aus Mehl, Zucker, Margarine und Salz gekneteten Streusel auf den Blätterteigstücken verteilen. Bei guter Mittelhitze etwa 25 Minuten backen und sofort mit der inzwischen bereiteten Zitronenglasur überziehen. – Die Streuselmasse läßt sich durch die Zugabe von gehackten Mandeln oder Kakao, siehe Streuselkuchen, Seiten 90 und 91, verändern.

Blätterteig-Apfel-Strudel

Blätterteig nach Grundrezept oder 1 Paket gefrorener Blätterteig, 2 Eßlöffel Semmelbrösel, 500 g Äpfel, 100 g Rosinen, 100 g Mandeln, 2 Teelöffel Zimt, 100 g Zucker, 20 g Butter, Puderzucker.

Den Blätterteig (gefrorenen Teig etwas auftauen lassen) zu einem Rechteck ausrollen und mit Semmelbröseln bestreuen. Die Äpfel schälen, vierteln, das Kernhaus entfernen. Die Viertel in feine Spalten schneiden. Mit den Rosinen, abgezogenen und gehackten Mandeln, Zucker und Zimt vermischen. Gleichmäßig auf die Teigplatte geben. Von der Breitseite her aufrollen. Den Strudel auf ein mit Wasser benetztes Backblech setzen und mit der zerlassenen Butter bepinseln. Im vorgeheizten Backofen bei 220 °C 30 bis 40 Minuten backen. Nochmals mit Butter bepinseln und mit Puderzucker besieben.

Äpfel im Blätterteigmantel

Blätterteig nach Grundrezept, etwa 8 kleine mürbe Äpfel, Konfitüre oder Marmelade, 50 g geriebene Nüsse oder Mandeln, Zuckerglasur.

Den etwa 5 mm stark ausgerollten Blätterteig in Quadrate teilen, die der Apfelgröße entsprechen. Auf jedes Teigstück einen ganzen oder halben geschälten Apfel ohne Kernhaus legen. Konfitüre, Nüsse und nach Wunsch auch etwas Weinbrand vermischen und in die ausgehöhlten Äpfel füllen. Die Teigecken über den Äpfeln zusammenschlagen, aus den Teigabfällen Streifchen rädeln oder runde Plätzchen stechen und damit die Oberfläche verzieren. Auf wasserbenetztem Blech bei Mittelhitze etwa 20 Minuten backen und sofort glasieren. Das Gebäck kann warm oder kalt aufgetragen werden. – Anstelle von Blätterteig eignet sich Mürbe-, Hefe- oder Backpulver-Knetteig, statt Äpfeln auch anderes Obst.

Holländerschnitten

Blätterteig nach Grundrezept, Konfitüre, Sauerkirschen, Schlagsahne oder -creme, Zuckerglasur.

Den etwa 5 mm stark ausgerollten Blätterteig in Rechtecke oder Quadrate teilen und auf wasserbenetztem Blech bei Mittelhitze 15 Minuten backen. Die Hälfte der Stücke mit roter Konfitüre bestreichen und mit abgetropften Sauerkirschen belegen. Darauf Schlagsahne oder -creme häufen, seitlich mit breitem Messer glattstreichen, so daß die Sahne die gleiche Form wie das Gebäckstück erhält. Die restlichen, weiß glasierten Blätterteigstücke daraufsetzen und nach Wunsch mit Sahne und Kirschen garnieren.

Erdbeer-Blätterteig-Schnitten

Blätterteig nach Grundrezept oder 1 Päckchen gefrorener Blätterteig. 3 Eigelb, 100 g Zucker, 1 Päckchen Vanillinzucker, 30 g Mehl, 1/4 l Milch, 250 g frische Erdbeeren, 30 g Mandelsplitter, Margarine, Puderzucker.

Den frisch bereiteten oder aufgetauten Teig auf einem bemehlten Brett zu einem etwa 10 cm breiten Streifen ausrollen, quer in Stücke schneiden, auf ein mit Wasser benetztes Blech legen und im vorgeheizten Ofen etwa 20 Minuten backen. Die Eigelb mit Zucker, Vanillinzucker, Mehl und 3 Eßlöffel Milch verquirlen. Die übrige Milch aufkochen, in die verquirlte Masse rühren, wieder in den Topf geben, kurz aufkochen und dann abkühlen lassen. Die abgekühlten Blätterteigstücke damit bestreichen. Mit Erdbeeren belegen und mit in Margarine gerösteten Mandelsplittern und Puderzucker bestreuen.

Apfeltörtchen

Blätterteig nach Grundrezept, 1/8 l Rotwein, Zucker, Zitronenaroma, 30 g Speisestärke, 1 bis 2 Eier, abgetropfte Kirschen, gedünstete Apfelhälften, gehackte Mandeln oder Kokosraspel, heiße Kirschmarmelade, Puderzucker.

Den etwa 5 mm stark ausgerollten Blätterteig zu Törtchen von 7 cm Durchmesser ausstechen, auf ein wasserbenetztes Blech legen und backen. Den Rotwein mit Zucker und Zitronenaroma abschmecken, aufkochen und mit der in wenig kaltem Wasser angerührten Speisestärke binden. Das Ei recht flott unterrühren. Auf den Gebäckrücken breitstreichen, Kirschen und Apfelspalten darauf anordnen und mit gehackten Mandeln bestreuen. Die Törtchen können mit heißer Marmelade bestrichen und mit Puderzucker besiebt werden.

Anastassiabrezeln

Blätterteig nach Grundrezept, Ei oder Rum, etwa 50 g süße Mandeln, Schokoladen-Mürbeteig nach Grundrezept, siehe Seite 8.

Den Blätterteig knapp 5 mm stark ausrollen, vorsichtig mit Ei oder mit Rum bestreichen und mit geriebenen Mandeln bestreuen. Eine gleich große Mürbeteigplatte auflegen und gleichmäßige Streifen abschneiden oder -rädeln. Brezeln daraus formen und auf wasserbenetztem Blech bei Mittelhitze backen.

Fleischpastetchen

Blätterteig nach Grundrezept, Hackfleischmasse aus 250 g Hackfleisch, gehackte Petersilie.

Den Blätterteig ausrollen und damit Tortelettförmchen auslegen. Die recht pikant abgeschmeckte Hackfleischmasse mit gehackter Petersilie

Apfelstrudel

Aprikosenkuchen

Holländerschnitten

vermengen und auf dem Teig verteilen. Teigreste zu kleinen runden Scheiben ausstechen und jeweils eine davon als Deckel obenauflegen. Bei Mittelhitze etwa 20 Minuten backen. Mit Zitrone, frischen Kräutern oder Mixed Pickles garniert auftragen.

Fleurons

Blätterteig nach Grundrezept,
1 Ei, 1/2 Teelöffel Paprika.

Den nicht zu dünn ausgerollten Blätterteig zu Halbmonden ausstechen. Ei und Paprika gut verquirlen und damit vorsichtig die auf wasserbenetztem Blech liegenden Halbmonde bestreichen. Bei Mittelhitze etwa 15 Minuten backen. – Fleurons können vor dem Backen auch nur mit Eigelb bestrichen und mit Paprika besiebt werden. Fleurons sind eine beliebte Beilage zu klaren Suppen, aber auch zu Bier oder Wein.

Würstchen im Blätterteig

Blätterteig nach Grundrezept, 4 bis 6 Würstchen,
Ketchup, Salzwasser, Kümmel.

Den ausgerollten Blätterteig in Rechtecke schneiden, die der Würstchengröße entsprechen. Jedes Würstchen mit Ketchup bestreichen und mit Teig umhüllen. Auf ein wasserbenetztes Blech legen und mit Salzwasser bestreichen. Kümmel obenaufstreuen und bei Mittelhitze etwa 20 Minuten goldgelb backen.

Kümmelstäbchen

Blätterteig nach Grundrezept,
3 Eßlöffel Kümmel, 1 Teelöffel Salz.

Den etwa 5 mm stark ausgerollten Blätterteig in gleichmäßige Stäbchen von 2 cm x 10 cm rädeln oder schneiden und auf ein wasserbenetztes Blech legen. Die Teigstücke mit Eigelb oder Wasser bepinseln und den mit dem Salz vermischten Kümmel obenaufstreuen. Bei Mittelhitze etwa 12 Minuten backen. – Kümmelstäbchen sehen besonders nett aus, wenn sie zu Locken gedreht auf das Blech gelegt werden.

Käsestangen

Blätterteig nach Grundrezept,
1 Ei, 125 g Reibekäse.

Den etwa 5 mm stark ausgerollten Blätterteig mit Ei bestreichen oder nur mit leicht gesalzenem Wasser anfeuchten und mit Reibekäse bestreuen. Die Teigplatte in gleichmäßige Stangen teilen und auf wasserbenetztem Blech bei Mittelhitze etwa 12 Minuten backen.

Edamer Hörnchen

Blätterteig nach Grundrezept,
Ketchup, Schnittkäse, Kümmel.

Den etwa 5 mm stark ausgerollten Blätterteig mit scharfem Messer in Dreiecke schneiden. Jedes mit knapp einem Teelöffel Ketchup und kleinen Stücken Schnittkäse belegen. Von der Breitseite her zu Hörnchen aufrollen, auf wasserbenetztem Blech mit Ei oder Wasser bestreichen und mit Kümmel bestreuen. Bei kräftiger Mittelhitze goldgelb backen.

Pastetchen

Blätterteig nach Grundrezept, 1 Ei.

Den Blätterteig etwa 5 mm stark ausrollen und Scheiben von etwa 5 cm Durchmesser ausstechen. Aus der Hälfte davon das Mittelstück rundausstechen, so daß in gleicher Anzahl Ringe, kleine und größere Teigplatten vorhanden sind. Die großen Teigscheiben auf ein wasserbenetztes Blech legen. Die Ringe vorsichtig mit Eiweiß bestreichen und mit dieser Seite auf die Teigscheiben setzen. Die kleinen Teigplatten vorsichtig mit Eigelb bepinseln und möglichst auf einem anderen (des Höhenunterschiedes der einzelnen Gebäckstücke wegen!) wasserbenetzten Blech bei Mittelhitze backen. Die Pastetchen sofort mit einem dick gehaltenen Frikassee oder Ragout oder einer anderen geeigneten Masse füllen und die Deckelchen daraufsetzen. Im voraus gefertigte Pastetchen lassen sich bei Bedarf aufbacken.

Blätterteigpiroggen

*Blätterteig nach Grundrezept oder 1 Paket gefrorener Blätterteig.
1 große Zwiebel, 1 Eßlöffel Öl, 200 g Geschabtes, 100 g Gehacktes,
2 Eier, Salz, Pfeffer, Curry, Salbei, 2 Eßlöffel Weinbrand.*

Den Blätterteig ausrollen (gefrorenen Teig antauen), die Zwiebel hacken und im Öl glasig werden lassen. Das gemischte Hackfleisch mit 2 Eigelb und 1 Eiweiß, Salz, Pfeffer, Curry, etwas zerriebenem Salbei, Weinbrand und gedünsteter Zwiebel verkneten. Aus dem ausgerollten Blätterteig Vierecke schneiden, die Fülle darauf verteilen. Die Teigtaschen zusammenklappen, gut andrücken und die Oberfläche mit dem verquirlten restlichen Eigelb bestreichen. Im gut vorgeheizten Backofen etwa 15 Minuten backen.

Käsewähe für Überraschungsgäste

*300 g gefrorener Blätterteig, 4 Eßlöffel Semmelbrösel,
250 g Schinkenspeck, 1/8 l saure Sahne, 3 Eier, Salz, Paprika,
10 Scheiben Schnittkäse.*

Den aufgetauten Blätterteig ausrollen, auf ein mit Wasser benetztes Backblech legen und die Ränder hochdrücken. Mit Semmelbröseln bestreuen. Den Schinkenspeck in dünnen Scheiben auf der Teigplatte verteilen, saure Sahne und Eier verquirlen, mit Salz und Paprika würzen und darübergeben. Im vorgeheizten Ofen bei 225 °C 20 Minuten knusprig backen. Die Käsescheiben übereck durchschneiden, die Wähe damit belegen und im heißen Backofen cremig schmelzen lassen. – Nicht zu dunkel backen.

Blätterteigpizza für Eilige

*1 Paket gefrorener Blätterteig.
1 Eßlöffel Anschovispaste, 125 g Schmelzkäse, 400 g Tomaten,
Salz, Pfeffer, Majoran.*

Den angetauten Blätterteig ausrollen und ein Kuchenblech damit belegen. Die Teigplatte mit Anschovispaste bestreichen. Schmelzkäse- und Tomatenscheiben darauflegen. Mit Salz, Pfeffer und Majoran bestreuen. Die Pizza bei Mittelhitze 12 Minuten backen und heiß auftragen.

Plunderteig

Plunderteig ist sowohl dem Hefe- als auch dem Blätterteig verwandt. Aus diesem Teig wird hauptsächlich Kleingebäck hergestellt.

Den Teig etwa 5 mm dick ausrollen und Gebäckstücke (Brezeln, Windmühlen, Kämme, Taschen oder Hörnchen) formen, nach Belieben füllen.

Plunder sollte geformt auf dem Blech nochmals 20 Minuten gehen.

Das noch warme Plundergebäck mit Puderzucker besieben; Gebäckstücke vor dem Glasieren etwas abkühlen lassen.

Plundergebäck schmeckt frisch besonders gut. Der Teig kann mit Quark, Marmelade, Zucker und Zimt, gehackten Nüssen, Mandeln oder mit gehacktem kandiertem Ingwer gefüllt werden.

Plunder ist leichter verdaulich als Blätterteig, weil das Gebäck nicht so fetthaltig ist.

Backbleche nicht zu sehr einfetten, weil sonst das Backwerk von unten zu schnell verbrennen würde.

Sultaninen oder Korinthen waschen, abtrocknen und mit Mehl bestäuben, bevor sie an den Teig kommen. Nach deren Zugabe den Teig nicht mehr lange rühren oder kneten, sonst wird er dunkel.

Grundrezept für Plunderteig

500 g Mehl, 20 g Hefe, knapp 1/4 l Milch, 80 g Zucker, 250 g Butter, Salz, Vanillinzucker oder Zitronenaroma.

I. Das gesiebte Mehl, die in der lauwarmen Milch verrührte Hefe, Zucker, 50 g Butter oder Fett und Gewürz zu einem nicht zu weichen Hefeteig verarbeiten. Kühl gestellt rasten lassen. 200 g Butter zwischen zwei Bogen Pergamentpapier zu einer rechteckigen Platte ausrollen und ebenfalls kühl stellen, damit sie für die Verarbeitung die gleiche Temperatur wie der Teig bekommt. Den gegangenen Hefeteig zusammenstoßen, rechteckig ausrollen und die Butterplatte darauflegen. Die Teigränder darüberschlagen und ausrollen. Nochmals dreifach zusammenschlagen und 20 Minuten kalt stellen. Das Ausrollen, Zusammenschlagen und Kaltstellen noch zweimal wiederholen. Anhaftendes Mehl entfernen und erst dann den Teig entsprechend verarbeiten.

II. In der gleichen Weise wie oben beschrieben einen Hefeteig bereiten. Nach dem Gehen zusammenstoßen, rechteckig ausrollen und das mittlere Drittel der Teigplatte mit Butterflöckchen betupfen. Ein seitliches Drittel darüberschlagen, ebenfalls Butterflöckchen aufsetzen und das letzte Teigdrittel darüberklappen. Den Teig wie bei I beschrieben weiter behandeln.

Zackenhörnchen

Plunderteig nach Grundrezept, Konfitüre, Marmelade, Zuckerglasur.

Den dünn ausgerollten Plunderteig zu runden Platten von etwa 8 cm Durchmesser ausstechen oder zu Rechtecken ausschneiden. Auf die eine Hälfte jedes Teigstückes einen Klecks Konfitüre geben und die andere Teighälfte darüberklappen. Die Teigränder aufeinanderdrücken und an der offenen Seite in knappen Abständen gleich lang einschneiden. Zu Hörnchen geformt auf ein gefettetes Blech legen, nochmals kurz gehen lassen und etwa 20 Minuten bei Mittelhitze backen. Sofort mit erhitzter Marmelade und weißer Zuckerglasur überziehen.

Quarkstangen

Plunderteig nach Grundrezept, 30 g Margarine, 30 g Zucker, 1 Päckchen Vanillinzucker, 1 kleines Ei, Zitronenaroma, 175 g Quark, 2 Teelöffel helles Puddingpulver, Sahne oder Milch, Korinthen, Gelee, Zuckerglasur.

Den ausgerollten Plunderteig in Streifen von etwa 6 cm Breite und 12 cm Länge schneiden. Die Margarine schaumig schlagen und mit den übrigen Zutaten – mit Ausnahme von Gelee und Zuckerglasur – zu einer cremigen Masse verrühren. Auf die Hälfte jedes Teigstückes Quark geben. Die unbestrichene Teighälfte darüberklappen, die offenen Randseiten mit einer Gabel fest aneinanderdrücken. Nach kurzem Gehen auf gefettetem Blech etwa 20 Minuten bei guter Mittelhitze backen. Sofort mit heißem Gelee und weißer Zuckerglasur überziehen. – Anstelle einer Quarkmasse läßt sich auch eine Mohnfülle, siehe Seite 95, verwenden.

Plunderbrezeln

Plunderteig nach Grundrezept, Gelee, weiße Zuckerglasur, 50 g Kokosraspel oder gehackte Mandeln.

Aus dem ausgerollten Plunderteig Streifen von etwa 2 cm Länge und 2 cm Breite schneiden oder rädeln. Zu Brezeln mit zweimal umeinandergeschlungenen Enden formen und nach kurzem Gehen auf gefettetem Blech bei Mittelhitze etwa 20 Minuten backen. Sofort mit erhitztem Gelee und der mit Kokosraspeln oder geriebenen Mandeln vermischten Zuckerglasur überziehen.

Plunderstreifen

Plunderteig nach Grundrezept, 75 g Zucker, Zitronenaroma, 1 Päckchen Vanillinzucker, 50 g geraspeltes Zitronat, 1 Tasse Korinthen.

Den Plunderteig rechteckig ausrollen. Die übrigen Zutaten untereinandermengen und auf der Hälfte der Teigplatte verteilen. Die freie Teigseite darüberklappen und mit der flachen Hand festdrücken. In schmale Streifen schneiden, auf gefettetem Blech nochmals kurz gehen lassen und bei Mittelhitze etwa 20 Minuten backen. Nach Wunsch mit Zuckerglasur, die mit Vanillinzucker abgeschmeckt wurde, überziehen.

Käseecken

Ungesüßter Plunderteig nach Grundrezept, 65 g Margarine, 250 g Quark, Salz, Gewürzpaprika, ein wenig Anschovispaste aus der Tube, 1 1/2 Eßlöffel Senf, Ketchup, eine Prise Zucker, 1 Ei, 1 1/2 Teelöffel Speisestärke, Salzwasser.

Den ausgerollten Plunderteig in etwa 8 cm große Quadrate teilen. Aus den übrigen Zutaten eine pikante Quarkmasse bereiten, nach Wunsch etwas Ketchup zusetzen und davon auf jedes Teigstück ein Häufchen geben. Die Quadrate übereck zusammenklappen, so daß Dreiecke entstehen, und die offenen Ränder mit einer Gabel festdrücken. Auf gefettetem Blech nochmals kurz gehen lassen, mit Salzwasser bestreichen und bei Mittelhitze etwa 25 Minuten goldbraun backen.

Plunderpastetchen

Ungesüßter Plunderteig nach Grundrezept, 1 Ei, 1 kleine Dose Corned beef, 1 kleine Gewürzgurke, 3 bis 4 Eßlöffel Reibekäse, 1 Eßlöffel saure Sahne.

Den Plunderteig ausrollen, kleine Teigplatten und Ringe in gleicher Größe ausstechen. Die Teigscheiben auf ein gefettetes Backblech geben, am Rand vorsichtig mit Eiweiß bestreichen und die Ringe auflegen. Das zerkleinerte Fleisch, Gurkenwürfelchen, Reibekäse und saure Sahne vermischen, gegebenenfalls noch etwas abschmecken und jeweils ein Häufchen in die freie Mitte jeder Teigplatte geben. Die Teigoberflächen mit verquirltem Eigelb bestreichen und die Pastetchen bei Mittelhitze etwa 20 Minuten backen. Mit Eischeiben und Petersilie garniert sofort auftragen. – Als Fülle eignet sich auch eine Hackmasse aus Fleisch oder Fisch.

Martinshappen

Ungesüßter Plunderteig nach Grundrezept, 200 g Geflügelleber, 50 g Speck, 1 kleine Zwiebel, Salz, Äpfel, 1 Ei.

Den ausgerollten Plunderteig in Ovale schneiden oder stechen. Die Leber in kleinste Würfel schneiden und in dem ebenfalls kleinwürfelig geschnittenen Speck anbraten, dabei die geriebene Zwiebel zugeben.

Diese Fleischmasse salzen, nach Wunsch auch pfeffern und auf jeweils eine Hälfte jedes Teigovals etwas Fülle geben, ein Apfelachtel oder -scheibchen darauflegen und die freie Teigplatte überklappen. Auf gefettetem Backblech vorsichtig mit verquirltem Ei bepinseln und bei Mittelhitze etwa 20 Minuten backen. Sofort zu Bier oder einer kräftigen Suppe auftragen.

Strudelteig

Strudelteig ist dem Nudelteig ähnlich und enthält kaum Fett. Je weniger Fett der Teig enthält, desto besser läßt er sich zu einer hauchdünnen Platte ausziehen.

Strudel kann in der Fettpfanne des Herdes oder in einer Auflaufform gebacken werden. So läuft nichts von der Fülle in die Backröhre, wenn die Teigschicht beim Backen reißen sollte.

Strudelteig nach dem Kneten zugedeckt an einem warmen Ort 30 Minuten ruhen lassen.

Beim Einrollen des mit Fülle belegten Strudels hilft ein Küchentuch.

Ausgezogenen Strudelteig vor dem Füllen mit flüssiger Margarine bestreichen und mit Semmelmehl bestreuen.

Beliebte Strudelfüllungen sind: geriebene Äpfel mit Zucker, Zimt und gehackten Mandeln, Quarkmasse, Kirschen, Pflaumen, Mohn, Nüsse oder Mandeln, gedünstetes Kraut und Hackfleisch.

Strudel mit süßer Fülle nach dem Backen mit Puderzucker besieben. Frisch aus der Röhre schmeckt Strudel besonders gut.

Grundrezept I für Strudelteig

200 g Mehl, 50 g Grieß, Salz, 1 Eigelb, 50 g Margarine, 6 Eßlöffel saure Sahne, 4 Eßlöffel warmes Wasser.

Mehl und Grieß auf ein Backbrett sieben. In eine Vertiefung in der Mitte Salz (bei pikanten Strudeln etwas mehr als die übliche Prise), Eigelb, flüssige, aber nicht mehr heiße Margarine, Sahne und Wasser, beides lauwarm, geben. Die Zutaten ohne weitere Mehlzugabe so lange kneten, bis der Teig nicht mehr klebt. Zu einer flachen Kugel formen, nach Möglichkeit dünn mit flüssiger Margarine bestreichen, eine Schüssel darüberstülpen und darauf einen Topf mit heißem Wasser stellen. Den Teig bei dieser mäßig warmen Temperatur mindestens 30 Minuten rasten lassen. Den Teig dann zuerst ganz dünn ausrollen, am besten auf einem mehlierten Küchentuch. Dann per Hand hauchdünn ausziehen. Das Muster des Küchentuches muß durch den Teig hindurch zu sehen sein. Den Teig belegen und mit Hilfe des Küchentuches aufrollen. – Anstelle von Mehl und Grieß kann auch nur griffiges Mehl verwendet werden, und statt Margarine eignet sich Schweinefett.

Grundrezept II für Strudelteig

250 g Mehl, Salz, 1 kleines Ei, 6 Eßlöffel lauwarmes Wasser, 1 Eßlöffel Margarine oder Fett, 1 Teelöffel Essig.

Das Mehl auf ein Brett sieben und in die Mitte eine Vertiefung drücken. Salz, Ei, lauwarmes Wasser, Margarine und Essig verrührt hineingeben und mit dem Mehl verkneten. In der gleichen Weise, wie bei Grundrezept I angegeben, rasten lassen. Nach Rezeptvorschrift verarbeiten. Die Flüssigkeit muß immer zumindest lauwarm sein, damit der Klebergehalt des Mehles leichter wirksam wird.

Apfelstrudel

Strudelteig nach Grundrezept, 80 g Margarine, 100 g geriebene Semmel, 750 g Äpfel, etwa 100 g Zucker, 1/2 Teelöffel Zimt, 50 g Sultaninen oder Korinthen, 30 g gehackte Mandeln oder Nüsse, 1 Eßlöffel Weinbrand oder Rum.

Auf dem vorschriftsmäßig ausgezogenen Strudelteig die in etwa 30 g Margarine gerösteten Semmelbrösel verteilen. Die ohne Schale und Kernhaus geraspelten Äpfel mit Zimtzucker, Sultaninen, Mandeln und Weinbrand vermischen und auf der Teigplatte breitstreichen. Den aufgerollten Teig mit der restlichen Margarine bepinseln und etwa 25 Minuten bei kräftiger Mittelhitze goldbraun backen. Nach Wunsch mit Puderzucker besieben. – Anstelle frischer, geraspelter Äpfel kann Apfelmus, zusätzlich mit 1 bis 2 Eßlöffel Speisestärke verrührt, verwendet werden.

Kirschstrudel

Strudelteig nach Grundrezept,
80 g Margarine, 80 g geriebene Semmel, 1 kg Sauerkirschen,
125 g Puderzucker, 1/2 Teelöffel Zimt.

Auf dem vorschriftsmäßig ausgezogenen Strudelteig die in der Hälfte der Margarine gerösteten Semmelbrösel verteilen. Die Sauerkirschen möglichst entkernen und mit dem Zimt-Puderzucker vermischen. Den Strudelteig damit belegen, aufrollen und auf gefettetem Blech mit der restlichen Margarine bestreichen. Bei kräftiger Mittelhitze etwa 25 Minuten backen. Nach Wunsch mit Puderzucker besieben.

Quarkstrudel

Strudelteig nach Grundrezept,
125 g Margarine, 65 g geriebene Semmel, 85 g Zucker,
1 Päckchen Vanillinzucker, 1 Ei, 650 g Quark, 2 Eßlöffel Speisestärke,
Salz, Zitronenaroma, 65 g Sultaninen oder Korinthen,
1 Päckchen Vanillinzucker, Puderzucker.

Den vorschriftsmäßig ausgezogenen Strudelteig mit etwa 40 g zerlassener Margarine bestreichen und mit geriebener Semmel bestreuen. Etwa 65 g Margarine schaumig schlagen, Zucker, Vanillinzucker, Ei, durchgestrichenen Quark, Speisestärke, Gewürz und zuletzt die vorbereiteten Sultaninen zugeben und unterrühren. Mit dieser Quarkmasse knapp zwei Drittel der Teigplatte bestreichen und von dieser Seite her aufrollen. Wird die gesamte Teigplatte bestrichen, ist die Gefahr des Reißens besonders groß, da der Quark zu quellen beginnt. Mit der restlichen zerlassenen Margarine bestreichen und bei kräftiger Mittelhitze etwa 30 Minuten goldbraun backen. Sofort mit Vanillin- und Puderzucker besieben. Recht trockener Quark wird vor dem Durchstreichen mit ein wenig Sahne oder Milch geschmeidig gerührt.

Pflaumenstrudel

Strudelteig nach Grundrezept,
80 g Margarine, 80 g geriebene Semmel, 2 Tassen Pflaumenmus,
50 g gehackte Mandeln, 375 g entkernte Pflaumen,
Zimt, 50 g Zucker, Puderzucker.

Den vorschriftsmäßig ausgezogenen Strudelteig mit den in der Hälfte der Margarine gerösteten Semmelbröseln bestreuen. Das Pflaumenmus darauf breitstreichen. Gehackte Mandeln, kleinwürfelig geschnittene Pflaumen, Zimt und Zucker vermengen und auf dem Mus verteilen. Aufrollen und auf gefettetem Blech mit der restlichen Margarine bestreichen. Bei guter Mittelhitze 25 Minuten goldbraun backen. Nach Wunsch mit Puderzucker besieben.

Kartoffelstrudel

1 kg gekochte Kartoffeln, 150 g Kartoffelmehl, 1 Ei, Salz,
50 g Margarine oder Fett, 75 g geriebene Semmel, 80 g grober Zucker,
50 g Kokosraspel, Bittermandelöl.

Die geriebenen Kartoffeln, Kartoffelmehl, Ei und Salz rasch verkneten, ausrollen und mit den in der Hälfte der in Margarine gerösteten Semmelbröseln bestreuen. Zucker, Kokosraspel und Backaroma mischen und auf der Teigfläche verteilen. Aufgerollt auf ein gefettetes Backblech legen, mit der restlichen Margarine bestreichen und bei Mittelhitze etwa 25 Minuten goldbraun backen.

Ungefüllter Zopfstrudel

300 g Mehl, 1 Teelöffel Backpulver, 100 g Zucker,
1 Päckchen Vanillinzucker, Salz, 75 g Margarine, 2 Eier,
2 Eßlöffel Rum, Margarine,
Zimt, Puderzucker.

Das Mehl mit Backpulver, Zucker, Gewürz, Margarine, Eiern und Rum verarbeiten. Aus dem Teig drei gleich große Rollen formen und zum Zopf verflechten. Auf gefettetem Blech mit Margarine bestreichen; bei Mittelhitze etwa 30 Minuten backen. Obenauf mit Zimt und Puderzucker besieben.

Krautstrudel

Strudelteig nach Grundrezept,
100 g Speck, 75 g geriebene Semmel, 500 g Sauerkraut,
250 g geraspelte Äpfel, 1 kleine Zwiebel, 20 g Margarine.

Auf den vorschriftsmäßig ausgezogenen Strudelteig einen Teil der ausgelassenen Speckwürfelchen und die geriebene Semmel geben. Das grobgehackte Sauerkraut, die geraspelten Äpfel, die geriebene Zwiebel und die übrigen Speckwürfelchen untereinandermengen und auf dem Teig verteilen. Aufrollen, auf gefettetem Blech mit zerlassener Margarine bestreichen und bei kräftiger Mittelhitze etwa 25 Minuten goldbraun backen. Noch heiß in Scheiben schneiden und mit einer Tomaten-, Pilz- oder Fleischsoße auftragen.

Fleischstrudel

Strudelteig nach Grundrezept,
500 g Hackfleisch, 2 kleine Zwiebeln, 1 Ei, 1 Teelöffel Salz,
1/2 Teelöffel Paprika, Zitronenaroma, 1 Eßlöffel gehackte
Kapern oder Petersilie, 4 Eßlöffel saure Sahne oder Wasser,
25 g Margarine.

Den vorschriftsmäßig ausgezogenen Strudelteig mit der aus den übrigen Zutaten – mit Ausnahme der Margarine – bereiteten Fülle bestreichen. Aufrollen und auf gefettetem Blech mit der zerlassenen Margarine bepinseln. Bei kräftiger Mittelhitze etwa 25 Minuten goldbraun backen. Warm mit einer pikanten Soße auftragen.

Fischstrudel

In der gleichen Weise wie Fleischstrudel,
siehe Seite 125, bereiten.

Der Geschmack wird besonders fein, wenn unter die Fülle gehackter frischer Dill gegeben oder eine Dillsoße dazu gereicht werden kann.

Mandelmasse

Mandel- und Makronenmasse ergibt wohlschmeckendes Gebäck, das vorwiegend für Feiertage bestimmt und – richtig aufbewahrt – gut haltbar ist.

Die wichtigste Voraussetzung für Mandelmasse ist, daß alle Zutaten gut vorbereitet, die Eiweiß zu steifem Schnee geschlagen werden und zügig gearbeitet wird.

Haferflocken können auch für Makronen verwendet werden, es empfiehlt sich, diese abzusieben und grob zu hacken.

Makronenmasse auf gefettetem, mit Mehl bestreutem Blech backen. Als Unterlage eignen sich sehr gut Oblaten, Zwiebäcke, Waffelbrotscheiben, aber auch ganz dünn ausgerollter Mürbeteig. So löst sich das Gebäck gut vom Blech.

Mandelgebäck hält sich nur dann längere Zeit, wenn es völlig durchgebacken ist und in einer verschließbaren Dose aufbewahrt wird.

Ungeschälte Mandeln mit kochendem Wasser brühen, kurz ziehen lassen und schälen, sie können mit der Mandelmühle zerkleinert, in Stifte oder blättrig geschnitten werden. Fertige Mandelstifte/-blättchen erleichtern die Arbeit.

Alle Zutaten und Geräte vor Beginn der Teigbereitung griffbereit zurechtlegen. Die sauberen Backformen einfetten, mit Semmelbröseln, Grieß oder Mehl ausstreuen.

Grundrezept für Mandelmasse

2 Eiweiß, Salz, 75 bis 100 g Puderzucker, 125 g geriebene süße Mandeln, Bittermandelöl, 1/2 Päckchen Vanillinzucker oder ein wenig Zitronenaroma.

Die leicht gesalzenen Eiweiß nahezu steif schlagen, erst dann nach und nach den gesiebten Puderzucker zugeben. Die geriebenen Mandeln und das Gewürz nur noch locker unterheben. Nach Rezeptvorschrift verarbeiten. – Anstelle der süßen Mandeln lassen sich Nüsse oder Kokosraspel verwenden.

Mandelmakronen

Mandelmasse nach Grundrezept.

Die Mandelmasse entweder mit zwei Teelöffeln oder mit dem Spritzbeutel in nicht zu dichten Abständen auf dem vorbereiteten Blech verteilen. Die Makronen bei schwacher Mittelhitze goldgelb backen. – Die Mandelmasse kann auch auf Oblaten (im Handel erhältlich) oder auf gefettetes, bemehltes Papier gegeben werden. Bei Verwendung von Papier die gebackenen Makronen samt Papier auf ein feuchtes Tuch setzen, damit sich das Papier leichter abziehen läßt.

Nuß- oder Kokosmakronen

Mandelmasse nach Grundrezept, aber mit geriebenen Nüssen oder Kokosraspeln bereitet.

In der gleichen Weise wie Mandelmakronen bereiten. Wenn möglich, jede Makrone vor dem Backen mit einer Haselnuß garnieren.

Fruchtmakronen

Mandelmasse nach Grundrezept, 30 g Zitronat, 25 g Sultaninen, 1/2 Teelöffel Zimt.

Unter die fertige Mandelmasse die recht fein zerkleinerten Trockenfrüchte und den Zimt ziehen. Wie Mandelmakronen backen. – Die Trockenfrüchte können durch einen Eßlöffel Marmelade oder Fruchtmark ersetzt werden. Dann in jedes ungebackene Makronenhäufchen eine leichte Vertiefung drücken und einen Klecks Marmelade hineingeben.

Schokoladenmakronen

Makronenmasse nach Grundrezept,
3 Teelöffel Kakao.

Bei der Bereitung der Mandelmasse zusammen mit dem Puderzucker den Kakao sieben. Wie Mandelmakronen weiter verarbeiten. Für diese dunklen Makronen können anstelle von Mandeln sehr gut Walnüsse oder ungehäutete Haselnüsse verwendet werden. – Schokoladenmakronen entstehen auch, wenn helle Makronen mit einer Lukullusmasse oder Schokoladenglasur ganz oder zur Hälfte überzogen werden. – Unter die Mandelmasse lassen sich auch ganz kleine Schokoladenwürfel mengen.

Zimthäufchen

2 Eiweiß, 125 g feiner Zucker, Salz, 1/2 Teelöffel Zimt,
150 g geriebene Mandeln.

Eischnee, Zucker und eine Prise Salz recht schaumig rühren (mit der Hand etwa 20 Minuten), mit Zimt und geriebenen Mandeln verarbeiten. Häufchenweise auf ein gefettetes, bemehltes Blech geben und bei mäßiger Hitze etwa 15 Minuten backen. – Die Masse kann auch als 5 mm starke Platte gebacken und sofort in Stücke geschnitten werden.

Mandelbogen

Oblatenstreifen, Mandelmasse nach Grundrezept,
30 g Mandelsplitter.

Die Oblatenstreifen auf ein vorbereitetes Blech legen, mit der Mandelmasse bestreichen und mit Mandelsplittern bestreuen. Bei schwacher Mittelhitze etwa 15 Minuten backen. Sofort auf ein Roll- bzw. Nudelholz oder auf eine Flasche legen, damit sich die glatten Streifen während des Erkaltens wölben.

Suppenmakrönchen

1 Eiweiß, Salz, 30 g Zucker, 50 g Mandeln,
einige Tropfen Bittermandelöl, 15 g geriebene Semmel.

Eiweiß und eine Prise Salz steif schlagen, Zucker, geriebene Mandeln, Backaroma und die möglichst gesiebten Semmelbrösel unterziehen. Etwa kirschgroße Makrönchen auf ein gefettetes, bestäubtes Blech spritzen und bei schwacher Mittelhitze goldgelb backen. Diese Makrönchen werden als Einlage für süße Suppen und Kaltschalen oder zum Garnieren von Süßspeisen verwendet.

Haferflockenmakronen

80 g Margarine, 225 g Haferflocken, 125 g Zucker, 2 Eier, Salz, Zitronenaroma, 65 g Mehl, 1/2 Päckchen Backpulver.

In etwa 30 g Margarine die möglichst abgesiebten Haferflocken leicht rösten, dabei 30 g Zucker zugeben. Die übrige Margarine und den Zucker schaumig schlagen, nacheinander Eier und Gewürz zufügen. Das zusammen mit dem Mehl gesiebte Backpulver und die gerösteten Haferflocken unterarbeiten. Von dem Teig kleine Häufchen auf ein gefettetes, bemehltes Blech setzen. Bei Mittelhitze etwa 15 Minuten backen. – Diese Makronen können ganz oder nur zur Hälfte mit beliebiger Glasur überzogen werden.

Makronenplätzchen

Mürbeteig nach Grundrezept, siehe Seite 8. Mandelmasse nach Grundrezept, Konfitüre, Rumglasur.

Den Mürbeteig dünn ausrollen, runde oder eckige Plätzchen ausstechen und auf ein leicht gefettetes Blech legen. Abwechselnd mit Mandelmasse und Konfitüre bespritzen und bei mäßiger Mittelhitze goldgelb backen. Sofort mit Rumglasur überziehen.

Nußbissen

3 Eiweiß, Salz, 150 g Puderzucker, 175 g geriebene Nüsse, 1 Teelöffel Zimt oder 1 Päckchen Vanillinzucker.

Die leicht gesalzenen Eiweiß zu steifem Schnee schlagen und mit dem gesiebten Puderzucker etwa 20 Minuten verrühren. Von dieser schaumigen Masse mindestens zwei Eßlöffel zurückbehalten und kalt stellen. Erst dann die geriebenen Nüsse und den Zimt zugeben. Den gut verarbeiteten Teig auf einem leicht bemehlten Backbrett mit dem Rundholz so flach drücken, daß er knapp fingerhoch ist. Kleine beliebige Formen ausstechen und auf ein gefettetes, bemehltes Blech legen. Mit der zurückbehaltenen Schaummasse verzieren oder bestreichen und bei mäßiger Mittelhitze etwa 15 Minuten backen. Die Nußbissen sind vorzüglich und werden weniger als Backwerk, sondern mehr als Konfekt aufgetragen.

Nußgebäck

3 Eiweiß, 200 g Puderzucker, 1 Päckchen Vanillinzucker, 350 g geriebene Haselnüsse, 50 g geriebene Schokolade, 1 gestrichener Teelöffel lösliches Kaffeepulver, Backoblaten, Marmelade.

Eiweiß schnittfest schlagen, Puder- und Vanillinzucker dazugeben und gründlich verrühren, dann die übrigen Zutaten unterarbeiten. Aus dem Teig mit 2 Teelöffeln kleine Kugeln formen, auf die Oblaten setzen, in der Mitte eine Vertiefung eindrücken und auf dem gefetteten Backblech backen. Die Vertiefung mit Marmelade füllen.

Schokomakronen

4 Eiweiß, 200 g Zucker, 1 Päckchen Vanillinzucker, 200 g Mandeln, 100 g Schokolade, Backoblaten.

Die Eiweiß zu sehr steifem Schnee schlagen, Zucker nach und nach darunterschlagen und Vanillinzucker dazugeben. Eischnee und Zucker weitere 10 Minuten schlagen, bis die Masse dickschaumig ist. Die Mandeln auf dem Backblech in der Backröhre leicht rösten, anschließend durch die Mandelmühle drehen. Die geriebenen Mandeln mit der Eiweißmasse und der geriebenen Schokolade vermischen. Auf Oblaten kleine Häufchen setzen und bei 130 bis 150 °C langsam backen.

Peterschnittchen

Mürbeteig nach Grundrezept II, siehe Seite 8, Mandelmasse nach Grundrezept, 1 Eigelb, 200 g Mehl, 100 g Zucker, 100 g Margarine, Salz.

Die nicht zu dünn ausgerollte Mürbeteigplatte in Rechtecke oder Quadrate teilen. Jedes Teigstück erst mit Mandelmasse, dann mit verquirltem Eigelb bestreichen und mit den aus den übrigen Zutaten bereiteten Streuseln bekrümeln. Auf gefettetem Blech bei Mittelhitze etwa 20 Minuten backen. – Werden die Schnittchen ohne Streusel bereitet, dann können sie nach dem Backen mit einer Rumglasur überzogen werden.

Doppeldecker

Mürbeteig nach Grundrezept, siehe Seite 8,
Konfitüre, Mandelmasse nach Grundrezept,
Zitronen- oder Rumglasur.

Den dünn ausgerollten Mürbeteig in schmale Rechtecke teilen. Die Hälfte dieser Teigstücke mit Konfitüre und Mandelmasse bestreichen. Die freien Teigstücke darauflegen und bei Mittelhitze goldgelb backen. Mit Zitronen- oder Rumglasur überziehen.

Kokosschiffchen

Mandelmasse nach Grundrezept,
jedoch nicht mit geriebenen Mandeln, sondern mit Kokosraspeln
bereitet, entsteinte Datteln,
Schokoladenglasur, siehe Seite 204.

Kleine Schiffchenformen fetten und mit Mehl ausstäuben. Die Kokosmasse einfüllen und in jedes Förmchen zwei entsteinte Datteln stecken. Bei mäßiger Mittelhitze goldgelb backen und sofort ganz oder nur teilweise mit Schokoladenglasur überziehen.

Einfacher Makronenkuchen

1 Tasse Grieß, 1 Tasse Haferflocken, 1 Tasse geriebene Semmel,
knapp 1 Tasse Zucker, 1 Tasse gekochte geriebene Kartoffeln,
1 Tasse Milch, Salz, 2 Eier, 4 Eßlöffel erhitzte,
abgekühlte Margarine, 1 Eßlöffel Mehl, 1/2 Päckchen Backpulver,
Bittermandelaroma, Marmelade.

Grieß, abgesiebte Haferflocken, geriebene Semmel, Zucker und geriebene Kartoffeln locker untereinandermengen. Nach und nach Milch, Salz, Eier,

Margarine, das mit dem Backpulver gesiebte Mehl und einige Tropfen Bittermandelöl unterarbeiten. Den Teig in eine gefettete Form füllen und bei Mittelhitze goldgelb backen. Nach dem Erkalten ein- oder zweimal quer durchschneiden und, mit Marmelade oder Schokoladenglasur gefüllt, wieder zusammensetzen.

Mandeltörtchen

80 g Margarine, 100 g Mehl, 3 Eiweiß, Salz, 125 g Puderzucker, 100 g geriebene süße Mandeln oder Nüsse, Bittermandelöl.

Unter die schaumig geschlagene Margarine das gesiebte Mehl rühren. Das leicht gesalzene Eiweiß steif schlagen, den gesiebten Puderzucker, die geriebenen Mandeln und das Aroma unterziehen. Vorsichtig unter die Margarinemasse heben. In flache gefettete, ausgestäubte Förmchen füllen und bei Mittelhitze etwa 15 Minuten backen. – Die Förmchen können mit recht dünn ausgerolltem Mürbeteig ausgelegt und die Törtchen nach dem Backen mit einer Zitronen- oder Rumglasur überzogen werden.

Mandeltorte

Mürbeteig nach Grundrezept aus 300 g Mehl, siehe Seite 8. Konfitüre, 3 Eßlöffel Sultaninen, Mandelmasse nach Grundrezept, beliebige Glasur, einige Mandelhälften.

Aus dem dünn ausgerollten Mürbeteig zwei Platten in Springformgröße ausstechen. Eine Platte in die vorbereitete Springform legen, mit Konfitüre bestreichen und mit vorbereiteten Sultaninen bestreuen. Die Mandelmasse daraufgeben, aus der zweiten Teigplatte kleine Motive ausstechen, die Mandelmasse damit bedecken und bei Mittelhitze etwa 50 Minuten backen. Die Torte mit beliebiger Glasur überziehen. Zuckerglasur- oder Konfitüretupfen aufspritzen und darauf jeweils eine Mandelhälfte stecken. – Anstelle der Mürbeteigböden sind Karlsbader Oblaten verwendbar, dann ist die Backzeit etwa 30 Minuten kürzer.

Brandmasse

Typisch für den Brandteig ist ein Abbrennen von Wasser, Fett und Mehl.

Werden große Eier unter den abgebrannten Teig gerührt, kann 1 Ei weniger verwendet werden.

Sobald der Teig goldgelb glänzt und lange Spitzen beim Hochziehen zu sehen sind, sollten keine Eier mehr zugegeben werden.

Das Backpulver gesiebt unter den abgekühlten Teig rühren, sonst geht seine Triebkraft verloren.

Den Brandteig mit dem Löffel abstechen oder mit dem Spritzbeutel aufs Blech spritzen.

Brandteiggebäck geht sehr auf, die Teighäufchen in weiten Abständen aufs Blech setzen.

Frühestens nach 20 Minuten Backzeit nachsehen, Brandteig ist sehr zugempfindlich und kann leicht zusammenfallen.

Brandteiggebäck ist im Geschmack neutral und wird süß oder pikant gefüllt. Süß gefülltes Gebäck mit einer Zuckerglasur überziehen oder mit Puderzucker besieben.

Grundrezept I für Brandmasse

3/8 l Wasser, Salz, 100 g Margarine, 200 g Mehl, 4 bis 5 Eier.

Wasser, eine Prise Salz und Margarine aufkochen, das gesiebte Mehl zuschütten und auf kleiner Flamme so lange rühren, bis sich die Masse vom Topfboden löst und einen Kloß bildet. Vom Feuer nehmen und nach leichter Abkühlung zunächst 1 Ei recht flott unterschlagen. Erst wenn es vom Teig vollkommen aufgenommen worden ist, nacheinander die übrigen Eier unterrühren. Die Masse muß glatt und geschmeidig sein, bevor sie nach Rezeptvorschrift verarbeitet wird.

Grundrezept II für Brandmasse

6 Eßlöffel Milch, 6 Eßlöffel Wasser, 50 g Margarine, Salz, 180 g Mehl, 4 Eier, 1/2 Teelöffel Hirschhornsalz, 2 Eßlöffel Weinbrand oder Rum.

Milch, Wasser, Margarine und eine Prise Salz aufkochen, das gesiebte Mehl zuschütten und auf kleiner Flamme so lange rühren, bis sich die Masse vom Topfboden löst und einen Kloß bildet. Vom Feuer nehmen und nach leichter Abkühlung 1 Ei unterschlagen. Erst wenn es vom Teig vollkommen aufgenommen worden ist, nacheinander die übrigen Eier unterrühren, zuletzt das im Weinbrand verrührte Hirschhornsalz zugeben. Die glatte, geschmeidige Masse nach Rezeptvorschrift weiterverarbeiten.

Windbeutel

Brandmasse nach Grundrezept, süße oder herzhafte Fülle.

Die Brandmasse in einen Spritzbeutel mit großer Tülle füllen und in nicht zu knappen Abständen als Häufchen von etwa 4 cm Durchmesser auf ein leicht gefettetes, bemehltes Backblech spritzen. Bei Mittelhitze etwa 20 Minuten goldgelb backen. Auf dem Blech erkalten lassen und von jedem Windbeutel ein Deckelchen abschneiden. Die unteren Teile süß oder herzhaft füllen und die Deckelchen wieder aufsetzen. Süß gefüllte Windbeutel mit Puderzucker besieben oder mit Schokoladenglasur überziehen. Als Fülle eignen sich Schlagsahne, Schlagcreme, Vanillecreme, Buttercreme, Schokoladencreme, Weinschaumcreme, Käsecreme, siehe Seite 195 bis 197, süß oder pikant abgeschmeckte Quarkcreme, Frikassee oder Ragout.

Eclairs (Liebesknochen)

Brandmasse nach Grundrezept, Vanille- oder Buttercreme, siehe Seite 195, Zuckerglasur.

Die Brandmasse in einen Spritzbeutel mit großer Tülle füllen und damit etwa 10 cm lange Streifen auf ein leicht gefettetes, bemehltes Backblech spritzen. Bei starker Mittelhitze etwa 20 Minuten goldgelb backen. Auf dem Blech erkalten lassen und erst dann jedes Gebäckstück längs aufschneiden. Die unteren Hälften mit Creme füllen, die oberen Hälften nach dem Glasieren daraufsetzen. Das Gebäck sieht besonders nett aus, wenn auf das Blech Zickzacklinien aus Brandmasse gespritzt werden. – Eclairs können auch wie Spritzringe in siedendem Fett schwimmend ausgebacken werden, siehe Seite 146.

Beutelchen

Brandmasse nach Grundrezept, Vanillinzucker, Puderzucker.

Die Brandmasse mit zwei Teelöffeln häufchenweise in nicht zu dichten Abständen auf ein gefettetes, bemehltes Backblech setzen und bei kräftiger Mittelhitze goldgelb backen. Dick mit Vanillin- und Puderzucker besieben und auf dem Blech erkalten lassen.

Käsekugeln

Brandmasse nach Grundrezept, 40 g Reibekäse, 1/2 Teelöffel Paprika.

Der Brandmasse geriebenen Käse und Paprika zusetzen und mit zwei Teelöffeln kleine Häufchen auf ein gefettetes, bemehltes Backblech setzen. Bei Mittelhitze in knapp 15 Minuten goldgelb backen. Käsekugeln eignen sich zum Garnieren einer Käse- oder Salatplatte, aber auch als Suppeneinlage oder -beilage.

Hippenmasse

Hippen sind beliebt zu Eis und Nachtisch.

Hippenmasse ist streichfähig und kann etwa 2 mm stark auf ein gefettetes, bemehltes Blech gestrichen werden.

Damit beim Backen keine dunklen Ränder an den Hippen entstehen, wird Hippenmasse in zwei Etappen gebacken: kurz vor Beendigung der Backzeit das Blech zum Abdampfen herausnehmen und nur noch einmal kurz in die Röhre schieben.

Für Hippen können Pappschablonen geschnitten werden. Da die Masse beim Backen breitläuft, sollte sie nicht bis zum Rand aufgestrichen werden.

Solange dieses Gebäck noch heiß ist, läßt es sich biegen oder sogar aufrollen. Nach dem Erkalten sind Hippen knusprig und bleiben es auch bei trockener Aufbewahrung in einer gut schließenden Dose.

Grundrezept für Hippenmasse

4 Eiweiß, Salz, 80 g Mehl,
80 g Puderzucker, 1/2 Päckchen Vanillinzucker,
etwa 4 Eßlöffel Milch oder Sahne.

Die leicht gesalzenen Eiweiß steif schlagen. Mehl, Puderzucker und Vanillinzucker sieben und nach und nach unter den Eischnee ziehen, zuletzt die Milch oder Sahne zugeben. Die Masse nach Rezeptvorschrift verarbeiten.

Zimthippen

Hippenmasse nach Grundrezept,
1/2 Teelöffel Zimt.

Den Zimt möglichst schon bei der Teigzubereitung mit dem Mehl sieben, andernfalls unter die fertige Masse rühren. Entweder mit Hilfe einer Schablone oder eines Spritzbeutels auf dem gefetteten, bemehlten Blech verteilen oder nur breitstreichen und dann sofort heiß in Stücke schneiden. In zwei Etappen etwa 10 Minuten bei kräftiger Mittelhitze backen. – Anstelle von Zimt läßt sich gemahlener Ingwer oder abgeriebene Zitronenschale verwenden.

Mokkahippen

Hippenmasse nach Grundrezept,
1 Eßlöffel lösliches Kaffeepulver.

Die Hippenmasse mit Kaffeepulver verrühren und in der gleichen Weise wie Zimthippen backen. – Mokkahippen entstehen auch dann, wenn einfache Hippen mit Mokkaglasur überzogen oder garniert werden.

Schokoladenhippen

Hippenmasse nach Grundrezept,
1 1/2 Eßlöffel Kakao, 25 g geriebene Nüsse oder Mandeln.

Unter die Hippenmasse Kakao und Nüsse mischen, den Kakao möglichst schon mit dem Mehl sieben. In der gleichen Weise wie Zimthippen backen. – Die Hippenmasse kann auch ohne Kakaozusatz bereitet und gebacken werden. Dann die Hippen mit Lukullusmasse, siehe Seite 190 oder mit Schokoladenglasur überziehen oder garnieren.

Zitronenhippen

Hippenmasse nach Grundrezept,
Zitronenaroma, Zitronenglasur.

Die Hippenmasse mit Zitronenaroma würzen und backen. Sofort auf dem Rollholz wölben und die Innenseite jeder Hippe mit Zitronenglasur beträufeln.

Mandel- oder Nußhippen

Hippenmasse nach Grundrezept, 30 g süße Mandeln oder Nüsse,
Bittermandelöl, 1 Eiweiß.

Unter die Hippenmasse die geriebenen Mandeln, Backaroma und das Eiweiß geben und in der gleichen Weise wie Zimthippen backen. Wenn gewünscht, vor dem Backen mit Mandelsplittern bestreuen.

Hopser

Hippenmasse nach Grundrezept,
Weinschaumcreme, siehe Seite 21.

Die Hippenmasse mit Hilfe eines Spritzbeutels als kleine Punkte nicht zu dicht auf ein gefettetes, bemehltes Blech spritzen. In der gleichen Weise wie Zimthippen backen. Auf jede Hippe einen Klecks Weincreme spritzen und möglichst mit einer Frucht (Weinbeere, Erdbeere) garnieren.

Gefüllte Hippen

Hippenmasse nach Grundrezept, 70 g Butter, 50 g Zucker,
1 Eigelb, 50 g geriebene Haselnüsse oder Kokosraspel,
1 Eßlöffel Weinbrand, Puderzucker oder Glasur.

Die Hippenmasse auf gefettetem, bemehltem Blech nicht ganz bis an den Rand streichen, da die Masse breitläuft. Bei kräftiger Mittelhitze in zwei

Etappen etwa 15 Minuten backen. Sofort in gleichmäßige schmale Rechtecke schneiden. Die Butter schaumig schlagen und die übrigen Zutaten unterrühren. Die Hälfte der Hippen mit dieser Creme bestreichen, die andere Hälfte daraufsetzen. Nach Wunsch mit Puderzucker besieben oder mit Glasur verzieren.

Havannaröllchen

Hippenmasse nach Grundrezept,
Schokoladencreme, siehe Seite 197.

Die Hippenmasse mit Hilfe einer Rechteckschablone nicht zu dicht auf einem gefetteten, bemehlten Blech verteilen und in zwei Etappen etwa 12 Minuten bei kräftiger Mittelhitze backen. Die heißen Gebäckstücke sofort mit Hilfe eines mittelstarken Holzstiels zusammenrollen. Nach dem völligen Erkalten mit Schokoladen- oder mit Frucht-Buttercreme füllen. Die Enden der Röllchen können in Schokoladenglasur getaucht oder mit seitlich angedrückten Schokoladenplätzchen abgeschlossen werden.

Hippentörtchen

Hippenteig nach Grundrezept,
1 kleiner Kastenkuchen, Konfitüre, Schokoladenglasur,
Mandelhälften zum Garnieren.

Die Hippenmasse mit Hilfe einer Rechteckschablone auf gefettetem, bemehltem Blech nicht zu dicht verteilen. Wie Zimthippen backen. Jeweils zwischen zwei Hippen ein entsprechend zugeschnittenes, beiderseits mit Konfitüre bestrichenes Stück Kastenkuchen legen. Die Törtchen mit Schokoladenglasur überziehen und mit Mandelhälften garnieren. – Hippentörtchen anderer Art lassen sich bereiten, wenn Hippen mit einer Füllung bestrichen oder jeweils zwei Hippen damit zusammengesetzt werden. Garnituren oder Glasuren, die geschmacklich dazu passen, vervollständigen dieses Kleingebäck.

Fettgebäck

Für Fettgebäck können Hefe-, Backpulver-, Nudelteig und auch Brandmasse zum Ausbacken verwendet werden.

Folgende Fette können für ein Fettbad verwendet werden: Öl, Kokosfett, Schweineschmalz. Niemals verschiedene Fettsorten mischen!

Nicht zuviel Teigstücke auf einmal in das heiße Fett geben, damit die Temperatur etwa gleich bleibt. Kühlt das Fett zu sehr ab, wirkt sich das auf die Qualität des Gebäcks nachteilig aus.

Beim Ausbacken von Pfannkuchen sofort nach dem Einlegen in das heiße Fett das Gefäß zudecken. Erst wenn die Unterseite der Pfannkuchen nach knapp 3 Minuten durchgebacken und die Oberseite gut aufgegangen ist, wird der Deckel abgenommen und jedes Teigstück vorsichtig gewendet.

In zu heißem Fett bräunt das Gebäck zu schnell und ist dann innen nicht gar.

Das Gebäck mit einem Schaumlöffel aus dem Fettbad heben und vor dem Zuckern oder Glasieren auf einem Sieb abtropfen lassen.

Fettgebäck aus einfachem Teig bleibt nicht lange frisch und ist bald zu verbrauchen.

Abgekühltes Fettbad immer in einen anderen Topf umgießen, damit die Rückstände entfernt werden. Den Topf mit Butterbrotpapier abdecken, kühl und dunkel aufbewahren.

Grundrezepte gibt es in diesem Kapitel nicht, weil sich Hefeteig, Backpulverteig, Brandmasse, Nudelteig und noch manch anderer Teig gleichermaßen gut fürs Ausbacken in heißem Fett eignen.

Kräppelchen

Hefe-Knetteig nach Grundrezept, siehe Seite 68, Ausbackfett, Zucker.

Den gegangenen Hefeteig zusammenstoßen, etwa 1 cm stark ausrollen und in ungleichmäßige Rechtecke rädeln oder schneiden. Nach nochmaligem kurzem Gehen in siedendem Fett ausbacken. Sofort nach dem Abtropfen zuckern. – Kräppelchen können auch aus einem Backpulver-Knetteig bereitet werden.

Hefeküchel

375 g Mehl, 15 g Hefe, 12 Eßlöffel lauwarme Milch, 30 g Zucker, Zitronenaroma, Salz, 50 g Margarine, 1 bis 2 Eier, 75 g Korinthen; Ausbackfett, Puderzucker.

Aus den ersten Zutaten in der üblichen Weise einen Hefeteig bereiten siehe Seite 68. Gehen lassen, zusammenstoßen und dick ausrollen. Runde Stücke ausstechen, nochmals 10 Minuten gehen lassen und mit Messer oder Schere ringsum Einschnitte anbringen. In siedendem Fett goldbraun backen und mit Puderzucker besieben.

Mäuschen

400 g Mehl, 80 g Margarine, 40 g Zucker, Salz, 1/8 l lauwarme Milch, 30 g Hefe, Ausbackfett, Puderzucker.

Einen weichen Hefeteig bereiten, gehen lassen, zusammenstoßen und nochmals kurz gehen lassen. Nocken abstechen und goldbraun ausbacken. Nach dem Abtropfen mit Puderzucker besieben.

Fruchtröllchen

Hefeteig, siehe Hefeküchel, Früchte (Pflaumen, Kirschen, Apfelstücke oder eingeweichtes Backobst), Ausbackfett, Zimtzucker.

Den dünn ausgerollten Hefeteig in Rechtecke teilen und mit Früchten (Steinobst entkernen) belegen. Aufrollen, in siedendem Fett ausbacken und in Zimtzucker wälzen.

Bätzchen

500 g Mehl, 30 g Hefe, 1/4 l Milch, Salz, 1 Teelöffel Zimt, 30 g Zucker, 2 Eier, 375 g gekochte geriebene Kartoffeln, Ausbackfett, Puderzucker.

Aus dem gesiebten Mehl, der in der lauwarmen Milch verrührten Hefe, dem Gewürz, Zucker, Eiern und Kartoffeln einen Teig bereiten und gehen lassen. Beliebig große Stücke in heißem Fett goldbraun ausbacken und sofort mit Puderzucker besieben. – Anstelle von Zimt kann Vanillinzucker oder Zitronenaroma zum Würzen verwendet werden.

Thüringer Kniekäulchen

1 kg Mehl, 75 g Hefe, 3/4 l Milch, 75 g Zucker, 150 g Margarine, Salz, 4 Eier, Ausbackfett, Puderzucker.

Aus Mehl, Hefe, lauwarmer Milch, Zucker, Margarine, Salz und Eiern in der üblichen Weise einen Teig bereiten, der verhältnismäßig weich sein muß. Nach dem Gehen etwa fingerdick ausrollen, mit einem Glas kleine Kuchen ausstechen und nochmals gehen lassen. Die Kuchen so weit zum Rand hin ausziehen, daß in der Mitte eine ganz dünne Stelle entsteht. Den Rand nach innen wieder etwas einrollen und die Käulchen in siedendem Fett goldbraun ausbacken. Sofort mit Puderzucker besieben.

Brezeln

Hefe-Knetteig nach Grundrezept, siehe Seite 68, möglichst mit Bittermandelöl gewürzt, Ausbackfett, einfacher oder vanillierter Zucker.

Den gegangenen Hefeteig zusammenstoßen und zu gleichmäßigen Rollen von 20 bis 25 cm Länge drehen. Brezeln formen, nochmals knapp 10 Minuten gehen lassen und in siedendem Fett ausbacken. Sofort nach dem Abtropfen zuckern.

Pfannkuchen

Hefe-Knetteig nach Grundrezept, siehe Seite 68, mit zusätzlich 1 bis 2 Eiern bereitet, Konfitüre, Ausbackfett, klarer Zucker oder Zuckerglasur.

Den gegangenen Hefeteig zusammenstoßen und in etwa 20 gleich große Stücke teilen. Jedes Teigstück in der Mitte eindrücken, Konfitüre daraufgeben und den Teig darüber zusammendrehen. Die Pfannkuchen etwa 10 Minuten gehen lassen und mit der zusammengedrehten Seite nach unten in das heiße Fett geben. – Der Teig kann auch etwa 1 cm stark ausgerollt werden. Dann auf die Hälfte der Teigplatte runde Formen drücken, auf jede etwas Konfitüre geben, die Ränder der Teigscheiben mit verquirltem Ei oder Zuckerwasser streichen und die andere Teighälfte darüberklappen. Den Konfitürehäufchen entsprechend Pfannkuchen ausstechen. Mit einem Tuch bedeckt nochmals gehen lassen und dabei einmal umwenden. Die Pfannkuchen nach dem Ausbacken entweder zuckern oder glasieren.

Quarkspitzen

30 g Margarine, Salz, Saft 1/2 Zitrone und Zitronenaroma oder 1 Päckchen Vanillinzucker, 80 g Zucker, 2 Eier, 200 g Quark, 200 g Mehl, 1/2 Päckchen Backpulver, 30 g Korinthen, Ausbackfett, Puderzucker.

Margarine, Gewürz und Zucker recht schaumig schlagen, Zitronensaft, Eier, durchgestrichenen Quark, das mit dem Backpulver gesiebte Mehl und die vorbereiteten Korinthen zugeben. Mit einem in das erhitzte Ausbackfett getauchten Löffel kleine Teigstücke abstechen, goldbraun ausbacken und mit Puderzucker besieben.

Quarkröllchen

50 g Zucker, Salz, 1 bis 2 Eier, 250 g Quark, knapp 1/2 l Milch, 500 g Mehl, 1/2 Päckchen Backpulver, geriebene Nüsse, Ausbackfett, Zucker zum Bestreuen.

Zucker, eine Prise Salz und Ei recht schaumig schlagen. Den mit der Milch verrührten und durchgestrichenen Quark, das mit dem Backpulver gesiebte Mehl und die geriebenen Nüsse unterarbeiten. Den Teig mit Hilfe eines Löffels zu Röllchen formen und in siedendem Fett goldbraun ausbacken. Sofort zuckern und frisch auftragen.

Räder- oder Schürzkuchen

400 g Weizenmehl, 100 g Speisestärke, 1/2 Päckchen Backpulver, 125 g Zucker, Salz, 100 g Margarine, 3 Eier, 4 Eßlöffel Milch, Ausbackfett, Zucker zum Bestreuen.

Das mit dem Backpulver gesiebte Mehl und die übrigen Zutaten zu einem glatten Teig verarbeiten. Etwa 3 mm stark ausrollen und in Rechtecke schneiden oder rädeln. In jedem Teigstück längs einen Schlitz anbringen und eine Schmalseite des Teigrechtecks hindurchziehen. Goldbraun ausbacken und nach dem Abtropfen zuckern. In verschlossenem Gefäß ist dieses Gebäck einige Zeit haltbar.

Ringelschwänzchen

50 g Margarine, 250 g Mehl, 65 g Zucker, 1/2 Ei, 5 Eßlöffel Wein oder saure Sahne, Salz, 1/2 Teelöffel gemahlener Ingwer, Ausbackfett, klarer Zucker zum Bestreuen.

Zur sahnig geschlagenen Margarine Mehl, Zucker, Ei, Flüssigkeit und Gewürz geben. Den glatten Teig dünn ausrollen, in etwa 2 cm x 12 cm große Stücke schneiden und jeden Streifen über einen Quirlstiel drehen. Sofort in heißem Fett goldbraun ausbacken und nach dem Abtropfen in klarem Zucker wälzen.

Quarkkugeln

25 g Margarine, 1 Ei, Salz, Zitronenaroma, 125 g Quark, 1 Eßlöffel Zucker, 50 g Mehl, 1/2 Teelöffel Backpulver, 4 bis 6 Eßlöffel geriebene Semmel, Ausbackfett, Puderzucker.

Margarine, Ei und Gewürz recht schaumig schlagen, den durchgestrichenen Quark, Zucker, das mit dem Backpulver gesiebte Mehl und die geriebene Semmel unterarbeiten. Aus dem Teig Kugeln oder Röllchen formen und in heißem Fett goldbraun ausbacken. Mit Puderzucker besieben.

Fanky

250 g Mehl, 1 Prise Salz, 50 g Margarine, 50 g Puderzucker, 2 Eigelb, 2 Eßlöffel Weißwein oder Rum, 5 Eßlöffel Sahne, Zitronenaroma, Ausbackfett, Puderzucker und Vanillinzucker zum Bestreuen.

Das Mehl mit etwas Salz vermischen, die zerlassene Margarine, Puderzucker, die Eigelb, Weißwein, Sahne und das Zitronenaroma zugeben. Alles gut durcharbeiten, auf einem mit Mehl bestäubten Brett dünn ausrollen, mit einem Teigrädchen längliche Vierecke ausschneiden, diese in der Mitte zweimal einschneiden und zweimal zusammenlegen. In heißem Schweinefett oder Öl backen. Nach dem Backen mit vanilliertem Puderzucker bestreuen.

Russische Kränzchen

300 g Mehl, etwas Speisenatron, 1 Eßlöffel Zimt, 2 Eßlöffel Puderzucker, 1 Ei, 1 Eßlöffel Butter, 100 ml Milch, Ausbackfett, Puderzucker zum Bestreuen.

Mehl, Speisenatron und Zimt gut vermischen und durchsieben. Puderzucker, Ei und Butter verrühren, die Milch unter ständigem Rühren der Masse zugießen und nach und nach das durchgesiebte Mehl zugeben. Alles zu einem Teig verarbeiten. Diesen auf einem mit Mehl bestäubten Brett etwa 1/2 cm dick ausrollen und mit einer runden Form Plätzchen ausstechen; bei jedem auch die Mitte ausstechen. Die Kränzchen in heißem Fett backen und mit Puderzucker bestreuen.

Schmalzküchlein

50 g Butter, 75 g Zucker, 2 Eier, 1 Prise Salz, Vanillinzucker, 3 Eßlöffel Rum, 250 g Mehl, 1 Teelöffel Backpulver, Ausbackfett, Puderzucker.

Butter, Zucker, Eier und Salz schaumig rühren, Vanillinzucker und Rum zugeben. Zuletzt das mit dem Backpulver vermischte, gesiebte Mehl darunterarbeiten, so daß ein fester Teig entsteht. 1/2 cm dick ausrollen und mit dem Rädchen verschobene Rechtecke ausrädeln. In heißem Fett schwimmend auf beiden Seiten goldbraun backen, abtropfen lassen und mit Puderzucker besieben.

Fastnachtskräpfel, Mutzenmandeln

2 Eier, 100 g Zucker, Salz, Bittermandelöl, 250 g Mehl, 25 g zerlassene Margarine, 6 bis 8 g Hirschhornsalz, 1 Eßlöffel Weinbrand oder Rum, Ausbackfett, Puderzucker.

Eier, Zucker und eine Prise Salz recht schaumig schlagen, Bittermandelöl, gesiebtes Mehl, abgekühlte Margarine und das im Alkohol aufgelöste Hirschhornsalz unterarbeiten. Den Teig etwa 1 cm stark ausrollen und mit einem Likörglas ausstechen. Goldbraun ausbacken und nach dem Abtropfen zuckern. – Mit dem dafür typischen Ausstecher können aus dem Teig auch Mutzenmandeln geformt werden.

Rosettenwaffeln

1/2 l Milch, 2 bis 3 Eier, Salz, 80 g Zucker, 250 g Mehl, reichlich 1/2 Teelöffel Backpulver, Ausbackfett.

Alle Zutaten – Mehl und Backpulver zusammen gesiebt – recht gut verrühren und mit dem ins heiße Fett getauchten Rosettenwaffeleisen ausbacken. Nach Wunsch mit Puderzucker besieben und knusprig-frisch auftragen.

Brinkel

Backpulver-Knetteig, siehe Seite 29, mit 2 Teelöffel Pfefferkuchengewürz verarbeitet, Backpflaumen, Mandeln oder Nüsse, Ausbackfett, Zuckerglasur.

Den ausgerollten Backpulver-Knetteig in gleichmäßige Vierecke schneiden. In entkernte Backpflaumen jeweils eine Mandel oder Nuß stecken. Jedes Teigstück mit einer Pflaume füllen und in siedendem Fett ausbacken. Die Brinkel nach dem Abtropfen entweder in eine Schüssel mit Zuckerglasur legen oder jedes Gebäckstück an einem Spießchen hineintauchen.

Spritzringe

Brandmasse nach Grundrezept I, siehe Seite 134, Ausbackfett, Zuckerglasur.

Die Brandmasse in einen Beutel mit großer Tülle füllen. Ein Stück Butterbrotpapier in heißes Fett tauchen, darauf ringförmig Brandmasse spritzen und von dem Papier in das siedende Fett gleiten lassen. Auf das gleiche Stück Papier den nächsten Ring spritzen und so fortfahren, bis die Masse goldbraun ausgebacken ist. Nach dem Abtropfen die Spritzringe mit einer nicht zu dick gehaltenen Zuckerglasur überziehen. – Bei der Bereitung der Brandmasse für Spritzringe kann mit dem letzten Ei ein halber Teelöffel Backpulver untergearbeitet werden, damit das Gebäck besonders locker wird.

Süßer Ausbackteig

I. 250 g Mehl, Salz, 1 Eßlöffel Zucker, 2 Eier, 1 Eßlöffel Öl, 1/4 l Milch.

Unter das gesiebte Mehl nach und nach die übrigen Zutaten rühren. Dieser Teig wird gern dazu verwendet, kleine, an den Stielenden zusammengebundene Kirschbündel, kurz gewaschene Holunderblütendolden, Apfelscheiben oder -stücke, auf ein Spießchen gereihte Pflaumen- oder Aprikosenhälften hineinzutauchen und sofort in siedendem Fett auszubacken. Nach dem Backen entweder mit Puderzucker besieben oder in klarem Zucker wälzen.

II. 1/8 l Kaffeesahne, 1/8 l Weißwein, 2 Eier, 150 g Mehl, 1 Teelöffel Zucker, Salz, eine Spur Muskat.

Die Kaffeesahne erhitzen und sofort mit dem Weißwein verquirlen. Nach dem Abkühlen Eigelb, Mehl, Zucker und Gewürz zugeben, zuletzt den steifen Eischnee unterheben. Verwendungszweck siehe Ausbackteig I.

Paprikastreifen

Brandmasse nach Grundrezept, siehe Seite 134, 1 Teelöffel Paprika, Ausbackfett.

Bei der Bereitung der Brandmasse Mehl und Paprika zusammen sieben. Die Masse aus dem Spritzbeutel mit großer Tülle etwa fingerlang in siedendes Fett spritzen und goldbraun backen. Eine schmackhafte Beilage zu Suppe oder Bier.

Käseröllchen

*2 Ecken Schmelzkäse, 1 Teelöffel Salz, 1 bis 2 Eier,
1 Teelöffel gehackter Kümmel, 200 g Mehl, 1 Teelöffel Backpulver,
Reibekäse, Ausbackfett.*

Den Käse schaumig schlagen, Salz, Ei, Kümmel und das mit dem Backpulver gesiebte Mehl zugeben. Den gründlich verarbeiteten Teig zu Röllchen formen, in siedendem Fett goldbraun ausbacken und in Reibekäse wälzen oder damit garnieren.

Kleine Piroggen

*Ungesüßter Hefe-Knetteig nach Grundrezept, siehe Seite 68.
250 g Sauerkraut, 200 g Schnittwurst,
Ausbackfett.*

Den gegangenen Hefeteig zusammenstoßen, nicht zu dünn ausrollen und mit einer Tasse rund ausstechen. Das Sauerkraut grob hacken und mit der kleingeschnittenen Wurst vermengen. Auf den Teigstücken verteilen und wie Taschen zusammenklappen. Auf dem Blech oder in siedendem Fett backen. Piroggen sind eine beliebte Beilage zu Bier oder einer klaren Suppe.

Waffelteig

Neue Waffeleisen zunächst mit einem feuchten Tuch abwischen, auch später niemals in Wasser legen. Nach dem feuchten Reinigen immer nochmals kurz beheizen, aufgeklappt abkühlen und leicht geölt bis zum Gebrauch stehenlassen.

Das Eisen vor dem Backen mit einem trockenen Tuch auswischen und leicht mit einem Pinsel oder mit einer Bürste ölen.

Den gleichmäßig aufgetragenen Waffelteig im zugeklappten Eisen 2 bis 3 Minuten backen.

Die fertigen Waffeln lösen sich gut, zurückbleibende Krümel sind mit Pinsel oder Bürste zu entfernen.

Die frischen Waffeln niemals übereinanderlegen, dadurch werden sie weich. Nebeneinandergelegt kühlen sie am besten auf einem Rost oder Backgitter aus.

Waffeln können gezuckert oder kurz vor dem Verzehr mit Schlagsahne gefüllt werden.

Eigelb stets sorgfältig vom Eiweiß trennen, Eiweiß immer erst kurz vor der Verwendung schlagen, sonst fällt es rasch zusammen und läßt sich nicht noch einmal aufschlagen.

Ein Grundrezept gibt es für Waffelteig nicht, doch ein Rezept ist ganz besonders zu empfehlen, denn es garantiert

Lange Zeit knusprig bleibende Waffeln

250 g Margarine, 350 g Zucker, 5 bis 6 Eier, 1 Päckchen Vanillinzucker, Salz, 500 g Kartoffelmehl (keine andere Speisestärke verwenden!).

Zur schaumig geschlagenen Margarine nach und nach die übrigen Zutaten rühren. Den Teig etwa 15 Minuten ruhen lassen und portionsweise zu Waffeln ausbacken.

Backpulverwaffeln

1/4 l Milch, 2 Eier, 40 g Zucker, Salz, Zitronenaroma, 180 g Mehl, 1/3 Päckchen Backpulver.

Milch, Eigelb, Zucker und Gewürz recht gut verrühren, das mit dem Backpulver gesiebte Mehl zugeben und den steifen Eischnee unterziehen. Im Waffeleisen portionsweise backen.

Hefewaffeln

100 g Margarine, 50 g Zucker, Salz, 1/2 Päckchen Vanillinzucker, 3 Eier, 1/4 l Milch oder Joghurt, 20 g Hefe, 350 g Mehl.

Zur schaumig geschlagenen Margarine Zucker, Gewürz, Eier, die in der lauwarmen Milch verrührte Hefe und das gesiebte Mehl geben und unterarbeiten. Den leicht warm gestellten Teig etwa 60 Minuten gehen lassen. Nochmals tüchtig durchrühren und portionsweise zu Waffeln ausbacken.

Steirische Waffeln

3 Eier, 40 g Zucker, Salz, 1 Päckchen Vanillinzucker, eine Spur Muskat, 1/4 l Milch, 20 g Hefe, 175 g Mehl, 200 g gekochte geriebene Kartoffeln, 70 g Margarine.

Eier, Zucker, Gewürz und die in der lauwarmen Milch verrührte Hefe recht gut verquirlen. Das gesiebte Mehl und die geriebenen Kartoffeln zugeben und den Teig warm gestellt etwa 60 Minuten gehen lassen. Die zerlassene, abgekühlte Margarine unterrühren und den Teig portionsweise zu Waffeln ausbacken.

Quarkwaffeln

75 g Margarine, 75 g Zucker, 3 Eier, 150 g Mehl, 1/8 l Kaffeesahne, Zitronenaroma, Salz, 150 g trockener Quark.

Margarine, Zucker und Eigelb recht schaumig schlagen, das gesiebte Mehl, Kaffeesahne, Gewürz und den glattgerührten Quark unterarbeiten. Den leicht gesalzenen steifen Eischnee zuletzt unterheben. Im Waffeleisen ausbacken.

Sandwaffeln I

4 Eier, 150 g Zucker, 175 g Mehl, Salz, 4 Eßlöffel Weinbrand, 100 g Margarine.

Eier und Zucker recht schaumig schlagen, sofern kein elektrisches Gerät zur Verfügung steht, mit der Hand etwa 20 Minuten rühren. Das Mehl darübersieben, Salz, Weinbrand und die zerlassene, abgekühlte Margarine zugeben. Den gründlich verarbeiteten Teig portionsweise im Waffeleisen backen.

Festtagswaffeln

150 g Margarine, 125 g Zucker, Salz, 1 Päckchen Vanillinzucker, Bittermandelöl, 3 Eier, 125 g Weizenmehl, 75 g Speisestärke, knapp 1/2 Teelöffel Backpulver, 4 Eßlöffel saure Sahne.

Margarine, Zucker und Gewürz recht schaumig schlagen, sofern kein elektrisches Gerät zur Verfügung steht, mit der Hand mindestens 20 Minuten rühren. Die Eigelb, das mit dem Backpulver gesiebte Mehl und die Sahne zugeben. Zuletzt den steifen Eischnee unterziehen. Den Teig im Waffeleisen portionsweise knusprig backen.

Hamburger Waffeln

125 g Margarine, 30 g Zucker, 1 Päckchen Vanillinzucker, Salz, 1 bis 2 Eßlöffel Rum, 3 Eier, 250 g Mehl, knapp 1 Teelöffel Backpulver, 1/8 l Milch, 1/8 l Wasser.

Alle Zutaten recht gut miteinander verrühren, etwa 10 Minuten rasten lassen und portionsweise im Waffeleisen backen.

Kalifornische Waffeln

250 g Mehl, 1/2 Päckchen Backpulver, Salz, knapp 1/2 l Milch, 2 Eier, 1 Eßlöffel zerlassenes Schweinefett, 1 Päckchen Vanillinzucker, abgeriebene Apfelsinenschale einer unbehandelten, heiß gewaschenen Frucht.

Mehl und Backpulver sieben. Salz, Milch, Eigelb, das flüssige, abgekühlte Schweinefett, Vanillinzucker und ein wenig abgeriebene Apfelsinenschale verrühren, allmählich das Mehl unterarbeiten und zuletzt den steifen Eischnee unterziehen. Portionsweise im Waffeleisen backen. Möglichst mit zerlassener Butter beträufeln und dünn mit Puderzucker besieben.

Gefüllte Waffeln

Waffeln, nach einem der vorstehenden Rezepte gebacken, Konfitüre, Puderzucker.

Die Hälfte der erkalteten Waffeln mit leicht erwärmter Konfitüre bestreichen. Die übrigen Waffeln mit Puderzucker besieben und auf die bestrichenen Waffeln legen. – Anstelle von Puderzucker läßt sich eine Schokoladenglasur verwenden. Dann unter die Konfitüre möglichst gehackte Mandeln oder Nüsse mengen und die gefüllten Waffeln mit Mandelhälften garnieren.

Feine Pfannkuchenwaffeln

100 g Zucker, 5 Eier, 3/8 l saure Sahne, 250 g Mehl, Prise Salz, Zitronenaroma, 1 Eßlöffel Rum, Zucker, Zimt.

Den Zucker mit den Eigelb schaumig rühren. Die Sahne und das gesiebte Mehl nach und nach abwechselnd dazugeben. Salz, Zitronenaroma und Rum darunterrühren. Zuletzt das steif geschlagene Eiweiß unterheben. Im gefetteten, gut vorgeheizten Waffeleisen backen. Mit Zimtzucker bestreut servieren.

Biskuitwaffeln

6 Eier, 125 g Zucker, 1/2 Tasse Sahne, 1 Eßlöffel Rum, 150 g Mehl, 1/2 Teelöffel Backpulver, Zitronenaroma.

Die Eier mit dem Zucker über Dampf dickschaumig rühren. Die Sahne und den Rum dazugeben, nach und nach das gesiebte Mehl mit dem Backpulver und Zitronenaroma darunterrühren. Sofort im vorgeheizten und gefetteten Waffeleisen backen.

Sandwaffeln II

175 g Kokosfett, 175 g Zucker, 4 Eier, 1 Prise Salz, 1 Päckchen Vanillinzucker, Salz, 1 Eßlöffel Rum, 2 Eßlöffel saure Sahne, 100 g Weizenmehl, 100 g Speisestärke, 1/2 Teelöffel Backpulver.

Das Kokosfett auf kleiner Flamme zerlaufen und wieder abkühlen lassen, mit dem Zucker und den Eiern schaumig rühren. Vanillinzucker, Salz, Rum und saure Sahne zugeben. Das mit Backpulver vermischte Mehl darunterrühren. Im gut vorgeheizten, gefetteten Waffeleisen backen.

Weihnachtsgebäck

Mit Hirschhornsalz und Pottasche bereiteter Pfefferkuchenteig soll vor dem Backen einige Tage kühl gestellt ruhen. Beide Triebmittel getrennt in wenig Flüssigkeit auflösen und durch ein Sieb zu den übrigen Zutaten geben.

Hirschhornsalz sollte nur für flaches Pfefferkuchengebäck verwendet werden. Pottasche wird für hohes Pfefferkuchengebäck bevorzugt, eignet sich aber auch für Kleingebäck.

Typisch für gute Pfefferkuchenteige ist die richtige Gewürzmischung: Nelke, Zimt, Ingwer, Anis, Koriander, Kardamom, Muskat, etwas Pfeffer, Paprika und Salz – alles pulverfein –, Bittermandelöl und Zitronenaroma. Fertig käufliches Pfefferkuchengewürz erleichtert das Würzen.

Pfefferkuchen gut durchbacken, aber nicht zu lange backen. Sie verlieren sonst an gutem Geschmack.

Pfefferkuchen kühl und gut verschlossen aufbewahren. So werden sie nicht hart. Besonders gut eignen sich dafür Steintöpfe.

In diesem Kapitel sind verschiedene Teigarten zu finden. Wenn damit von der bisherigen Systematik des Buches abgewichen wird, so deshalb, um die Auswahl weihnachtlichen Gebäcks zu erleichtern. Das typischste Weihnachtsgebäck verkörpern immer wieder die Pfefferkuchen, auch Leb- oder Honigkuchen genannt.

Grundrezept I für Pfefferkuchen-Knetteig

250 g Honig, 125 g Zucker, 100 g Margarine oder Fett, 500 g Mehl, 20 g Pfefferkuchengewürz, Salz, 5 g Pottasche, 5 g Hirschhornsalz, 2 Eßlöffel Weinbrand, Rum, Milch oder starker Kaffee.

Honig, Zucker und Margarine erhitzen. Das gesiebte Mehl und die Gewürze mischen. Die Triebmittel getrennt jeweils in einem Eßlöffel Flüssigkeit auflösen. Die abgekühlte Honigmasse mit allen übrigen Zutaten verarbeiten. Den abgelagerten Teig nach Rezeptvorschrift verarbeiten.

Grundrezept II für Pfefferkuchen-Knetteig

250 g Honig, 250 g Zucker, 60 g Margarine oder Fett, 60 g Kakao, 15 g Pfefferkuchengewürz, 625 g Mehl, Salz, 1 Ei, 10 g Hirschhornsalz, 5 g Pottasche, 1/8 l Wasser, 50 g gehackte süße Mandeln, Bittermandelöl, 50 g geraspeltes Zitronat.

Honig, Zucker und Margarine erhitzen und abkühlen lassen. Das mit Kakao und Pfefferkuchengewürz gesiebte Mehl, Salz, Ei und die getrennt aufgelösten Triebmittel nach und nach zugeben. Zuletzt Mandeln, Bittermandelöl und Zitronat unterkneten. Den Teig nach Rezeptvorschrift verarbeiten.

Grundrezept für Pfefferkuchen-Rührteig

250 g Honig, 100 g Margarine, 180 g Zucker, Salz, 2 Eier, 500 g Mehl, 20 g Pfefferkuchengewürz, 10 g Pottasche, 2 Eßlöffel starker Kaffee, Milch oder Rum.

Zur schaumig geschlagenen Margarine Zucker, Salz und Eier rühren und danach den flüssigen Honig zugeben. Das mit dem Pfefferkuchengewürz gesiebte Mehl und die in der Flüssigkeit aufgelöste Pottasche darunterschlagen. Den glattgerührten Teig nach Rezeptvorschrift verarbeiten. – Durch die Zugabe von gehackten Mandeln und geraspeltem Zitronat, auch Sultaninen oder Korinthen läßt sich der Teig verfeinern.

Einfacher Pfefferkuchen

Pfefferkuchen-Knetteig nach Grundrezept, verquirltes Ei, gehackte Mandeln oder Nüsse.

Den Teig auf ein leicht gefettetes, bestäubtes Blech oder in die Fettpfanne drücken, mit verquirltem Ei bestreichen und mit gehackten Mandeln oder Nüssen bestreuen. 15 bis 20 Minuten bei Mittelhitze backen, etwas abkühlen lassen und in Stücke schneiden. – Unter die Mandeln zum Bestreuen können Zitronatwürfelchen gemischt werden. Der Teig kann auch 5 mm stark ausgerollt, rechteckig ausgestochen, den Stücken entsprechend garniert und dann gebacken werden.

Pfefferkuchenherzen

Pfefferkuchenteig nach Grundrezept II, weiße Zuckerglasur, Schokoladenglasur.

Den Teig etwa 5 mm stark ausrollen und Herzen ausstechen. Auf gefettetem, bestäubtem Blech mit der Gabel mehrfach einstechen und bei mäßiger Mittelhitze etwa 15 Minuten backen! Zunächst mit weißer Glasur überziehen und nach deren Festwerden mit Schokoladenglasur garnieren.

Schokoladenspitzen

Pfefferkuchen-Knetteig nach Grundrezept I, 65 g geriebene Mandeln, Schokoladen-Fettglasur oder Kuvertüre.

Den Teig mit den Mandeln verarbeiten und entweder kleine runde Kuchen von 10 bis 12 cm Durchmesser oder lange schmale Rollen von etwa 3 cm Stärke formen. Auf gefettetem, bemehltem Blech bei mäßiger Mittelhitze backen. Noch frisch in Ecken teilen, jede auf ein Hölzchen oder eine Rouladennadel spießen und in Schokoladen-Fettglasur oder Kuvertüre tauchen.

Dominosteine

Pfefferkuchen-Knetteig nach Grundrezept II, 250 g Konfitüre, 250 g feiner Grieß, Bittermandelöl, 250 g Puderzucker, 80 g Margarine, 3 bis 4 Eßlöffel Milch oder Weinbrand, Schokoladenglasur.

Den Teig auf gefettetem, bestäubtem Blech etwa 1 cm stark ausrollen, mehrfach mit der Gabel einstechen und bei mäßiger Mittelhitze backen. Nach dem Abkühlen mit Konfitüre bestreichen. Grieß, Bittermandelöl und Puderzucker untereinandermischen, Margarine und Milch darunterkneten. Diese Marzipanmasse zu einer Platte ausrollen, auf den bestrichenen Pfefferkuchen legen und in Würfel von ungefähr 3 cm x 3 cm schneiden. Mit Schokoladenglasur überziehen. – Anstelle der Grießmarzipanmasse läßt sich auch eine andere haltbare Füllung verwenden.

Mandelstreifen

125 g gehackte süße Mandeln oder Nüsse, Bittermandelöl, 200 g Zucker, 1/2 Teelöffel Zimt, 3 Eiweiß, Salz, Pfefferkuchen-Knetteig nach Grundrezept I, 1 Glas Konfitüre.

Mandeln, Zucker, Zimt und 2 Eiweiß auf kleinster Flamme so lange rühren, bis sich die Masse zusammenballt. Das restliche, leicht gesalzene Eiweiß steif schlagen und unter die abgekühlte Mandelmasse ziehen. Den Pfefferkuchenteig auf gefettetem, bestäubtem Blech knapp 1 cm stark ausrollen, mehrfach mit der Gabel einstechen und mit Konfitüre bestreichen. Die Mandelmasse in dicken schrägen Streifen aufspritzen. Bei mäßiger Mittelhitze etwa 20 Minuten backen und sofort in Stücke schneiden.

Pfefferkuchenwürfel

Pfefferkuchen-Knetteig nach Grundrezept II, 250 g herbe Konfitüre, 3 Eßlöffel Rum oder Weinbrand, weiße Zuckerglasur, Schokoladendekor.

Den Pfefferkuchenteig auf gefettetem, bestäubtem Blech etwa 1 cm stark ausrollen. Mit der Gabel mehrfach einstechen und bei mäßiger Mittelhitze etwa 15 Minuten backen. Inzwischen Konfitüre und Rum, nach Wunsch auch gehackte Nüsse verrühren und die Hälfte der Teigplatte bestreichen. Die andere Hälfte darauflegen und mit scharfem Messer in gleich große Würfel von ungefähr 4 cm schneiden. Nur die Oberfläche dick mit Zuckerglasur überziehen und mit Schokoladendekor verzieren.

Nikolausbissen

Pfefferkuchen-Knetteig nach Grundrezept I,
200 g Zucker, 5 bis 6 Eßlöffel Wasser, 2 Eiweiß, 2 Teelöffel Zitronensaft,
200 g Kokosraspel, Zuckerglasur, bunte Zuckerperlen.

Den etwa 5 mm stark ausgerollten Teig in Recht- oder Dreiecke aufteilen. Auf gefettetem, bestäubtem Blech bei Mittelhitze backen. Inzwischen Zucker und Wasser sirupähnlich verkochen und allmählich unter den steifen Eischnee ziehen. Zitronensaft und Kokosraspel unterheben. Jeweils zwei Gebäckstücke mit dieser Fülle zusammensetzen, glasieren und mit bunten Zuckerperlen garnieren.

Pfefferkuchenecken

Pfefferkuchen-Rührteig nach Grundrezept,
125 g gehackte Korinthen, 1 Ei, 1 bis 2 Eßlöffel Puderzucker,
2 Eßlöffel Milch.

Unter den Pfefferkuchen-Rührteig die gehackten Korinthen und nach Belieben auch 50 g Kokosraspel mischen. Den Teig auf gefettetem Blech breitstreichen. Bei mäßiger Mittelhitze etwa 25 Minuten backen. Kurz vor Beendigung der. Backzeit Ei, Puderzucker und Milch verrühren und damit den Pfefferkuchen bestreichen. Nochmals kurz backen lassen und sofort in Dreiecke schneiden.

Nougattaler

Pfefferkuchen-Knetteig nach Grundrezept,
1 Ei, Milch, rote Marmelade. 30 g Kakao, 50 g Puderzucker,
2 Eßlöffel geriebene Mandeln, 2 Eßlöffel geriebene, geröstete Nüsse,
2 Eßlöffel Kaffeesahne oder Rum, 2 Eßlöffel starker Kaffee,
50 g Kokosfett.

Den Pfefferkuchenteig etwa 5 mm stark ausrollen, runde Teigstücke ausstechen und mit dem in wenig Milch verquirlten Ei bestreichen. Die Hälfte dieser Taler mit Marmelade betupfen. Alle Teigstücke auf gefettetem, bestäubtem Blech bei mäßiger Mittelhitze backen. Inzwischen die übrigen Zutaten mit dem flüssigen Kokosfett vermengen. Jeweils zwei abgekühlte Taler mit dieser Nougatfülle so zusammensetzen, daß die mit Marmelade garnierten Gebäckstücke obenauf liegen.

Pflastersteine

350 g Honig, 100 g Zucker, 80 g Fett oder Margarine, 400 g Nougat, 10 g Pfefferkuchengewürz, 60 g Mandeln, Zitronenaroma, 10 g Hirschhornsalz, 2 Eßlöffel Rum, weiße Zuckerglasur.

Honig, Zucker und Fett erhitzen. Nach dem Abkühlen das mit dem Pfefferkuchengewürz gesiebte Mehl, Salz, geriebene Mandeln, Zitronenaroma und das im Rum aufgelöste Triebmittel unterarbeiten. Den gelagerten Teig zu etwa 3 cm starken Rollen formen und davon nicht zu dünne Scheiben abschneiden. Auf leicht gefettetem, bestäubtem Blech bei mäßiger Mittelhitze etwa 15 Minuten backen. Die Pflastersteine mit weißer Zuckerglasur überziehen.

Oblatenkuchen

1 Ei, 150 g Zucker, 1 Päckchen Vanillinzucker, Salz, 10 g Pfefferkuchengewürz, 300 g Mehl, 1 Teelöffel Hirschhornsalz, 1 Eßlöffel Wasser, 100 g süße Mandeln, Bittermandelöl, 50 g Zitronat, 100 g Margarine, Oblaten.

Ei und Zucker recht schaumig schlagen, Gewürz, gesiebtes Mehl, das im Wasser aufgelöste Hirschhornsalz, geriebene Mandeln, Backaroma und geraspeltes Zitronat unterarbeiten. Zuletzt mit der flüssigen, aber abgekühlten Margarine verkneten. Den Teig auf Oblaten verteilen und bei mäßiger Mittelhitze auf einem ungefetteten Blech backen. – Mit dem Mehl kann etwa 20 g Kakao gesiebt werden. Die Oblatenkuchen lassen sich beliebig glasieren.

Nußbrötchen

300 g geriebene Nüsse, 100 g Butter oder Margarine, 75 g Zucker, 2 Eier, Salz, Zitronenaroma, Bittermandelöl, 75 g Grieß, 50 g Mehl, 1 Messerspitze Backpulver, Konfitüre.

Die Nüsse zur schaumig geschlagenen Butter geben. Zucker, Eier und Gewürze zufügen. Backaroma, Grieß und das mit Backpulver gesiebte Mehl unterarbeiten. Kurze Zeit kalt stellen. Etwa 5 cm lange Brötchen formen, längs eine Furche eindrücken, Konfitüre hineingeben und auf gefettetem Blech bei Mittelhitze backen.

Schokoladenplätzchen

150 g Butter oder Margarine, 175 g Zucker, 2 Eier, 100 g geriebene Haselnüsse, 150 g geriebene bittere Schokolade, 200 g Mehl, 100 g Speisestärke, 3 gestrichene Teelöffel Backpulver, 200 g Puderzucker.

Die Butter oder Margarine mit Zucker und Eiern schaumig rühren, nach und nach Haselnüsse, Schokolade und das mit Speisestärke und Backpulver vermischte Mehl dazugeben und alles gut verkneten. Den Teig 30 Minuten kühl ruhen lassen, dann auf bemehltem Brett ausrollen, Plätzchen ausstechen und auf gefettetem Blech backen. Die etwas abgekühlten Plätzchen mit einer aus Puderzucker und Wasser bereiteten Glasur überziehen.

Schokoladenküchel

325 g Honig, 175 g Zucker, 80 g Schokolade, 500 g Mehl, 1 Teelöffel Pfefferkuchengewürz, 80 g Nüsse, Bittermandelöl, 80 g Zitronat, Salz, je 5 g Hirschhornsalz und Pottasche, 2 Teelöffel Rum oder Milch, Schokoladen-Fettglasur, Schokoladenplätzchen.

Honig, Zucker und Schokolade erhitzen. Während des Abkühlens Mehl und Pfefferkuchengewürz zusammen sieben, gehackte Nüsse, Backaroma, geraspeltes Zitronat, Salz und das in Rum oder Milch getrennt aufgelöste Triebmittel zugeben. Mit der Honigmasse verarbeiten. Den abgelagerten Teig knapp 1 cm stark ausrollen und zu Plätzchen von etwa 6 cm Durchmesser ausstechen. Auf gefettetem Blech bei Mittelhitze backen. Mit Schokoladen-Fettglasur überziehen und mit Schokoladenplätzchen garnieren.

Windbeutel

Ringelschwänzchen

Weihnachtsbäckerei

Buttercremetorte

Spekulatius

150 g Margarine, 100 g Zucker, 1 großes oder 2 kleine Eier, je eine Prise Salz, Kardamom, Ingwer und Muskatblüte, 1/2 Teelöffel Zimt oder Pfefferkuchengewürz, 250 g Mehl, eine Prise Backpulver, 65 g geriebene Mandeln, Bittermandelöl.

Die schaumig geschlagene Margarine mit allen Zutaten zu einem Teig verarbeiten. Mindestens eine Stunde kalt gestellt rasten lassen. Den 3 mm stark ausgerollten Teig entweder mit dem Modelholz formen oder zu beliebigen Figuren ausstechen. Bei Mittelhitze etwa 15 Minuten auf leicht gefettetem Blech hellbraun backen. – Mit dem Mehl kann nach Wunsch ein Teelöffel Kakao gesiebt werden.

Gewürzplätzchen

250 g Mehl, 1 Päckchen Puddingpulver Vanille- oder Mandelgeschmack, 1/2 Päckchen Backpulver, 1 1/2 Teelöffel Pfefferkuchengewürz, 3 Eßlöffel Sahne, 1 Ei, 80 g Zucker, Salz, 30 g geraspeltes Zitronat, 50 g gehackte Mandeln, Bittermandelöl, 125 g Margarine, Korinthen, Zuckerglasur.

Mehl, Puddingpulver, Backpulver und Pfefferkuchengewürz zusammen sieben. Alle übrigen Zutaten unterarbeiten. Nicht zu dünn ausrollen und beliebig ausstechen, bei Mittelhitze auf gefettetem Blech backen und mit Zuckerglasur überziehen.

Weihnachtssternchen

200 g Butterschmalz, 200 g Zucker, 1 Päckchen Vanillinzucker, Salz, Zitronenaroma, 2 Eier, 400 g Mehl, 2 Eßlöffel Weinbrand oder Rum, Zuckerglasur.

Butterschmalz, Zucker, Gewürz und 1 1/2 Eier schaumig schlagen. Das gesiebte Mehl und den Weinbrand unterkneten. Den Teig 8 bis 10 Stunden kühl gestellt rasten lassen. Beliebig stark ausrollen und Sternchen ausstechen. Jeweils mit einer kleineren Sternchenform oder auch nur rund das Mittelstück ausstechen. Auf leicht gefettetem Blech mit dem restlichen verquirlten Ei bestreichen und bei kräftiger Mittelhitze goldbraun backen. Die mit Glasur verzierten Sternchen eignen sich als Weihnachtsbaumbehang.

Honigkuchenbrinkel

2 Eier, 150 g Zucker, 150 g Margarine, 200 g Honig, je 1 knapper Teelöffel Zimt, Nelken und Ingwerpulver, je eine Prise Muskat, Salz und Pfeffer, 500 g Mehl, 1 1/4 Päckchen Backpulver, 80 g geraspeltes Zitronat, 80 g gehackte Nüsse oder Mandeln, Bittermandelöl.

Eier und Zucker schaumig schlagen, Margarine und Honig erwärmen und abgekühlt zugeben. Gewürz und das mit dem Backpulver gesiebte Mehl vermengen. Nach und nach mit allen übrigen Zutaten zu einem glatten Teig verarbeiten. Kühl gestellt etwa 30 Minuten rasten lassen und noch einmal durchkneten. Jeweils zwei kleine Teigkugeln nebeneinander auf ein leicht gefettetes, bestäubtes Blech setzen und bei Mittelhitze goldbraun backen.

Springerle (Anisplätzchen)

250 g Puderzucker, 2 Eier, 1 Eßlöffel Milch, 1/2 Teelöffel Hirschhornsalz, 1/2 Teelöffel Anispulver, 300 g Mehl.

Puderzucker, Eier und Milch recht gut verrühren, sofern kein elektrisches Gerät vorhanden ist, etwa 20 Minuten. Unter die cremige Masse das in einem Eßlöffel Wasser aufgelöste Hirschhornsalz, das Anispulver und nach und nach das gesiebte Mehl rühren. Den gekneteten Teig mit Mehl bestäuben und etwa 1 cm stark ausrollen. Mit dem Modelholz in Springerle einteilen und entsprechend ausschneiden. Mehrere Stunden, am besten über Nacht, kalt gestellt trocknen lassen. Auf gefettetem Blech bei mäßiger Hitze etwa 25 Minuten backen, erst kurz vor Beendigung der Backzeit nachsehen. Die zunächst harten Springerle eine Woche lang aufbewahren.

Knecht-Ruprecht-Kuchen

375 g Zucker, 3 Eier, 375 g Mehl, 175 g Mandelstifte, 80 g geraspeltes Zitronat, Zitronenaroma, 1 Päckchen Pfefferkuchengewürz, 5 g Hirschhornsalz, 3 Eßlöffel starker Kaffee, Salz, Schokoladen-Fettglasur.

Zucker und Eier recht schaumig schlagen und nach und nach die übrigen Zutaten unterarbeiten. Mindestens über Nacht rasten lassen. Nochmals durcharbeiten und etwa 1 cm stark ausrollen. In Rechtecke von 4 cm x 8 cm teilen und auf gefettetem, bestäubtem Blech bei Mittelhitze backen. Sofort mit Schokoladen-Fettglasur überziehen.

Nußsterne

125 g geriebene Haselnüsse, 125 g geriebene Mandeln, 65 g fein gehacktes Zitronat, 1 Eßlöffel Honig, 250 g Puderzucker, 1 Messerspitze Zimt, 2 Eiweiß, Backoblaten.

Die Nüsse und Mandeln mit Zitronat, Honig und Puderzucker mischen, Zimt zugeben. Das steif geschlagene Eiweiß mit der Nußmischung vermengen. Den Teig auf einem mit Zucker bestreuten Brett 5 mm dick ausrollen und Sterne ausstechen. Die Ausstechform dabei immer wieder in Zucker tauchen. Die Sterne auf Oblaten setzen und bei milder Mittelhitze backen.

Mandelringe

250 g Butter oder Margarine, 250 g Zucker, 1 Päckchen Vanillinzucker, 1 Ei, 375 g Mehl, 125 g geriebene Mandeln.

Die Butter oder Margarine mit Zucker schaumig rühren, nach und nach Vanillinzucker, Ei und Mehl zugeben und alles zu einem Teig verarbeiten, der schwer reißend vom Löffel fällt. Zuletzt die Mandeln hineinrühren. Mit dem Spritzbeutel Ringe auf ein gefettetes und bemehltes Blech spritzen, über Nacht kühl stellen und ruhen lassen; dann hellgelb backen.

Honigkuchen

500 g Honig, 250 g Zucker, 750 g Mehl, 250 g gehackte Mandeln, 125 g gehacktes Zitronat, 3 gestrichene Teelöffel Zimt, 1/2 Teelöffel gemahlene Nelken, Zitronenaroma, 8 g Pottasche, 4 g Hirschhornsalz, Schokoladen-Kuvertüre, 50 g abgezogene Mandeln.

Den Honig mit Zucker erhitzen, wieder abkühlen lassen und Mehl, Mandeln, Zitronat und Gewürze hineinrühren. Pottasche und Hirschhornsalz getrennt mit etwas lauwarmem Wasser verrühren und zuletzt an den Teig geben. Den Teig 24 Stunden kühl ruhen lassen. Dann in einem warmen Raum 3 bis 4 Stunden stehen lassen. Ausrollen und ein gefettetes, mit Mehl bestäubtes Blech damit belegen. Den Kuchen backen, noch warm in Quadrate schneiden, mit der im Wasserbad aufgelösten Kuvertüre überziehen und mit halbierten Mandeln garnieren.

Elisenlebkuchen

2 Eier, 200 g Zucker, 1 Päckchen Vanillinzucker, 1 Messerspitze gemahlene Nelken, 1 Teelöffel Zimt, 2 Eßlöffel Rum, Zitronenaroma, 75 g Zitronat, 1 Messerspitze Backpulver, 125 g gemahlene Mandeln, 125 g gemahlene Haselnüsse, 6 große runde Oblaten (etwa 10 cm Durchmesser), Schokoladenglasur, abgezogene halbierte Mandeln zum Garnieren.

Eier schaumig schlagen, Zucker und Vanillinzucker zugeben. Die Masse schlagen, bis sie cremig ist. Gewürze, ganz fein zerkleinertes Zitronat oder Orangeat und die mit dem Backpulver gemischten Mandeln zugeben. Die gemahlenen Haselnüsse unter den Teig rühren. Den noch streichfähigen Teig auf die Oblaten verteilen. Die Lebkuchen auf ein Blech legen und 25 bis 30 Minuten backen. Dann mit Schokoladenglasur bestreichen und mit Mandelhälften garnieren.

Leckerli

375 g Honig, 180 g Zucker, 180 g geriebene Mandeln, 50 g gehacktes Zitronat, 2 Teelöffel gemahlener Zimt, je 1 Messerspitze gemahlene Muskatnuß und Nelke, Zitronenaroma, 1 Eßlöffel Rum, 500 g Mehl, 1 Messerspitze Hirschhornsalz, 200 g Puderzucker, 2 bis 3 Eßlöffel Zitronensaft.

Den Honig mit dem Zucker erhitzen und wieder abkühlen lassen. Nach und nach Mandeln, Zitronat, Gewürze und Rum mit der Zuckermasse verrühren, dann das Mehl portionsweise einarbeiten. Das Hirschhornsalz in lauwarmem Wasser lösen und zuletzt unter den Teig mischen. Den Teig ausrollen und auf einem gefetteten Blech backen. Aus Puderzucker und Zitronensaft eine Glasur bereiten, den Kuchen damit überziehen und in kleine Rechtecke schneiden.

Gewürzschnitten

65 g Margarine, 1 Ei, 250 g Zucker, 20 g feingemahlener Kaffee, 500 g Mehl, 1 Päckchen Backpulver, 1 Eßlöffel Kakao, 3 Teelöffel Lebkuchengewürz, Schokoladenglasur oder Kuvertüre.

Margarine sahnig rühren, mit Ei und Zucker schaumig schlagen. Aus dem Kaffeepulver und 1/8 l kochendem Wasser Kaffee brühen und abkühlen lassen, abseihen. Mehl mit Backpulver, Kakao und Gewürz mischen, abwechselnd mit dem kalten Kaffee unter die Fettmasse rühren und kneten. Den Teig etwa 1/2 Stunde im Kühlschrank ruhen lassen, 4 bis 5 cm starke Rollen formen und auf dem gefetteten Blech backen. Noch heiß mit einem Sägemesser zerteilen, etwas abkühlen lassen und mit Glasur überziehen.

Printen

500 g Honig , 500 g Mehl, 75 g Zucker, je 2 Messerspitzen Ingwer und Nelken, je 1/2 Teelöffel Zimt, Koriander und Anis, 10 g Pottasche, 2 Eßlöffel Milch, 125 g heller Kandis, Zuckerwasser, gehackte Mandeln.

Den erhitzten Honig vom Feuer nehmen. Mehl, Zucker und Gewürz vermischen und ebenso wie die in der Milch aufgelöste Pottasche zugeben. Gut durchkneten. Den mehrere Tage gelagerten Teig nochmals durcharbeiten und dabei den gestoßenen Kandis zufügen. Etwa 3 mm stark ausrollen, rechteckige Printen ausschneiden, mit Zuckerwasser bestreichen und auf gefettetem, bestäubtem Blech bei mäßiger Mittelhitze backen. – Die Printen können vor dem Backen mit gehackten Mandeln bestreut werden.

Würzbissen

125 g Honig, 50 g Zucker, 2 bis 3 Eßlöffel Milch oder starker Kaffee, 40 g Margarine, knapp 2 Teelöffel Pfefferkuchengewürz, Salz, 300 g Mehl, reichlich 1/2 Päckchen Backpulver.

Honig, Zucker, Milch und Margarine erhitzen und vom Feuer nehmen. Gewürz und das mit dem Backpulver gesiebte Mehl unterarbeiten. Von gleichmäßig geformten Röllchen Scheiben schneiden, auf gefettetem

Blech mit Zuckerwasser bestreichen und bei mäßiger Mittelhitze backen. Beliebig glasieren und garnieren.

Weihnachtskeks

400 g Weizenmehl, 100 g Speisestärke, 1/2 Päckchen Backpulver, 200 g Zucker, 1 Päckchen Vanillinzucker, je 1/2 Teelöffel Zimt, gemahlene Nelken und Ingwer, Salz, 100 g geriebene Walnüsse, 2 Eier, 250 g Margarine; Zitronenglasur.

Mehl und Backpulver sieben und mit den übrigen Zutaten rasch verkneten. Mindestens 30 Minuten rasten lassen, ausrollen und beliebig ausstechen. Auf gefettetem Blech bei Mittelhitze backen und mit Zitronenglasur überziehen.

Vesperkuchen

125 g Honig, 200 g Margarine, 125 g Puderzucker, 300 g Mehl, 200 g Speisestärke, 1 Päckchen Backpulver, 2 Teelöffel Zimt, je 1 Teelöffel gemahlene Nelken und Ingwer, je eine Prise Pfeffer und Salz, 2 Eßlöffel Rum, Mandeln.

Honig, Margarine und Puderzucker erhitzen und nach Abkühlung mit den übrigen Zutaten verarbeiten. Den Teig in einer gefetteten, ausgestäubten Ringform bei Mittelhitze backen. Nach dem Erkalten stürzen und mit Mandelhälften bestecken. – Der Teig kann ohne Backpulver, dafür mit reichlich je 1 Teelöffel Pottasche und Hirschhornsalz bereitet werden, die in Flüssigkeit getrennt aufzulösen sind.

Pfeffernüsse

150 g Zucker, 2 Eier, Salz, 250 g Mehl, je eine gehäufte Messerspitze Pfeffer und gemahlene Nelken, 1/2 Teelöffel gemahlener Ingwer.

Zucker, Eier und Salz recht schaumig schlagen, sofern kein elektrisches Gerät vorhanden ist, etwa 20 Minuten. Nach und nach das mit dem Gewürz gesiebte Mehl unterarbeiten. 2 bis 3 cm starke Rollen daraus formen, in Scheibchen schneiden und bei Mittelhitze auf gefettetem Blech backen.

Schmalzgebäck

250 g Schweineschmalz, 230 g Zucker, 2 Päckchen Vanillinzucker, 625 g Mehl, 2 Eßlöffel Weinbrand, 2 gestrichene Teelöffel Hirschhornsalz.

Das Schmalz erhitzen, etwas abkühlen lassen und mit Zucker und Vanillinzucker verrühren. Das Mehl und das in Weinbrand gelöste Hirschhornsalz unterarbeiten, so daß ein geschmeidiger Teig entsteht. Den Teig 30 Minuten kühl ruhen lassen, dann kleine Kugeln formen, nicht zu dicht auf ein gefettetes Backblech setzen und backen.

Zitronengebäck

3 Eigelb, 125 g Puderzucker, 1 Päckchen Vanillinzucker, Zitronenaroma, 225 g ungeschälte geriebene Mandeln, 1 Messerspitze Backpulver, Rumglasur, geschälte halbierte Mandeln.

Eigelb mit Puder- und Vanillinzucker cremig schlagen, Zitronenaroma und die mit Backpulver gemischten Mandeln dazugeben. Den Teig auf dem mit Puderzucker bestreuten Backbrett etwa 5 mm stark ausrollen, Herzen oder andere Formen ausstechen und auf das mit gefettetem Butterbrotpapier belegte Backblech setzen. Das Gebäck nach dem Abkühlen mit Rumglasur überziehen und je 1 halbierte Mandel aufsetzen.

Englische Pfefferkuchen

2 Eier, 125 g Margarine, 225 g Zucker, 175 g Honig, Bittermandelöl, 2 Teelöffel Gewürze (Ingwer-, Nelken-, Zimt- und Muskatpulver), Salz, 75 g geraspeltes Zitronat, 500 g Mehl, 1 1/2 Päckchen Backpulver, Zuckerglasur, rote Kuchenfarbe, Zitronat.

Eier, zerlassene, abgekühlte Margarine und Zucker schaumig rühren, nach und nach die übrigen Zutaten zugeben. Den gründlich durchgearbeiteten Teig zu Kugeln formen und auf gefettetem Blech bei Mittelhitze backen. Nach Möglichkeit mit einer leicht rosa gefärbten Zuckerglasur überziehen und mit Zitronateckchen garnieren.

Schneller Hokuspokuskuchen

175 g Margarine, 1 Tüte backfertiges Kuchen- oder Tortenmehl, 1 Eßlöffel Pfefferkuchengewürz, 50 g gehackte Nüsse oder Mandeln, 50 g geraspeltes Zitronat, 50 g Korinthen.

Die Margarine erwärmen und nach dem Abkühlen die übrigen Zutaten unterarbeiten. Den Teig auf ein gefettetes, bestäubtes Blech streichen. Bei mäßiger Mittelhitze backen und sofort in Stücke schneiden.

Früchtekuchen

3 Eier, 200 g Zucker, 250 g Mehl, Zitronenaroma, je 1/2 Teelöffel Nelken und Zimt, Salz, 65 g gehackte Mandeln, darunter 3 bittere, 50 g gehackte Nüsse, 80 g geraspeltes Zitronat, 50 g gehackte Feigen oder Datteln, 80 g Sultaninen, 20 g Korinthen, 5 g Pottasche, 5 g Hirschhornsalz, etwa 4 Eßlöffel Weinbrand oder Rum.

Eier und Zucker recht gut verrühren, so daß eine dickschaumige Masse entsteht. Das gesiebte, mit dem Gewürz vermischte Mehl und nach und nach auch die übrigen Zutaten - die Triebmittel getrennt im Weinbrand aufgelöst - zugeben. Den gründlich verarbeiteten Teig in eine gefettete Kranz- oder Ringform füllen und bei Mittelhitze etwa 50 Minuten backen.

Gewürztorte

100 g Margarine, 100 g Zucker, 2 Eier, 1 Teelöffel Pfefferkuchengewürz, 3 Teelöffel Kakao, 100 g Nüsse oder Mandeln, Bittermandelöl, knapp 1/8 l Milch, 250 g Mehl, 1/2 Päckchen Backpulver, Salz, Rumglasur.

Die schaumig geschlagene Margarine, Zucker und Eigelb verrühren, Pfefferkuchengewürz, Kakao, gehackte Nüsse und geriebene Mandeln, Milch und das mit dem Backpulver gesiebte Mehl zugeben. Die leicht gesalzenen Eiweiß zu steifem Schnee schlagen und unter den Teig heben. In gefetteter, ausgestäubter Form bei Mittehitze backen und nach dem Erkalten stürzen. Mit Rumglasur überziehen.

Schwarzer Peter

125 g Margarine, 200 g Marmelade, 75 g Zucker, 1/2 Päckchen Vanillinzucker, Salz, 100 g Haferflocken oder Kokosraspel, 1 bis 2 Eßlöffel Kakao, 300 g Mehl, 3/4 Päckchen Backpulver.

Die schaumig geschlagene Margarine mit Marmelade, Zucker und Gewürz verrühren. Nach und nach Haferflocken oder Kokosraspel und das mit Kakao und Backpulver gesiebte Mehl unterarbeiten. Den Teig in einer gefetteten Form bei Mittelhitze etwa 50 Minuten backen. Nach Wunsch glasieren.

Würzbrot

4 Eiweiß, 2 Eigelb, 125 g Zucker, 1 Päckchen Vanillinzucker, Salz, 1 1/2 Teelöffel Pfefferkuchengewürz, Saft von 1/2 Zitrone, 4 Eßlöffel Sahne, 150 g Korinthen, 15 grob zerschnittene Datteln, 250 g Mehl, 3/4 Päckchen Backpulver.

Die zu steifem Schnee geschlagenen Eiweiß mit Eigelb, Zucker, Vanillinzucker und Salz verrühren. Nach und nach die übrigen Zutaten unterarbeiten und den Teig in einer gefetteten, ausgestäubten Kastenform bei Mittelhitze etwa 50 Minuten backen.

Pfefferkuchenbombe

Pfefferkuchen-Rührteig, nicht mit Kaffee, sondern mit 30 g Kakao und 4 Eßlöffel Weinbrand bereitet, 150 g Korinthen, 100 g Mandeln, Bittermandelöl, Zitronenaroma, 100 g Zitronat, 1/2 Glas Aprikosenmarmelade, Schokoladenglasur.

Unter den Pfefferkuchen-Rührteig vorbereitete Korinthen, Backaromen und geraspeltes Zitronat mischen. Den Teig in einer hohen gefetteten, ausgestäubten Form bei Mittelhitze etwa 45 Minuten backen. Nach dem Erkalten mit heißer Marmelade überziehen und sofort glasieren.

Gefüllte Pfefferkuchenrolle

*50 g Margarine, 100 g Zucker, Salz, 2 Eier, 75 g Mehl,
75 g geriebene Nüsse oder Mandeln, 50 g Sultaninen, 50 g Korinthen,
Bittermandelaroma, je 2 Eßlöffel Milch und Rum,
Hälfte der Pfefferkuchen-Knetteigmenge nach Grundrezept I oder II,
Aprikosenkonfitüre, beliebige Glasur.*

Zur schaumig gerührten Margarine Zucker, Salz, Eier, gesiebtes Mehl, Backaroma und Flüssigkeit geben. Die rechteckige Pfefferkuchenteigplatte mit dieser Fülle bestreichen und aufrollen. In gefetteter, ausgestäubter Form bei Mittelhitze etwa 50 Minuten backen. Nach dem Erkalten stürzen, die Rolle mit erhitzter Aprikosenkonfitüre überziehen und sofort glasieren.

Pfefferkuchentörtchen

*Hälfte der Pfefferkuchen-Knetteigmenge nach Grundrezept,
100 g Zucker, 3 Eßlöffel Wasser, 1 Ei, 1 Teelöffel Zitronensaft,
125 g Kokosraspel.*

Mit dem etwa 5 mm stark ausgerollten Teig kleine gefettete Formen auslegen. Zucker und Wasser dick verkochen und sofort bei ständigem Schlagen unter den steifen Eischnee ziehen, mit Zitronensaft und Kokosraspeln vermischen. Die Förmchen mit dieser Masse füllen, obenauf ein ausgestochenes Teigstückchen legen, mit verquirltem Eigelb bestreichen und bei Mittelhitze etwa 20 Minuten backen.

Pulsnitzer Torte

*Pfefferkuchen-Rührteig nach Grundrezept,
Aprikosenkonfitüre, Krokantfüllung, siehe Seite 198,
Schokoladenglasur, Mandelhälften.*

Den Pfefferkuchen-Rührteig in einer vorbereiteten Springform backen. Nach dem völligen Erkalten durchschneiden. Mit Aprikosenkonfitüre und Krokantfüllung bestreichen, zusammensetzen, mit Schokoladenglasur überziehen und mit Mandelhälften garnieren.

Vollkorngebäck

Vollkorngebäck hat wertvolle Inhaltsstoffe und macht das Knabbern „gesund“. Besonders Kinder sollten wegen des Vitamin- und Mineralstoffgehaltes Vollkornprodukte erhalten.

Zum Backen eignen sich Hafermark, Haferflocken, Buchweizen, Weizenvollkornmehl und Weizenschrot.

Haferprodukte sind nicht lange haltbar, sie bekommen einen bitteren Geschmack. Niemals große Vorräte lagern.

Ein Teil der in anderen Kapiteln angegebenen Teige läßt sich ohne weiteres auch mit Vollkornerzeugnissen herstellen. Für Kekse, Rührkuchen und Brötchen eignet sich besonders gut Weizenvollkornmehl oder Weizenschrot.

Vollkorngebäck hält sich begrenzt. Frisch gebacken, schmeckt es nußähnlich und ist knusprig.

Apfel-Nuß-Kuchen

500 g feste Äpfel; 200 g Weizenvollkornmehl, 125 g Butter oder Margarine, 60 g brauner Rohrzucker, 1 Ei.
3 Eigelb, 150 g Honig, 200 g gemahlene Haselnüsse, 3 Eiweiß.
50 g Puderzucker.

Äpfel waschen, schälen, halbieren und vorsichtig das Kernhaus entfernen. Die Apfelhälften in etwas Wasser einige Minuten dämpfen. Sie dürfen aber nicht zerfallen! Abkühlen und abtropfen lassen. Mehl, Butter, Zucker und Ei zu einem glatten Teig verkneten. 30 Minuten kalt stellen. Dann eine gefettete Springform mit dem Teig auslegen. Dabei einen hohen Rand andrücken. Eigelb und Honig schaumig rühren, die gemahlenen Nüsse unterheben.
Die Eiweiß steif schlagen, vorsichtig unter die Masse ziehen und diese auf den Teigboden streichen. Die Apfelhälften mit der Rundung nach oben auf die Nußmasse setzen. 50–60 Minuten bei 175 °C backen. Mit Puderzucker bestreuen.

Nussige Apfelmus-Quark-Torte

50 g gehackte Mandeln, 100 g Honig, 4 Eier, 50 g entkernte, feingehackte Datteln, 3 Eßlöffel kaltes Wasser, 1 Teelöffel Orangenlikör, 50 g gemahlene Haselnüsse, 125 g gemahlenen Buchweizen.

300 ml festes Apfelmus, 1 Eßlöffel Orangenlikör, 300 g Sahnequark, 50 g Honig, 50 g geschälte Pecannüsse (oder Walnüsse), 1 Eßlöffel Zitronensaft, 1 Päckchen Vanillinzucker.

1/4 l Schlagsahne, 50 g Puderzucker.

Die gehackten Mandeln in einer trockenen Pfanne goldgelb rösten, abkühlen lassen. Honig und Eigelb schaumig rühren. Datteln, Wasser, Likör, Nüsse und das Buchweizenmehl dazugeben. Zuletzt die steif geschlagenen Eiweiß unterheben.
Eine Springform nur am Boden einfetten und den Teig einfüllen. 25 Minuten backen lassen und weitere 10 Minuten im abgeschalteten Backofen stehen lassen. Den Tortenboden abkühlen lassen und über Nacht stehen lassen. Am nächsten Tag waagerecht durchschneiden. Apfelmus und Likör verrühren und die untere Teigplatte damit bestreichen. Quark mit Honig, Nüssen, Zitronensaft und Vanillinzucker verrühren. Den Nuß-

quark vorsichtig auf die Apfelmusschicht streichen. Die zweite Teigplatte aufsetzen. Die Torte mit Alufolie abdecken und 4–6 Stunden im Kühlschrank durchziehen lassen. Vor dem Servieren den Kuchen ringsum mit der steif geschlagenen, süßen Sahne bestreichen.

Kernige Erdbeer-Pie

150 g Vollkornmehl, 1 Prise Salz, 1/2 Teelöffel Backpulver, 2 Eßlöffel Rübenkraut (Zuckerrübensirup), 1 Ei, 75 g Butter oder Margarine, eventuell 1 Eßlöffel eiskaltes Wasser; 500 g Backerbsen.

1 kg Erdbeeren, 2 Eßlöffel Mandelblättchen, 1 Eßlöffel Butter oder Margarine, 1 Eßlöffel Rübenkraut, 3 Eßlöffel Sonnenblumenkerne.

Mehl, Salz, Backpulver, Rübenkraut, Ei und Butter zügig miteinander verkneten. Wenn der Teig zu krümelig ist, noch einen 1 Eßlöffel eiskaltes Wasser dazugeben. Den Teig in eine gefettete Form geben, Rand hochziehen, unregelmäßige Ränder abschneiden. Mit einer Gabel mehrfach den Boden einstechen, und den Teig im Kühlschrank ruhen lassen.
Den Backofen vorheizen. Ein rundes Stück Backpapier auf den Teigboden legen, 500 g Backerbsen einfüllen und 20 Minuten bei 200 °C backen. Papier und Erbsen entfernen. Die Erdbeeren waschen, abtrocknen, Stiele entfernen und halbieren. Auf den Kuchenboden erst die Mandelblättchen streuen, dann die Erdbeeren kreisförmig, dicht an dicht und mit der Schnittfläche nach unten auf die Mandelblättchen legen. Kurz (5 Minuten) in den Backofen stellen. Die Butter zerlaufen lassen. Rübenkraut und Sonnenblumenkerne dazugeben und unter Rühren wenige Minuten erhitzen. Die gerösteten Sonnenblumenkerne über die Erdbeeren, besonders in die Zwischenräume geben. Dieser Kuchen schmeckt gut mit halbsteif geschlagener Sahne.

Apfel-Dattel-Kuchen

100 g Nackthafer, 100 g Butter, 3 Eier, 75 g Honig, 1 Teelöffel Orangenlikör, 5 Eßlöffel Zitronensaft, 1 Teelöffel Zimt, 100 g Datteln (entkernt und fein gehackt), 50 g gemahlenen Mais, 2 Teelöffel Backpulver, 150 g gemahlener Weizen.

75 g grob gehackte Walnüsse, 600 g Äpfel, 2 Eiweiß, 1 Teelöffel Zucker.

Den Hafer in einer trockenen Pfanne anrösten, kalt stellen und mittelfein schroten. Die Butter zergehen und wieder abkühlen lassen. Eier und Honig verrühren. Likör, Zitronensaft, Zimt und Datteln mischen und hinzugeben. Rühren. Haferschrot, Maismehl, Backpulver und Weizenmehl mischen und mit der noch flüssigen Butter einarbeiten. Gut rühren. Auf den Boden einer gefetteten Springform die Hälfte der gehackten Walnüsse streuen. Den Teig einfüllen, glatt streichen. 4 Eßlöffel Teig zurückbehalten. Die Äpfel schälen, halbieren, entkernen. Die Rundung einkerben. Mit der Rundung nach oben kranzförmig in den Teig setzen. 20 Minuten backen. Die Eiweiß mit dem Zucker steif schlagen und vorsichtig unter den zurückbehaltenen Teig heben. Den Kuchen kurz aus dem Ofen nehmen. Kleine Teighäufchen auf die Apfelrundungen setzen. Die restlichen Nüsse darüber streuen, und weitere 35 Minuten backen. In der Form auskühlen lassen.

Pumpernickel-Apfel-Kuchen

300 g Pumpernickel (oder sonstiges Vollkornbrot), geröstet und zerrieben, 1/8 l Rotwein, 1/8 l warmes Wasser, 4 Eßlöffel, Zucker, 1 Teelöffel Zimt, 4 Eßlöffel gemahlene Mandeln, 2 Eßlöffel Korinthen, 4 Eßlöffel zerlassene Butter, 1 Ei. 1 kg Äpfel, 2 Eßlöffel Zucker, 1 Teelöffel Zimt. 50 g Butter, 50 g Puderzucker, 1 Teelöffel Zimt.

Brotbrösel mit Rotwein, Wasser, Zucker, Zimt, Mandeln und Korinthen gut verrühren und ausquellen lassen. Die zerlassene Butter und das Ei zufügen, und den Teig 30 Minuten ruhen lassen. Inzwischen die Äpfel schälen, vierteln, entkernen und in dünne Scheiben schneiden. Mit Zucker und Zimt bestreuen. In eine gut gefettete feuerfeste Glasform abwechselnd Teig und Apfelscheiben einfüllen; die oberste Schicht ist Teig. Den Kuchen auch mit zerlassener Butter einpinseln. 40 Minuten bei milder Hitze backen. Mit Puderzucker und Zimt bestreuen und noch warm servieren.

Vollkorn-Himbeer-Pie

200 g Vollkornmehl (Type 1050), 100 g Buchweizenmehl, 1 Prise Salz, 1 Messerspitze Backpulver, 2 Eigelb, 150 g Butter oder Margarine, 2 Eßlöffel Honig.

300 g Himbeeren, 4 Eßlöffel Zucker, 50 g gehackte Mandeln, 1/8 l Sahne, 1 Päckchen Sahnesteif.

Mehle mit Salz und Backpulver mischen, zügig mit den Eigelben, der kalten Butter und dem Honig zu einem glatten Teig verkneten. Eine gefettete Form damit auslegen, die Ränder glatt abschneiden. Den Boden mehrfach mit einer Gabel einstechen und etwa 30 Minuten kalt stellen.

Den Backofen vorheizen. Den Teigboden mit Backpapier abdecken, 500 g Backerbsen einfüllen und 15 Minuten vorbacken. Papier und Erbsen entfernen, und weitere 10 Minuten backen. Abkühlen lassen.

Die Himbeeren gut verlesen; einige besonders schöne und große Exemplare zum Dekorieren beiseite stellen. Die Früchte nicht waschen, sondern nur mit einem feuchten Küchentuch vorsichtig abreiben. Die übrigen Himbeeren mit einer Gabel grob zerdrücken, mit Zucker und Mandeln mischen. Die Sahne mit dem Sahnesteif schlagen und vorsichtig unter die Himbeermasse ziehen. Diese Himbeersahne auf den gebackenen, abgekühlten Teigboden streichen, den Kuchen schön dekorieren und servieren.

Skandinavische Brombeer-Pie

250 g Weizenvollkornmehl (Type 1050), 1 Prise Salz, 1 Messerspitze Backpulver, 1 Ei, 1 Eigelb, 100 g Honig, 150 g Butter oder Margarine.

500 g Brombeeren, 2 Eigelb, 50 g Zucker, 1/8 l Sahne, je 1 Eßlöffel Mandelblättchen, Pinienkerne und Sonnenblumenkerne.

Mehl, Salz und Backpulver mischen, mit Ei, Eigelb, Honig und Butter zügig verkneten. Den Teig ausrollen, eine gefettete Auflaufform damit auslegen. Einen Rand hochziehen und andrücken. Den Teigboden mehrfach mit einer Gabel einstechen und 30 Minuten kalt stellen.

Die Brombeeren gut verlesen, vorsichtig mit einem feuchten Küchentuch abreiben. Auf dem Teigboden verteilen. Eigelb mit Zucker zu einer dicklichen Creme aufschlagen. Sahne steif schlagen und unter die Creme ziehen. Über die Brombeeren gießen, glattstreichen. Nüsse mischen und über die Eiersahne streuen. Auf dem Backofenboden 10 Minuten backen. Dann auf die mittlere Schiene stellen und weitere 10-15 Minuten backen. Lauwarm mit zerlassenem Vanilleeis oder eiskalter Sahne servieren.

Kerniger Apfelkuchen

225 g Vollkornmehl (Type 1050), 1 Prise Salz, 1 Messerspitze Backpulver, 2 Eigelb, 3 Eßlöffel Honig, 150 g Butter oder Margarine.

4–7 gleich große Äpfel, 4 Eßlöffel Zitronensaft, 20 g Butter, 1 Eßlöffel Honig, 50 g gehackte Mandeln, 50 g grob gehackte Sonnenblumenkerne.

Mehl, Salz, Backpulver mischen, mit Eigelb, Honig und Butter zügig verkneten. Mit dem Teig eine gefettete Springform oder Pie-Form auslegen. Einen Rand hochziehen und leicht andrücken. Mit einer Gabel mehrmals in den Teig stechen und die Form kalt stellen. Backofen vorziehen. Den Teig 10 Minuten vorbacken. Die Äpfel schälen, halbieren, die Kerngehäuse vorsichtig entfernen, auf der gewölbten Seite mehrfach ganz tief einschneiden. Mit Zitronensaft beträufeln.
Den Teigboden aus dem Ofen nehmen und mit den Apfelhälften kranzförmig belegen. In die Mitte eine kleinere Apfelhälfte legen. Ist der Zwischenraum zwischen dem inneren Apfel und den äußeren Apfelhälften sehr groß, dann noch mit dicken Apfelspalten ausfüllen. Butter mit Honig erwärmen. Mandeln und Sonnenblumenkerne darin erwärmen und über die Äpfel, besonders aber in die Zwischenräume füllen. 30–40 Minuten (je nach Größe der Äpfel) bei 180 °C backen.

Havanna-Torte

200 g Weizenvollkornmehl, 1 Teelöffel Backpulver, 1 Prise Salz, 75 g brauner Rohrzucker, 75 g Quark, 3 Eßlöffel Milch, 1 Eßlöffel Öl.

3 Eigelb, 125 g Rohrzucker, 1 Päckchen Vanillinzucker, 125 ml Schlagsahne, 1 Eßlöffel Speisestärke, 2 Eßlöffel Weizengrieß, 400 g Quark, 3 Eiweiß, 500 g Pfirsiche aus der Konserve.

Die Teigzutaten zügig miteinander verkneten. Dafür Mehl, Backpulver und Salz mischen, dann Rohrzucker, Quark, Milch und Öl einarbeiten. Den Teig ausrollen und eine gefettete Springform damit auslegen. Einen hohen Rand andrücken. Den Boden mehrmals mit einer Gabel einstechen und kühl stellen. Für den Belag die Eigelb mit Rohr- und Vanillinzucker verrühren. Die Sahne zufügen. Speisestärke und Grieß mischen und einrühren. Dann den Quark einarbeiten. Zuletzt die steif geschlagenen Eiweiß unterheben. Ein Drittel der Quarkmasse auf den Teigboden streichen. Die sehr gut abgetropften Pfirsiche mit der Rundung nach oben auf die Quarkmasse setzen. Den restlichen Quark einfüllen, glattstreichen, und die Torte ca. 60 Minuten bei 180 °C backen lassen.

Hägenmarkkuchen

75 g Butter oder Margarine, 2 Eier, 75 g Rohrzucker, 2 Eßlöffel Williams-Christ-Birnengeist, 1 Prise Salz, 1 1/2 Teelöffel Backpulver, 75 g Vollkornmehl (Type 1050).

1/8 l Birnensaft, ersatzweise Apfelsaft, 1/8 l herben Weißwein, ersatzweise Apfelmost oder Apfelsaft, 2 Eßlöffel Zitronensaft, 2 Eßlöffel Ahornsirup, 500 g kleine Birnen, 6 Blatt weiße Gelatine, 250 g Hägenmark (= Hagebuttenmus aus dem Reformhaus), Zucker nach Geschmack, 1/4 l Sahne, 1 Eßlöffel Ahornsirup, 1 Eßlöffel Butter, 1 Eßlöffel Zucker, 100 g Mandelblättchen

Zum Verzieren 12 frische Hagebutten.

Butter mit Eiern, Rohrzucker und Birnengeist so lange verrühren, bis der Zucker nicht mehr knirscht. Salz und Backpulver mit dem Mehl vermischen und löffelweise unter die Buttermasse rühren. Den Teig in eine gefettete Springform füllen, glattstreichen, 25 Minuten bei 180 °C backen und vollständig abkühlen lassen.

Saft und Wein mit Zitronensaft und Sirup erhitzen. Die Birnen schälen, achteln, entkernen und wenige Minuten in der heißen Saftmischung ziehen lassen. In der Flüssigkeit abkühlen lassen. Die Gelatine in wenig kaltem Wasser einweichen. Erhitzen. Hägenmark nach Geschmack süßen, und dann die aufgelöste Gelatine einrühren. Kalt stellen. Kurz bevor das Hägenmark steif wird, die Sahne steif schlagen und unterziehen.

Den Kuchen auf eine Tortenplatte stellen und den Springformrand darum legen. Die Hälfte der Sahne-Hagebuttenmark-Masse auf den abgekühlten Kuchen streichen. Die Birnen abgießen (die Flüssigkeit auffangen), mit Küchenpapier etwas trocken tupfen. 12 Birnenachtel beiseite stellen. Die übrigen Birnen auf der Hagebuttensahne verteilen. Dann die restliche Sahne darüber streichen. Mit den zur Seite gestellten Birnenachteln verzieren. Von dem Birnensaft vier Eßlöffel abnehmen, mit Sirup vermischen und zu einer dickflüssigen Masse einkochen lassen. Damit die Birnen überziehen. Die Torte über Nacht kalt stellen. Vor dem Servieren den Springformrand entfernen, Butter mit Zucker zerlaufen lassen und die Mandelblättchen goldgelb rösten. Abkühlen lassen, und den Rand des

Kuchens damit verzieren. Wenn vorhanden, mit frischen, gewaschenen und abgetrockneten Hagebutten garnieren.

Kürbis-Kuchen

275 g Vollkornmehl (Type 1050), 2 Eigelb, 1 Prise Salz, 1 Eßlöffel Zucker, 175 g Butter oder Margarine, 1–2 Eßlöffel eiskaltes Wasser, 500 g Backerbsen.

500 g Kürbis, 1/8 l Apfelmost, (ersatzweise herber Weißwein, Apfelsaft oder eine Mischung aus beiden), 1/2 Teelöffel Zimt, 3 Eigelb, 80 g Honig, 60 g Butter oder Margarine, Saft einer Orange, 1 Prise Ingwerpulver, 3 Eiweiß, 1 Teelöffel Zucker, 50 g Speisestärke.

Alle Teigzutaten zügig miteinander verkneten. Den Teig in eine gefettete Springform legen, hohen Rand ziehen, etwas andrücken, mit einer Gabel mehrfach in den Boden stechen und im Kühlschrank eine Stunde ruhen lassen.
Den Backofen vorheizen. Backpapier auf den Teigboden legen, Backerbsen einfüllen und 10 Minuten backen. Papier und Erbsen entfernen und noch weitere 5 Minuten backen.
Den Kürbis schälen. Die Kerne entfernen und das Fruchtfleisch in 1 cm große Würfelchen schneiden. Diese Kürbiswürfel mit Apfelmost und Zimt bei schwacher Hitze etwa 15 Minuten kochen. Dann abkühlen lassen und mit einer Gabel grob zerdrücken. Das Eigelb mit Honig und Butter verrühren und zu dem Kürbismus geben. Den Orangensaft nach und nach unterrühren. Die Masse darf aber nicht zu flüssig werden. Lieber etwas weniger Saft nehmen. Mit Ingwer abschmecken. Das Eiweiß mit etwas Zucker sehr steif schlagen, Stärkepuder über das Eiweiß geben. Mit einer Gabel sanft untermischen. Die Hälfte des Eiweißes unter die Kürbismasse ziehen, und diese anschließend auf den vorgebackenen Boden streichen. Den restlichen Eischnee auf die Kürbismasse geben und 40 Minuten bei 200 °C fertig backen.

Weizenschrotbrot

500 g Weizenmehl, 150 g Weizenschrot, 50 g Hefe, 1 Teelöffel Zucker, 1/4 l lauwarme Milch, 2 Teelöffel Salz, 2 Teelöffel gemahlener Kümmel.

Weizenmehl und -schrot in einer Schüssel mischen, eine Mulde hineindrücken. Hefe mit 1 Teelöffel Zucker, 5 Eßlöffel lauwarmer Milch und etwas Mehl zum Vorteig verrühren. Den Vorteig in die Mulde gießen. Die Schüssel mit einem Tuch bedecken und 20 bis 30 Minuten warm stellen. Übrige Milch, Salz und Kümmel zum Vorteig geben. Alle Zutaten zu einem glatten Teig verarbeiten. 10 Minuten gut durchkneten. Aus dem Teig eine Kugel formen. Auf ein gefettetes Backblech legen und zugedeckt 30 bis 40 Minuten gehen lassen. Das Brot im vorgeheizten Ofen bei guter Mittelhitze in etwa 60 Minuten backen. Vor dem Backen eine Tasse heißes Wasser mit in den Ofen stellen.

Käse-Sanddorn-Torte

5 Eigelb, 3 Eßlöffel warmes Wasser, 125 g Zucker, 175 g Weizenvollkornmehl (Type 1700), 1 Teelöffel Backpulver, 5 Eiweiß.

10 Blatt weiße Gelatine, 150 ml Sanddornsaft, 250 g Magerquark, 300 ml Magermilch-Joghurt, 100 g Zucker, 250 ml Sahne.

4 Eßlöffel Haferflocken, 2 Eßlöffel gemahlene Mandeln, 2 Teelöffel Zucker.

Die Eigelb so lange mit dem warmem Wasser schlagen, bis eine dickliche Masse entstanden ist. Nach und nach den Zucker einrühren, er muß sich völlig auflösen. Mehl und Backpulver mischen und unter die Eicreme heben. Die Eiweiß steif schlagen und unterziehen. Den Biskuitteig in eine nur am Boden gefettete und mit Backpapier ausgelegte Springform füllen. Ca. 20–25 Minuten bei 200 °C backen.

Den Tortenboden etwas abkühlen lassen, vorsichtig stürzen und das Backpapier entfernen. Vollständig auskühlen lassen.

Für die Füllung die Gelatine in 3 Eßlöffel Sanddornsaft einweichen. Quark, Joghurt und den restlichen Sanddornsaft mit Zucker verrühren. die Gelatine erwärmen, bis sie sich aufgelöst hat und unter die Quark masse ziehen. Kalt stellen. Die Sahne steif schlagen und zufügen, wenn die Quarkmasse fest zu werden beginnt.

Den Tortenboden zweimal quer teilen, mit der Quarkmasse füllen und auch oben bestreichen. Die Haferflocken mit Mandeln und Zucker mischen und in einer trockenen Pfanne goldgelb rösten. Die gut gekühlte Torte erst kurz vor dem Servieren mit den Haferflocken verzieren.

Buttermilchschrotbrot

*500 g Roggenschrot, 500 g Weizenmehl, 60 g Hefe,
1 Teelöffel Zucker, reichlich 1/4 l lauwarmes Wasser,
1/4 l Buttermilch, 2 Teelöffel Salz.*

Roggenschrot und Weizenmehl in einer Schüssel mischen. Eine Mulde hineindrücken. Hefe mit etwas lauwarmem Wasser, 1 Teelöffel Zucker und etwas Mehl zum Vorteig verrühren, in die Mehlmulde gießen. Die Schüssel zugedeckt 20 Minuten an einen warmen Ort stellen. Das restliche lauwarme Wasser, Buttermilch und Salz dazugeben und 20 Minuten lang alles kräftig durchkneten, damit ein glatter Teig entsteht. Anschließend einen Brotlaib formen, der nochmals 1 Stunde an einem warmen Ort gehen sollte. Das Brot im vorgeheizten Ofen bei guter Mittelhitze knapp 1 1/2 Stunden backen. Die Hitze nach 20 Minuten etwas drosseln.

Vollkornbrötchen

*250 g Weizenschrot, 250 g Weizenmehl, 40 g Hefe,
1 Teelöffel Zucker, reichlich 1/4 l Wasser, 1 Teelöffel Salz.*

Weizenschrot in eine Schüssel geben, Weizenmehl darübersieben, alles mischen und eine Mulde hineindrücken. Hefe, Zucker, 8 Eßlöffel lauwarmes Wasser und etwas Mehl verrühren. Diesen Vorteig in die Mehlmulde gießen. Die Schüssel abdecken und den Vorteig etwa 25 Minuten gehen lassen. Das restliche lauwarme Wasser und Salz dazugeben und alle Zutaten gründlich zu einem glatten Teig verarbeiten. Semmeln formen, auf ein gefettetes Backblech legen und nochmals gehen lassen. Vor dem Backen längs einschneiden. Bei Mittelhitze 20 bis 25 Minuten backen.

Baisermasse

Für Baisermasse müssen die Eier sauber getrennt werden. Das Eiweiß darf keine Eigelbspuren enthalten, es läßt sich sonst nicht steif schlagen. Gefäß und Rührquirle müssen fettfrei sein.

Das Eiweiß zuerst ohne Zuckerzugabe steif schlagen, dann löffelweise Puderzucker oder möglichst feinen Zucker unterschlagen, zuletzt restliche Zutaten dazugeben.

Baisermasse in der Backröhre mehr trocknen als backen (bei etwa 100 °C), die Ofentür einen Spalt geöffnet lassen. Zum Backen sollte die Masse auf Butterbrotpapier gespritzt und auf das bereits heiße Backblech gezogen werden. Ungeübte sollten die gewünschte Form auf das Papier zeichnen.

Die Backzeit hängt von der Stärke des Gebäckes ab.
Baisergebäck soll noch hell, aber innen völlig trocken sein.

Baisermasse, die noch feucht ist, hält sich schlecht und ist geschmacklich weniger wertvoll.

Kleine Baisers eignen sich gut zum Garnieren von Torten, werden aber auch gern mit Eiscreme oder Sahne gefüllt.

Grundrezept I für Baisermasse

4 Eiweiß, Salz, 180 g Zucker, 1/2 Päckchen Vanillinzucker oder eine Messerspitze abgeriebene Zitronenschale.

Die gut gekühlten, leicht gesalzenen Eiweiß schlagen und erst gegen Ende der Schlagzeit nach und nach die Hälfte des Zuckers zugeben. Den restlichen Zucker und den Vanillinzucker zuletzt mit einem Holzlöffel unterheben, damit die Masse ihre luftige Konsistenz nicht verliert. Nach Rezeptvorschrift verarbeiten.

Grundrezept II für Baisermasse

6 Eiweiß, Salz, 100 g feiner Zucker, 150 g Puderzucker, 1 Päckchen Vanillinzucker.

Die gut gekühlten, leicht gesalzenen Eiweiß nahezu steif schlagen. Zunächst die Hälfte des klaren Zuckers zugeben, nochmals schlagen und den übrigen klaren Zucker zuschütten. Den gesiebten Puderzucker zuletzt mit einem Holzlöffel unter den steifen Eischnee heben. Mit Vanillinzucker würzen. Nach Rezeptvorschrift verarbeiten.

Baiserringe

Baisermasse nach Grundrezept, Schokoladencreme, siehe Seite 197, Schokoladenplätzchen.

Die Baisermasse ringförmig auf Papier spritzen und auf heißem Blech bei milder Hitze trocknen lassen. Nach dem Erkalten jeden Ring mit einem dünnen Kranz Schokoladencreme bespritzen und mit Schokoladenplätzchen garnieren.

Mokkabaisers

Baisermasse nach Grundrezept II, 1 Eßlöffel lösliches Kaffeepulver.

Bei der Bereitung der Baisermasse mit dem letzten Puderzucker das Kaffeepulver zugeben. Die Masse auf Papier anordnen, den Bogen auf ein heißes Blech ziehen und bei milder Wärme trocknen lassen. – Mokkabaisers entstehen auch, wenn jeweils zwei Baisers mit Mokkaglasur, siehe Seite 203, zusammengesetzt werden.

Fruchtbaisers

Baisermasse nach Grundrezept, 2 Eßlöffel rotes Fruchtgelee, Mandel- oder Nußhälften.

Die steife Baisermasse mit dem flüssigen, abgekühlten Fruchtgelee färben. Das Papier mit den Baisertupfen auf ein heißes Backblech ziehen, jedes Baiser mit einer Mandelhälfte garnieren und bei milder Wärme trocknen lassen. – Diese Baisers sind nicht so weiß wie die einfachen, haben aber einen kräftigeren Geschmack.

Butzliebchen

Baisermasse nach Grundrezept, 65 g geriebene geröstete Nüsse, Schokoladenglasur.

Die Baisermasse und die Nüsse locker untereinanderheben. Entweder mit dem Spritzbeutel oder mit zwei Teelöffeln kleine Tupfen auf Papier setzen und auf heißem Blech bei geringer Hitze trocknen lassen. Nach dem völligen Erkalten mit Schokoladenglasur überziehen oder verzieren.

Gefüllte Baisers

Baisermasse nach Grundrezept, Schlagsahne, Schlagcreme, Buttercreme oder Speiseeis.

Die Baisermasse aus einem Beutel mit großer Tülle als dicke Tupfen (etwa 5 cm Durchmesser) auf Papier spritzen. Auf heißem Blech bei milder Wärme trocknen lassen. Nach völligem Erkalten vorsichtig leicht aushöhlen und jeweils zwei Baiserschalen mit steifer Schlagsahne, Creme oder Eis zusammensetzen.

Schokoladenschmätzchen

Baisermasse nach Grundrezept, 2 bis 3 Eßlöffel Kakao.

Mit dem letzten Zucker den Kakao vermischen und unter den steifen Eischnee ziehen. Entweder mit dem Spritzbeutel oder mit zwei Teelöffeln kleine Tupfen auf Papier setzen und auf heißem Blech bei milder Hitze trocknen lassen.

Mandelbaiser-Stäbchen

Baisermasse nach Grundrezept,
65 g geriebene Mandeln, einige Tropfen Bittermandelaroma.

Unter die Baisermasse rasch die geriebenen Mandeln und das Bittermandelaroma ziehen und etwa 8 cm lange Streifen auf Papier spritzen. Auf heißem Blech bei milder Hitze trocknen lassen.

Baiserschnittchen

Zwiebäcke, Toastbiskuits oder Rührkuchenscheiben,
Konfitüre, Baisermasse nach Grundrezept.

Die Zwiebäcke leicht mit Konfitüre bestreichen und mit Baisermasse überziehen. Auf gefettetem Blech bei milder Wärme trocknen lassen. – Für die Bereitung dieses Gebäcks eignet sich auch sehr gut eine der vorstehenden Baisermassen.

Weiße Fruchtschnitten

6 bis 8 Scheiben Sand- oder Rührkuchen,
8 Eßlöffel Rum oder Weinbrand, abgetropfte Früchte, 6 bis 8 Baisers.

Die Kuchenscheiben mit Rum beträufeln und mit abgetropften Früchten (auch Gefrierobst) belegen. Auf jede Scheibe eine Baiserschale setzen. – Die Baisers können mit Schlagsahne oder Creme gefüllt sein und lassen sich auch auf Torteletts setzen.

Sahne-Baisertorte

Anderthalbfache Menge Baisermasse nach Grundrezept,
etwa 3/8 l Schlagsahne, 3 bis 4 Scheiben Ananas
oder andere zarte Früchte.

Zwei tellergroße Kreise auf Papier zeichnen und die Baisermasse so darauf spritzen, daß ein einfacher und ein verzierter (Gitter mit Rosettenkranz) Tortenboden entstehen. Das Papier auf ein heißes Backblech ziehen und die Böden bei mäßiger Wärme trocknen lassen. Unter die steif geschlagene Sahne die abgetropften Ananaswürfelchen mischen. Damit den einfachen, auf eine Tortenplatte gelegten Baiserboden bestreichen und den verzierten Boden daraufsetzen. – Anstelle des unteren Baiserbodens kann ein Biskuitboden, siehe Seite 55, verwendet werden. Schlagsahne und Ananas lassen sich durch Schokoladen- oder Mokkacreme ersetzen.

Baiser-Makronentörtchen

Mandelmasse nach Grundrezept, siehe Seite 127, 1 Apfelsine oder 1 Apfel, Baisermasse nach Grundrezept.

Die Mandelmasse reichlich halbvoll in leicht gefettete, ausgestäubte Törtchenformen füllen. Jeweils eine Apfelsinenspalte oder einen Apfelschnitz hineinstecken und bei mäßiger Mittelhitze etwa 15 Minuten backen. Auf jedes Törtchen Baisermasse spritzen und bei milder Wärme trocknen lassen. Die Baisermasse soll den Rand der Törtchenformen nicht berühren, damit sich die Törtchen gut herausheben lassen. – Anstelle von frischem Obst lassen sich auch Sultaninen oder Korinthen verwenden.

Erikaschnitten

1 Packung gefrorener Blätterteig, 1 Ei, Himbeerkonfitüre, Baisermasse nach Grundrezept, Schokoladendekor.

Die Blätterteig-Rechtecke an den Rändern ganz vorsichtig mit verquirltem Ei bestreichen (es darf nichts herunterlaufen!). In die Mitte jedes Teigstückes ein wenig Himbeerkonfitüre geben. Darüber Baisermasse spritzen und kreuzweise mit Blätterteigstreifchen belegen, die seitlich leicht angedrückt werden. Die Streifen ebenfalls vorsichtig mit dem verquirlten Eirest bestreichen und bei milder Hitze backen lassen. Beliebig mit Schokoladenzuckerstreuseln oder Schokoladendekor garnieren.

Und hier noch ein paar Rezepte, die zwar keine Baisermasse vorschreiben, aber ebenfalls ciweißreich sind oder zu einem ähnlichen Ergebnis, wie mit Baisermasse bereitet, führen:

Eiweißplätzchen

200 g Margarine, 375 g Zucker, 150 g geriebene Mandeln, 200 g Mehl, 8 Eiweiß, Salz, Zitronenaroma, Schokoladenglasur.

Margarine und Zucker schaumig schlagen, nach und nach Mandeln und das gesiebte Mehl zugeben. Den leicht gesalzenen Eischnee und das Zitronenaroma unterheben. Häufchenweise bei mäßiger Mittelhitze auf gefettetem Blech backen. Nach Wunsch mit Schokoladenglasur überziehen.

Prager Baisertörtchen

2 Eigelb, 80 g Puderzucker, 1 Päckchen Vanillinzucker, Zitronenaroma, knapp 2 Teelöffel Speisestärke, knapp 1/2 Teelöffel Backpulver.

Eigelb, Puderzucker, Gewürz, Speisestärke und Backpulver recht gut miteinander verrühren und den Teig in gefettete, ausgestäubte Törtchenformen füllen. Bei milder Hitze backen. Wie alle Baisers trocken aufbewahren und vor dem Verbrauch entweder mit Schokoladenglasur überziehen oder mit Schlagsahne und Obst garnieren.

Baiser-Beeren-Törtchen

4 fertig gekaufte Torteletts, 150 g entstieltes Beerenobst, etwas Puderzucker.

Baiserguß: 1 Eiweiß, 4 Teelöffel Zucker.

Die Törtchen nebeneinander legen und die Beeren darauf verteilen, mit Puderzucker besieben. Das Eiweiß und den Zucker zu Schnee schlagen, als Häubchen auf die Früchte setzen und im vorgeheizten Ofen den Baiserguß hellbraun werden lassen. – Gemischtes eingezuckertes Obst oder abgetropfte Kompottfrüchte eignen sich auch.

Baisertorte mit Erdbeeren

5 Eiweiß, 300 g Puderzucker, 1 Päckchen Vanillinzucker, 3 Teelöffel Zitronensaft.

500 g Erdbeeren, Zucker, 1 Päckchen Tortenguß, 1/8 l Schlagsahne.

Die Eiweiß mit dem Schneebesen oder einem Rührgerät schnittfest schlagen, nach und nach unter weiterem Schlagen Zucker, Vanillinzucker und

Zitronensaft dazugeben. Den Boden einer Springform mit Pergamentpapier oder Alufolie belegen. Die Baisermasse in den Spritzbeutel mit glatter Tülle geben und spiralförmig eine gleichmäßige Schicht auf das Papier spritzen. Einen erhöhten glatten Rand spritzen, dann mit der Sterntülle in regelmäßigen Abständen Tupfen auf den Rand setzen. Den Baiserboden bei geringster Hitze mehr trocknen als backen; eventuell die Backofentür einen Spalt offenlassen. Noch warm von der Unterlage lösen. Kurz vor dem Servieren ganze oder halbierte Erdbeeren auf den Tortenboden legen, mit Zucker bestreuen und mit dem nach Vorschrift bereiteten Tortenguß überziehen. Vor dem Servieren mit Schlagsahnetupfen verzieren.

Schoko-Baiser-Torte

6 Eiweiß, 300 g Zucker.

150 g Margarine, 150 g Zucker, 6 Eigelb, 1 1/2 Eßlöffel Kakao, 1/4 l süße Sahne.

1/8 l süße Sahne, Blockschokolade.

Die Eiweiß steif schlagen und den Zucker unterrühren. Drei Springformböden von etwa 24 cm Durchmesser mit gefetteter Alufolie auslegen, mit der Baisermasse bespritzen oder bestreichen und bei 100 °C etwa 60 Minuten mehr trocknen als backen. Es ist ratsam, die Backofentür einen Spalt offenzulassen. Margarine, Zucker, Eigelb und Kakao bei schwacher Hitze unter ständigem Rühren bis zum Kochen bringen, erkalten lassen und dann die steif geschlagene Sahne unterheben. Die Baiserböden aufeinandersetzen, zwischen die einzelnen Böden die Schokocreme geben. Steife Schlagsahne auf dem Baiserkuchen verteilen und mit Schokoraspeln garnieren. Etwa 6 Stunden vor dem Servieren kühl stellen.

Ohne zu backen

Auch ohne Herdröhre oder Backform können Spezialitäten für den Kaffee- oder Teetisch bereitet werden.

Die folgenden Rezepte lassen sich ohne weiteres durch Hinweise aus dem Kapitel „Mürbeteig“ ergänzen (Seite 7), wenn davon ausgegangen wird, daß fertiggekaufte Tortenböden, Mürbchen, Keks oder Toastbiskuits verwendet werden.

Cremes, Füllungen und Glasuren (ab Seite 194) helfen ebenfalls, rasch ein appetitliches Gebäck zu bereiten; Rühr- oder Sandkuchen kann rasch in eine Torte umgewandelt werden.

Pikantes „Gebäck“ kann sehr schnell aus Waffelbrot und einer herzhaften Fülle (ab Seite 199) hergestellt werden.

Die meisten ungebackenen Spezialitäten sollten vor dem Auftragen gut gekühlt werden.

Mit Hilfe der modernen Küchentechnik lassen sich auch beim Backen eine Reihe von zeit- und kraftaufwendigen Arbeiten schnell und mühelos erledigen.

Maraschinotörtchen

Zitronenglasur, siehe Seite 203,
Maraschinofrüchte, Kekse oder Mürbchen.

Zitronenglasur und feingehackte Maraschinofrüchte untereinandermischen und auf den Keksen anordnen.

Nußbiskuits

65 g Butter oder Feinmargarine, 65 g Puderzucker, 1 Eigelb,
1 Eßlöffel Kakao, ein walnußgroßes Stück Kokosfett,
1 Eßlöffel Rum oder Weinbrand, 100 g geriebene Nüsse,
3 bis 4 Päckchen Toastbiskuits.

Butter und gesiebten Puderzucker schaumig schlagen, Eigelb, Kakao, tropfenweise das zerlassene Kokosfett, Rum und geriebene Nüsse unterrühren. Die Hälfte der Toastbiskuits mit dieser Masse bestreichen, jeweils ein zweites Biskuit auflegen und mit Nußcremetupfen garnieren. Anstelle von Rum und Nüssen können 2 bis 3 Eßlöffel Instant-Kaffee zugegeben werden, so daß eine Mokkacreme entsteht.

Obsttörtchen

1 bis 2 Eier, 125 g Puderzucker, 65 g leicht, geröstete Mandelsplitter
oder Haferflocken, Bittermandelöl, 6 Mürbchen,
frisches oder gut abgetropftes gedünstetes Obst, Salz.

Eigelb und die Hälfte des Puderzuckers schaumig schlagen, die gerösteten Mandeln und das Aroma zugeben und diese Creme auf den Mürbchen verteilen. Die Früchte darauf legen. Das leicht gesalzene Eiweiß nahezu steif schlagen, zuletzt den restlichen Puderzucker nach und nach unterziehen und als Häubchen obenauf setzen.

Quarktörtchen

6 Torteletts, Himbeersirup, Kokosraspel, 1 Ei,
1 Päckchen Vanillinzucker oder Zitronenaroma, Zucker, 500 g Quark,
1/4 l Kirschsaft, 1 Päckchen Götterspeise Kirschgeschmack,
gedünstete Kirschen.

Die Torteletts mit Himbeersirup bestreichen und mit Kokosraspeln bestreuen. Ei, Vanillinzucker, Zucker und nach Wunsch auch etwas Butter recht schaumig schlagen, den Quark zugeben und, sofern kein elektrisches Gerät zur Verfügung steht, die Masse durch ein Sieb streichen. Die mit 1/4 l Kirschsaft vorschriftsmäßig bereitete Götterspeise abgekühlt unter den Quark rühren und bei Beginn des Gelierens auf den Torteletts verteilen. Mit abgetropften Kirschen garnieren.

Apfeltörtchen

Mürbchen oder Keks, Konfitüre, kurz gedünstete Apfelhälften, 1 Päckchen Studentenfutter, 1 Päckchen heller Tortenguß.

Die Mürbchen mit Konfitüre bestreichen, aus den abgetropften Apfelhälften vorsichtig das Kernhaus entfernen und dafür Studentenfutter einfüllen. Mit der Wölbung nach oben auf die Mürbchen setzen und mit dem vorschriftsmäßig bereiteten Tortenguß überziehen. Nach Wunsch mit Schlagsahne garnieren.

Lukullus

300 g Kokosfett, 125 g klarer oder Puderzucker, 45 g Kakao, 2 bis 3 Eier, 2 Pakete Butterkeks (Tortenkeks).

Das Kokosfett auf kleiner Flamme zerlaufen lassen. Inzwischen Zucker, Kakao und Eier verrühren und das sich abkühlende Fett ganz allmählich, fast tropfenweise, zugießen. In eine mit Butterbrotpapier ausgelegte Kastenform eine Schicht Lukullusmasse streichen, darauf Keks anordnen und so fortfahren, bis die Schokoladenmasse aufgebraucht ist, zuoberst sollen Kekse liegen. Nach dem völligen Festwerden aus der Form stürzen und, nach Wunsch mit Mandelhälften oder Schokoladenplätzchen garniert, in Scheiben schneiden. – Durch die Zugabe von 1/2 Teelöffel Instant-Kaffeepulver, 1 Eßlöffel Rum, 1/2 Päckchen Vanillinzucker, Bittermandelöl oder Zitronenaroma läßt sich die Lukullusmasse geschmacklich verändern.

Lukullustorte

1 Mürbeteigboden, Lukullusmasse, kleine Gebäckstücke oder Schokoladenplätzchen.

Den Mürbeteigboden mit beliebig abgeschmeckter Lukullusmasse bestreichen und nach dem Festwerden garnieren.

Schokoladenzapfen

150 g Zwieback- oder Kuchenbrösel, 50 g geriebene Mandeln, Bittermandelöl, 40 g Kakao, 200 g Puderzucker, 200 g Kokosfett, Waffelstäbchen.

Zwiebackbrösel (Kuchenbrösel leicht rösten), Mandeln, Kakao und gesiebten Puderzucker locker untereinandermischen. Das etwa zimmerwarme Kokosfett schaumig schlagen, nach und nach die Bröselmasse und nach Wunsch auch ein Gläschen Rum zugeben. Eine Zapfenform gründlich ölen, die Hälfte der Schokoladenmasse einfüllen, Waffelstäbchen auflegen und mit der restlichen Schokoladenmasse abdecken. Festdrücken, kalt stellen und stürzen. – Die Schokoladenmasse kann auch mit Margarine oder Butter bereitet werden und eignet sich als Belag für einen Tortenboden oder Torteletts oder zur Herstellung eines Lukullus ebenfalls.

Ungebackene Quarktorte

*1 Mürbeteigboden, Fruchtsirup,
2 Eier, 1 Päckchen Vanillinzucker, Zitronenaroma,
100 g Zucker, Salz,
650 g Quark, 1/4 l Wasser, 2 Eßlöffel Rum, 10 g Gelatine,
50 g gehackte Mandeln.*

Den Mürbeteigboden auf eine Tortenplatte legen und, wenn gewünscht, mit Fruchtsirup bestreichen. Eigelb, Gewürz und Zucker recht schaumig schlagen, den Quark unterrühren und, sofern kein elektrisches Gerät zur Verfügung steht, durch ein Sieb streichen. Das Wasser aufkochen, vom Feuer nehmen, sofort den Rum zugießen und die in wenig kaltem Wasser vorgeweichte Gelatine darin auflösen. Nach völligem Erkalten ebenso wie den leicht gesalzenen steifen Eischnee unter die Quarkmasse ziehen und auf dem Tortenboden breitstreichen, einen Teil nach Wunsch auch aufspritzen. Mit gehackten, leicht gerösteten Mandeln bestreuen. – Anstelle von Wasser und Rum läßt sich auch Fruchtsaft verwenden. Dann kann unter die Quarkmasse noch geschmacklich zum Fruchtsaft passendes Obst gemischt werden.

Schlagcreme-Biskuittorte

2 Päckchen Toastbiskuits, starker Kaffee, Schlagcreme, siehe Seite 195, Früchte oder Pralinen.

Die Toastbiskuits mit starkem, kaltem Kaffee anfeuchten und tortenbodenähnlich auf einer Platte anordnen. Die Schlagcreme entweder daraufstreichen oder -spritzen und mit Früchten oder Pralinen garnieren. – Durch Zugabe von ein wenig Instant-Kaffee kann die Schlagcreme geschmacklich verändert werden, dann Mokkabohnen zum Garnieren verwenden. Eine sehr feine Torte entsteht ebenfalls, wenn frische trockene Erdbeeren unter die Schlagcreme gehoben werden.

Quark-Sahne-Torte

1 Wiener Tortenboden.

30 g Gelatine, 4 Eigelb, 200 g Zucker, 1 Päckchen Vanillinzucker, 1 kg Quark, 3 Eßlöffel Zitronensaft, Zitronenaroma, 1 Prise Salz, 1/2 l Schlagsahne, 1/2 Glas Erdbeerkonfitüre oder 200 g Preiselbeeren, etwas Puderzucker.

Den Wiener Boden einmal mit einem Sägemesser oder Zwirnsfaden aufschneiden, den unteren Boden in eine Springform setzen. Die Gelatine in wenig kaltem Wasser einweichen. Eigelb, Zucker und Vanillinzucker schaumig rühren. Quark, Zitronensaft, Backaroma und Salz nacheinander zugeben und verrühren. Die Gelatine im heißen Wasserbad auflösen und sofort unter die Quarkmasse rühren. Kühl stellen, bis die Masse beginnt, dicklich zu werden.

Die Sahne steif schlagen und ebenfalls unter die Quarkmasse heben. Den Boden in der Springform mit Konfitüre bestreichen, die Quark-Sahne-Creme darauffüllen und glattstreichen. Die andere Tortenhälfte daraufsetzen und leicht andrücken.

Die Torte im Kühlschrank 6 Stunden gut durchkühlen lassen. Noch besser ist es, sie 1 Tag vorher zuzubereiten. Vor dem Servieren die Torte auf eine Kuchenplatte heben und mit Puderzucker bestäuben.

Erdbeer-Quark-Torte

1 Biskuit-Tortenboden, 1 Beutel Gelatine, 250 g Quark, 75 g Zucker, 2 Päckchen Vanillinzucker, 1 Zitrone, Zitronenaroma, 1/4 l Schlagsahne, 750 g Erdbeeren.

Den Tortenboden auf eine Tortenplatte setzen. Die Gelatine nach Anweisung auflösen. Den Quark mit Zucker, Vanillinzucker, Zitronensaft und Backaroma schaumig rühren. Die Sahne steif schlagen und unter die Quarkcreme heben. Die vorbereitete Gelatine mit dem Schneebesen unter die Quarkcreme rühren und die Creme auf den Tortenboden streichen. Die Torte etwa 1 Stunde kalt stellen. Die Erdbeeren halbieren und die Torte damit belegen. Nach Belieben mit Schlagsahne garnieren.

Nuß-Sahne-Torte

1 Wiener Boden, 1/2 l Schlagsahne, 2 Eßlöffel Puderzucker, 1 Päckchen Vanillinzucker, 80 g Nüsse, 1 Päckchen weiße Gelatine.

100 g Puderzucker, 3 Eßlöffel grob gehackte Nüsse.

Den Wiener Boden mit Zwirnsfaden in 3 dünne Tortenböden teilen. Einen Boden davon in eine Springform legen. Die Schlagsahne ganz steif schlagen; Puderzucker, Vanillinzucker und gemahlene Nüsse unterheben und zum Schluß die nach Vorschrift aufgelöste Gelatine unterziehen. Diese Nußsahne in die Springform füllen. Die oberste Tortenplatte mit dickflüssigem Zuckerguß bestreichen, grob gehackte Nüsse daraufstreuen und diese Teigplatte mit Hilfe einer Pappe auf die Nußsahne schieben. Vor dem Auftragen gut kühlen. Der übrige 3. Tortenboden kann für eine Obsttorte verwendet werden.

Cremes und Füllungen

Bei Cremes ist es besonders wichtig, die Rezepte genau zu befolgen, denn eine Creme soll den Geschmack verfeinern und zugleich Garnitur sein.

Wegen des hohen Fett-, mitunter auch Milchanteils sollten Zutaten für Cremes etwa die gleiche Temperatur haben. Sollte eine Creme doch einmal grießelig geworden sein, kann sie über dem Wasserbad wieder glattgerührt werden. Etwas zerlassenes Kokosfett, das rasch unter die Creme gerührt wird, bindet aber auch.

Creme nach der Bereitung noch einmal kühl stellen. Sie läßt sich exakter aufstreichen oder spritzen.

Creme bekommt mehr Stand, wenn zuletzt eine kleine Menge aufgelöste Gelatine (5 g) zugegeben wird.

Beim Spritzen können verschiedene Tüllen verwendet werden; zu Tütchen gerolltes Butterbrotpapier eignet sich auch als Spritzbeutel für kleine Cremmengen. Sie können zum Garnieren verwendet werden.

Eine mit Creme gefüllte Torte läßt sich am besten in Stücke schneiden, wenn das scharfe Messer vor jedem Schnitt in heißes Wasser getaucht wird.

Das gleiche Gebäck kann auch mit einer anderen Creme oder Füllung bereitet werden.

Vanillecreme

1/4 l Milch, 50 g Zucker, 1/2 Päckchen Puddingpulver Vanillegeschmack, Salz, 3 Eiweiß.

Aus Milch, Zucker und Puddingpulver in der üblichen Weise einen Pudding kochen. Etwa ein Drittel des zusammen mit einer Prise Salz steif geschlagenen Eiweißes unter flottem Rühren ganz kurz darin aufkochen lassen. Vom Feuer nehmen, weiterrühren und den übrigen Eischnee unterheben. Eine wohlschmeckende, dabei aber sehr leichte und deshalb bekömmliche Creme!

Schlagcreme

125 g Butter, 15 g Kokosfett, 1/4 l Milch, 1 Eigelb, 2 Eßlöffel Zucker.

Butter, Kokosfett und Milch erhitzen, bis das Fett völlig geschmolzen ist. Auf etwa 40 Grad abkühlen lassen, das Eigelb zugeben und drei Minuten elektrisch mixen. In einem hohen Gefäß, mit einem Tuch bedeckt, 24 Stunden in den Kühlschrank stellen. In einer breiten Schüssel schlagen – das ist auch mit dem Schneebesen, also mit der Hand, möglich – und zuletzt den Zucker nach Geschmack zugeben. – Eigelb und Kokosfett können bei dieser Cremebereitung auch wegbleiben, dann aber die Buttermenge auf 150 g erhöhen.

Buttercreme

I. 1/2 l Milch, 125 g Puderzucker, Salz, 1 Päckchen Puddingpulver Vanillegeschmack, 250 bis 300 g Butter.

3/8 l Milch, Puderzucker und eine Prise Salz aufkochen und mit dem in der übrigen Milch angerührten Puddingpulver dicken. Während des Abkühlens hin und wieder rühren oder einen kleinen Teil des Puderzuckers erst nach dem Kochen darüberstreuen, damit sich keine Haut bildet. Die Butter recht schaumig schlagen und löffelweise den völlig erkalteten Pudding unterrühren. Ist der Pudding nicht ganz glatt und geschmeidig, dann muß er vorher durch ein Sieb gestrichen werden.

II. 250 g Butter, 200 g Puderzucker, 1 Eigelb.

Unter die schaumig geschlagene Butter nach und nach den gesiebten Puderzucker und das Eigelb rühren.

*III. 3/8 l Milch (auch halb Milch, halb Sahne),
1 Päckchen Puddingpulver Vanille-, Sahne- oder Mandelgeschmack,
75 g Zucker, Salz, 75 g Butter.*

In 1/8 l Milch das Puddingpulver anrühren. Die übrige Milch, Zucker und eine Prise Salz aufkochen und mit dem Puddingpulver dicken. Sofort die Butter unterrühren und, wenn gewünscht, nach weiterer Abkühlung auch ein Eigelb. Während des Erkaltens von Zeit zu Zeit umrühren oder die Masse mit ein wenig Puderzucker besieben, damit sich keine Haut bildet.
Durch Zugabe von Vanillinzucker, Kakao, Kaffeepulver, Bittermandelöl, Zitronenaroma, wenig Fruchtsaft (Zitrone, Apfelsine, Ananas), Rum, Weinbrand, Arrak oder Fruchtlikör kann der Geschmack der Buttercreme beliebig verändert werden.

Fruchtcreme

I. Buttercreme nach Grundrezept, 125 bis 150 g frische Früchte.

Unter die schaumig gerührte Buttercreme die recht gut abgetropften, gehackten Früchte mischen.

*II. 1/2 l Apfelwein oder -saft,
1 Päckchen Puddingpulver Mandelgeschmack, 20 g Zucker,
200 g Butter oder Margarine, 125 g Puderzucker.*

Aus Apfelwein, Puddingpulver und Zucker in der üblichen Weise einen Pudding bereiten. Während des Abkühlens mehrfach rühren. Zur schaumig geschlagenen Butter nach und nach den gesiebten Puderzucker und löffelweise den völlig erkalteten Pudding geben.

*III. 10 g Gelatine, 3 bis 5 Eßlöffel Sauerkirschsaft,
1 Päckchen Vanillinzucker, Schlagcreme nach Grundrezept.*

Die vorgeweichte Gelatine in dem gesüßten, kochendheißen Kirschsaft auflösen und bei Beginn des Gelierens unter die Schlagcreme oder -sahne ziehen.

Quarkcreme

*100 g Butter, 2 bis 3 Eier, 125 g Zucker,
2 Eßlöffel Rum, 1 Päckchen Vanillinzucker, Salz, 375 g Quark,
10 g Gelatine, 1/8 l Wasser, Zitronenaroma.*

Zur schaumig geschlagenen Butter nach und nach Eigelb, Zucker, Rum und Gewürz geben. Den Quark unterrühren und, sofern kein elektrisches Gerät zur Verfügung steht, die Masse durch ein Sieb streichen. Die in ganz wenig kaltem Wasser vorgeweichte Gelatine in dem siedendheißen, aber nicht mehr kochenden Wasser, das mit Zitronenaroma gewürzt wurde, auflösen und erkaltet unter die Quarkcreme rühren, sofort den steifen Eischnee unterheben.

Schokoladencreme

*1/8 l Kaffee, 70 g Zucker, 3/8 l Milch, 1 Eßlöffel Kakao,
1 Päckchen Puddingpulver Schokoladengeschmack,
150 g Puderzucker, 250 g Butter.*

Kaffee, Zucker und 1/4 l Milch aufkochen. In der übrigen Milch Kakao und Puddingpulver anrühren und in die siedende Flüssigkeit geben, dabei den gesiebten Puderzucker zuschütten. Unter die schaumig geschlagene Butter löffelweise den völlig erkalteten Pudding rühren.

Käsecreme

*2 Ecken Schmelzkäse oder 80 g Reibekäse, 125 g Margarine,
1 Eßlöffel Tomatenketchup, Salz, Paprika.*

Zum schaumig geschlagenen Schmelzkäse nach und nach die Margarine rühren und die sahnige Masse mit den übrigen Zutaten kräftig abschmecken.

Rumfüllung

*150 g geriebener Pumpernickel, eine halbe Tafel Schokolade,
2 Eßlöffel Zucker, 1/2 Päckchen Vanillinzucker, 1 Eßlöffel Fruchtsirup,
2 Eßlöffel Rum, Bittermandelöl, etwa 1/4 l steife Schlagsahne
oder -creme.*

Zum Pumpernickel die geriebene Schokolade, Zucker, Vanillinzucker, Fruchtsirup und Rum geben, nach Wunsch noch mit Bittermandelöl abschmecken und die steife Schlagsahne unterziehen. – Anstelle von Schokolade läßt sich mit Zucker vermischter Kakao verwenden, die Zuckermenge dann verdoppeln.

Quarkfüllung

1 bis 2 Eier, 1 Päckchen Vanillinzucker, Salz, 50 g Zucker, 350 g Quark, Zitronenaroma oder Bittermandelöl, Sahne oder Milch, Korinthen oder Sultaninen.

Eier, Gewürz und Zucker recht schaumig schlagen, den Quark zugeben, abschmecken und so viel Sahne oder Milch unterrühren, daß eine geschmeidige Masse entsteht. Sofern kein elektrisches Gerät zur Verfügung steht, durch ein Sieb streichen. Zuletzt die Korinthen zugeben. – Soll diese Füllung mitgebacken werden, dann einen Eßlöffel Speisestärke oder Puddingpulver unterarbeiten.

Krokantfüllung

30 g Margarine, 150 g Zucker, 100 g Nüsse oder abgesiebte Haferflocken, 3 Eßlöffel Marmelade.

Margarine und Zucker auf kleinster Flamme zergehen lassen. Die nicht zu fein gewiegten Nüsse oder Haferflocken zugeben und unter ständigem Rühren leicht bräunen. Vom Feuer nehmen und die Marmelade unterrühren. – Durch Zugabe von Vanillinzucker oder Kakao läßt sich die Krokantfüllung geschmacklich verändern.

Nougatfüllung

25 g Margarine, 65 g Zucker, 30 g Nüsse, 65 g Butter, 65 g Puderzucker, 25 g Kakao, Zitronenaroma.

Margarine und Zucker erhitzen und ganz leicht bräunen lassen. Die gewiegten Nüsse unterrühren, vom Feuer nehmen und diese Krokantmasse auf einem geölten Teller breitstreichen. Unter die sahnig geschlagene Butter die übrigen Zutaten rühren, zuletzt den durch die Mandelmühle gedrehten Krokant zugeben. Ist die Masse noch zu feucht, dann recht fein gewiegte Nüsse oder Kuchenbrösel untermischen.

Echtes Marzipan

125 g süße Mandeln, Bittermandelöl, 125 g Puderzucker, 1 Eßlöffel Wasser.

Die gebrühten Mandeln abziehen und nach dem völligen Erkalten zweimal durch die Mandelmühle drehen. Den gesiebten Puderzucker untermischen und nochmals zweimal durch die Mandelmühle treiben. Erst dann die Flüssigkeit unterarbeiten. Die Marzipanmasse ausrollen und, sofern sie als Fülle bestimmt ist, der Gebäckgröße entsprechend ausschneiden oder ausstechen. – Statt süßer Mandeln können geschälte Haselnüsse verwendet werden.

Pikante Füllungen

I. 200 bis 250 g Leberwurst, 2 bis 3 hartgekochte Eier, Salz, Tomatenketchup, Kapern.

Die Leberwurst schaumig schlagen und mit den übrigen Zutaten vermengen. Recht pikant abschmecken. – Anstelle von Leberwurst läßt sich auch rohe Bratwurstmasse oder Hackfleisch verwenden.

II. 250 g Sauerkraut, 1 rote Paprikafrucht, 1 Zwiebel, 150 g Schafskäse, 2 Knoblauchzehen, Salz und Pfeffer, 2 Eigelb.

Das Sauerkraut kurz schneiden. Paprika putzen, Zwiebel schälen, beides würfeln. Das Gemüse mit den übrigen Zutaten (Schafskäse zerdrücken!) vermengen.

III. 250 g Hackfleisch, 150 g Geflügelleber, 2 Eßlöffel Öl, 2 Scheiben Toastbrot, etwas heiße Milch, Salz, Pfeffer, Petersilie, 1 bis 2 Eier.

Hackfleisch in kleine Bröckchen zupfen und mit der feingeschnittenen Leber in dem Öl kurz anbraten. Toastbrot mit der heißen Milch überbrühen und ausquellen lassen. Flüssigkeit ausdrücken. Das weiche Brot mit dem gerösteten Fleisch vermengen. Die Masse kräftig mit Salz, Pfeffer und reichlich gehackter Petersilie abschmecken. Zuletzt 1–3 Eier unterrühren (Masse darf nicht zu flüssig sein!)

Garnituren und Glasuren

Die Garnitur soll den Geschmack des Backwerkes wirkungsvoll ergänzen, nicht überdecken oder gar verfälschen – eine Schokoladen- oder Mokkatorte wird mit Schokoladenplätzchen, Pralinen oder Mokkabohnen garniert, Früchte sind ungeeignet.

Peinliche Sauberkeit ist Grundbedingung fürs Garnieren. Ein Topf mit heißem Wasser, ein feuchtes Tuch, ein trockenes Tuch, sauberes Besteck und ein Spritzbeutel sind zum Arbeiten notwendig.

Die einfachste Form, geformtes Gebäck zu verschönern, ist das Bestreichen mit Zuckerwasser, Milch oder verquirltem Ei vor dem Backen. Dadurch entsteht auf dem fertigen Gebäck ein appetitlicher Glanz.

Die Oberfläche von Kleingebäck aus Knetteig läßt sich – ebenfalls vor dem Backen – mit einem halbrunden Reibeisen oder mit einer Gabel rasch verzieren.

Beliebt und unkompliziert ist auch das Zuckern der Oberfläche nach Mustern. Dazu wird, der Tortengröße entsprechend, ein Papierdeckchen gefaltet und in beliebigen Mustern ausgeschnitten. Dieses Deckchen auf die Oberfläche der Torte legen und mit Puderzucker besieben. Nach dem vorsichtigen Entfernen der Schablone ist das Muster auf der Torte sichtbar.

Gebäck mit einer fetthaltigen Glasur (eine einfache Glasur bekäme Risse) wird oft schon dadurch sehr wirkungsvoll, wenn eine Gabel oder ein

Tomatenmesser in gleichmäßigen Abständen durch die Glasur gezogen wird. Dunkle Glasurlinien auf der hellen Glasurschicht ergeben rasch ein schönes Muster, wenn diese Linien in gleichmäßigen Abständen mit dem Messer durchzogen und damit unterbrochen werden. Dieses Muster ist vor allem bei Torten sehr dekorativ, wenn das Messer einmal von außen nach innen und einmal von innen nach außen durchgezogen wird.

Eine besonders festliche Garnitur entsteht, wenn Creme oder Schlagsahne mit Hilfe von Spritzbeutel und -tülle auf das Gebäck gespritzt wird. Dabei ist es zweckmäßig, die Tortenstücke vorher einzuteilen. Soll ein Gitter entstehen, so wird zunächst in der Mitte des Gebäcks ein Kreuz gespritzt. Erst beiderseits der Senkrechten, dann beiderseits der Waagerechten kommt jeweils eine Linie hinzu.
So wird fortgefahren, bis die Oberfläche gleichmäßig überzogen ist. Aus Teig läßt sich – vor allem bei Obstkuchen – vor dem Backen in der gleichen Weise ein Gitter flechten.

Spritzbeutel oder ein selbstgedrehtes Tütchen aus Pergamentpapier eignen sich auch dazu, Streuzucker, Schokoladenstreusel, gehackte Mandeln, Mohn oder Kümmel gleichmäßig auf den Gebäckstücken zu verteilen.

Beim Anrühren einer weißen Glasur dürfen keine Aluminiumgefäße oder Löffel verwendet werden. Porzellan- oder Emailletöpfchen eignen sich gut und beeinträchtigen die Farbe der Glasur nicht.

Vor dem Auftragen der Glasur die Krümel vom Gebäck mit einer Butterbürste oder einem Pinsel entfernen.

Gebäckstücke, die noch heiß mit erwärmter Aprikosenmarmelade bestrichen und erst dann glasiert werden – in der Fachsprache heißt das aprikotieren – bekommen einen besonders schönen Glanz und guten Geschmack.

Auf größeren Flächen läßt sich die Glasur am besten mit einem breiten Messer oder Teigschaber auftragen, bei kleinen Gebäckstücken wird sie gern aufgepinselt.
Verzierungen, die aus einer andersfarbigen Glasur bestehen, können immer erst aufgetragen werden, wenn die unterste Glasurschicht völlig trocken geworden ist. Ein selbstgedrehtes Tütchen aus Butterbrotpapier ist am besten dafür geeignet.

Glasuren, die ohne Fett bereitet worden sind, verlieren nach und nach an Feuchtigkeit und bekommen dadurch Risse. Solche Glasuren nicht zu lange vor dem Verbrauch auftragen.

Übriggebliebene Glasur läßt sich für einige Zeit aufheben und kann bei Wiederverwendung mit wenig Flüssigkeit glattgerührt werden.

Soll käufliche Schokoladen-Kuvertüre für eine Tortenoberfläche verwendet werden, so ist sie mit 1 Eßlöffel Öl im Wasserbad zu erhitzen. Sie splittert sonst beim Schneiden des Kuchens.

Einfache Zuckerglasur

150 g Puderzucker, 3 Eßlöffel Wasser oder Milch.

Den gesiebten Puderzucker allmählich mit der möglichst heißen Flüssigkeit verrühren.

Eiweiß-Zuckerglasur

150 g Puderzucker, 1 Eiweiß, 1 Eßlöffel Wasser oder Milch.

Den gesiebten Puderzucker nach und nach recht gut mit den übrigen Zutaten verrühren.

Zucker-Fettglasur

150 g Puderzucker, 20 g Kokosfett.

Den gesiebten Puderzucker nach und nach mit dem kurz erhitzten Kokosfett verrühren.

Zitronenglasur

150 g Puderzucker, 2 Eßlöffel Zitronensaft,
1 Eßlöffel zerlassenes Kokosfett.

Den gesiebten Puderzucker mit Zitronensaft und erhitztem Kokosfett verrühren. – Anstelle von Zitronensaft ist auch anderer Fruchtsaft oder Fruchtsirup verwendbar.

Rumglasur

150 g Puderzucker, 3 Eßlöffel Rum, Weinbrand oder Likör.

Den gesiebten Puderzucker allmählich mit der Flüssigkeit verrühren. Diese Glasur hat keine reinweiße Farbe.

Mokkaglasur

150 g Puderzucker, 2 bis 3 Eßlöffel starker Kaffee.

Beide Zutaten – den Kaffee möglichst heiß – recht flott untereinanderrühren.

Farbige Glasur

150 g Puderzucker, 2 bis 3 Eßlöffel Möhren-, Rotrüben- oder Spinatsaft.

Beide Zutaten verrühren. – Anstelle von Saft läßt sich Speisefarbe nach Vorschrift verwenden.

Schokoladenglasur

150 g Puderzucker, 2 Eßlöffel Kakao, 3 bis 4 Eßlöffel Wasser.

Puderzucker und Kakao zusammen sieben und allmählich mit dem heißen Wasser verrühren.

Schokoladenglasur

150 g Puderzucker, 2 Eßlöffel Kakao, 3 Eßlöffel Wasser, 20 g Kokosfett.

Puderzucker und Kakao zusammen sieben, zunächst mit heißem Wasser, dann mit dem zerlassenen Kokosfett verrühren.

Backtips

Abwiegen der Backzutaten ist eine unerläßliche Vorarbeit, denn während des Backens läßt sich nicht wie beim Kochen durch nachträgliches Zugeben etwas ausgleichen. Wie auch ohne Waage die Mengenangaben eingehalten werden können, wird für die gebräuchlichsten Backzutaten auf Seite 224 gesagt.

Ausrollen gehört häufig zur Verarbeitung eines Knetteiges. Es ist dabei wichtig, daß das Backbrett vorher ausreichend mit Mehl bestäubt wird, damit der Teig nicht anklebt. Bei Blechkuchen kann der Teig auch gleich auf dem gefetteten Blech ausgerollt werden. Weiche Hefe- oder Backpulver-Knetteige lassen sich mit der Hand auf dem gefetteten Blech breitdrücken, so daß sich das Ausrollen erübrigt. Ausgerollte Teige, die ohne oder mit wenig Belag gebacken werden sollen, sind vorher mehrfach mit einer Gabel einzustechen, damit sich der Teig während des Backens nicht wölbt.

Ausstechformen gibt es in verschiedenen Arten. Sie lassen sich aber auch durch Gläser oder Tassen beliebiger Größe, durch eckige Dosen oder durch ein Kuchenrädchen ersetzen. In jedem Falle ist es zweckmäßig, sie ab und zu in Mehl zu drücken, dann hängt der Teig nicht an. Das gilt auch für das Messer, mit dem die einzelnen Teigstücke auf das Blech gehoben werden.

Backen ist ein Garen in trockener Hitze. Für die meisten Gebäckarten ist Mittelhitze erforderlich, die – nach Grad bemessen – bei 180 bis 200 Grad liegt. Die Backröhre soll bereits die richtige Temperatur haben, wenn das Gebäck hineingestellt wird. Zu hohe Temperatur läßt das Gebäck vorzeitig bräunen, bevor es völlig durchgebacken ist. Zu niedrige Temperatur trocknet es durch einen zu langen Backprozeß aus. Flaches Gebäck (Kleingebäck, Blechkuchen) wird auf der mittleren Backröhrenleiste eingeschoben. Halbhohes Gebäck (Torten in Springformen) stehen auf dem Rost und der unteren Leiste. Hohes Gebäck, das langsam durchbacken muß (Napfkuchen, Stollen), gehört bei mäßiger Ofenhitze auf die untere Leiste. Zwei Bleche dürfen nicht gleichzeitig in die Röhre geschoben werden, da dann das eine Blech zu wenig Oberhitze und das andere zu wenig Unterhitze erhalten würde. Kuchen mit verschieden langer Backzeit können aber auf einem Blech gebacken werden. Dann kommt auf den hinteren Teil des Bleches der Kuchen mit der längeren Backzeit, auf den vorderen Teil ein gefettetes Butterbrotpapier und der Kuchen mit der kürzeren Backzeit. Ist der vordere Kuchen gar, kann er leicht mit dem Papier heruntergezogen werden, ohne daß die Backzeit des hinteren Kuchens eine größere Unterbrechung erfährt. Ein Wrasenschieber an der Tür des Backherdes wird bei trockenem Gebäck gar nicht, bei nassem Kuchen etwa nach der halben Backzeit geöffnet. Die Backzeit wird zwar bei den meisten Rezepten angegeben, dennoch sind Abweichungen davon nicht ausgeschlossen. Bei flachem Gebäck läßt sich die Backzeit schon vom Äußern her beurteilen, bei hohem Gebäck ist sie dann beendet, wenn sich ein in die Mitte des Gebäcks geschobenes Hölzchen trocken anfühlt. Empfindliche Kuchen können kurz in der abgeschalteten Röhre bleiben.

Backbleche beginnen zu rosten, wenn sie zu häufig mit Wasser gereinigt werden. Es ist deshalb zweckmäßiger, sie mit Papier, hin und wieder auch mit aufgestreutem Salz abzureiben. Ein Backblech soll vor der Benutzung gründlich, aber nicht zu stark gefettet werden, da das Gebäck sonst von unten her zu schnell bräunt. Bei einem Kuchen mit dünnflüssigem Teig oder Belag ist es erforderlich, auch die vierte Seite des Bleches zu schließen, damit nichts vom Blech herunterlaufen kann. Dafür läßt sich ein entsprechend zugeschnittenes Stück Holz, das mit gefettetem Butterbrotpapier umwickelt wird, verwenden. Ist eine Fettpfanne (auch als Fettfangschale oder Grillpfanne bezeichnet) vorhanden, so ist sie für solches Gebäck am besten geeignet, da sie ringsherum einen höheren Rand hat. Der fertige Kuchen soll sobald als möglich vom Blech heruntergeschoben werden.

Backformen werden aus Metall, Steingut oder feuerfestem Glas hergestellt. In jedem Fall müssen sie gefettet und bei zarten Teigen auch mit Mehl oder Grieß ausgestäubt werden. Tortenteige entfalten sich in der Springform besser, wenn nur deren Boden und nicht der Rand mit gefettet wird.

Backöle und -aromen sind konzentrierte Zubereitungen von Geruchs- und Geschmacksstoffen natürlichen oder synthetischen Ursprungs, die dem Backwerk ein bestimmtes Aroma verleihen. Die Geschmacksrichtungen Bittermandel, Vanille, Rum und Zitrone sind besonders gefragt. Alle im Handel angebotenen Backaromen und Backöle entsprechen den lebensmittelrechtlichen Bestimmungen.

Butter ist für die Teigbereitung oft entbehrlich, da die im Handel befindlichen Margarinesorten mit den fürs Backen erwünschten Vorzügen hergestellt werden. Wird Wert auf einen butterigen Geschmack gelegt, so kann das Gebäck entweder noch warm oder erst vor dem Anschneiden mit zerlassener Butter bestrichen und danach leicht gezuckert werden. Das bekommt vor allem Blechkuchen, auch denen mit nassem Belag, ausgezeichnet.

Bürsten, auch Pinsel, können ein wohlgeratenes Gebäck verderben, wenn das ihnen anhaftende Fett ranzig geworden ist. Deshalb sollten sie nach jedem Gebrauch in heißem Wasser gründlich ausgewaschen werden.

Caneel (Zimt), **Kardamom**, und andere Gewürze ermöglichen es, aus einem Grundrezept ganz verschiedene Teige bzw. Gebäcke entstehen zu lassen. Pulverisierte Gewürze werden mit dem Mehl gesiebt, damit sie sich gleichmäßig im Teig verteilen.

Dauergebäck wird in gut schließenden Gefäßen aufbewahrt. Solches Gebäck muß feuchtigkeitsarm, kann aber fettreich sein.

Dörrobst ist fürs Backen verwendbar. Es wird nicht nur für den Früchtekuchen gebraucht, auch in Füllungen oder als Belag kommt es schmackhaft zur Geltung. Anstelle von Sultaninen oder Korinthen kann ebenfalls kleingeschnittenes Dörr- bzw. Backobst genommen werden.

Dünstobst muß vor dem Verwenden Zeit zum Abtropfen haben, damit es während des Backens nicht zu viel Flüssigkeit absondert.

Eier sollen auch fürs Backen einwandfrei sein, für die Teigbereitung sind aber nicht unbedingt Frischeier erforderlich. Grundsätzlich wird jedes Ei erst in ein Töpfchen geschlagen, bevor es zu den übrigen Zutaten kommt. Eiweiß gibt schneller einen steifen Schnee, wenn eine Prise Salz oder ein wenig Zucker zugegeben wird und das Eiweiß zuvor recht kalt gestanden hat. Als steif kann Eischnee erst dann bezeichnet werden, wenn er schnittfest ist oder das beim Hochnehmen des Schlägers anhaftende Eiweiß unverändert fest bleibt. Eischnee fällt rasch zusammen und läßt sich dann nicht mehr aufschlagen. Eier machen ein Gebäck zwar gehaltvoller, aber auch trockener. Ei, das zum Bestreichen von Gebäck verwendet werden soll, wird mit ein wenig Milch verrührt. Dadurch läßt es sich besser auftragen und bräunt nicht so rasch.

Elektrische Geräte in verschiedenen Ausführungen erleichtern auch das Backen. Küchenmaschinen rühren, kneten, reiben, schnitzeln, raspeln, spritzen Gebäck, mixen Creme oder Belag, rühren oder schlagen Sahne oder Eischnee. Die Vorschrift zur richtigen Handhabung liegt zwar jeder Küchenmaschine und jedem Handrühr- und -mixgerät bei, dennoch sei hier noch einmal auf einige wichtige Punkte im Zusammenhang mit dem Backen hingewiesen. Bei einem Rührteig wird bei Verwendung eines elektrischen Gerätes von der üblichen Reihenfolge etwas abgewichen: erst werden Eier und Zucker schaumig gerührt, und dann erst wird die zimmerwarme, weiche Margarine flöckchenweise zugegeben. Würde die Margarine zuerst schaumig gerührt, bliebe sie zu leicht am Rührarm haften. Von Quark- oder anderen Crememassen wird zunächst nur eine kleine Menge gerührt und alles Weitere nach und nach zugegeben. Sollen feste Nahrungsmittel (gedünstete Früchte, Fleisch für Pasteten, Füllungen o.ä.) im Mixer zerkleinert werden, so ist stets ein wenig geeignete Flüssigkeit zuzugießen, bevor die Zerkleinerung beginnt. – Elektrische Backformen sind ebenso wie Gasbackformen bei der Bereitung von Kleingebäck, Kuchen oder Torten ein vollwertiger Ersatz für eine fehlende Herdröhre. Eine genaue Anleitung für den Gebrauch liegt jedem Gerät bei. Elektroherde, siehe Herdarten, Seite 210.

Fett, Schweine- oder Hammelfett, läßt sich beim Backen anstelle von Margarine verwenden, es macht das Gebäck sogar besonders mürbe. Von Talg ist abzuraten, weil damit das Gebäck leicht bröckelig wird und mitunter einen Nachgeschmack bekommt. Kokosfett ist stets recht kühl zu lagern, da es schon bei verhältnismäßig geringem Temperaturanstieg zu schmelzen beginnt. Öl kann einem Teig nur in geringen Mengen zugesetzt werden.

Flüssigkeit, die zur Teigbereitung gebraucht wird, besteht im allgemeinen aus Milch. Sie kann auch angesäuert sein, denn dann unterstützt sie die

Wirkung des Triebmittels. Milchpulver, nach Vorschrift aufgelöst, läßt sich fürs Backen gut verwenden. Die endgültige Flüssigkeitszugabe erfolgt stets zuletzt, da sie entscheidend für die richtige Konsistenz des Teiges ist. Alle Angaben der Flüssigkeitsmenge können Abweichungen erforderlich machen, weil andere Zutaten, z. B. Mehl, Eier oder Fett, nicht immer die gleiche Beschaffenheit haben.

Garprobe. Bei hohen Kuchen und Torten ist sie ratsam. Klebt Teig am Holzspießchen, ist der Kuchen noch nicht durchgebacken.

Gelatine wird im allgemeinen als Blatt- oder Pulvergelatine in Verpackungen angeboten, die eine genaue Gebrauchsvorschrift enthalten. Fehlt sie, gilt folgendes: Die Gelatine wird etwa 15 Minuten vor der Verwendung in ganz wenig kaltem Wasser vorgeweicht, ausgedrückt und in der kochenden, aber vom Feuer genommenen Flüssigkeit aufgelöst. Festgewordene Gelatine kann bei gelinder Hitze immer wieder flüssig gemacht werden. Für 1/2 l Flüssigkeit werden 15 g Gelatine gebraucht. Einer Creme, die als Tortenfüllung verwendet werden soll, gibt ein wenig aufgelöste, kurz vorm Gelieren stehende Gelatine Stand und Schnittfestigkeit. Gelatinehaltiger Tortenguß wird gebrauchsfertig vom Handel angeboten.

Geleefrüchte sind eine vor allem bei Kindern beliebte Garnitur einfacher Torten oder Törtchen. Fruchtgelee läßt sich auch anstelle von Marmelade verwenden und gibt dem Gebäck einen feineren, herberen Geschmack.

Geräte, besonders die fürs Backen bestimmten, müssen peinlich sauber sein, weil ihnen anhaftende Gerüche (Zwiebel, Hering, Gewürze u. a.) ein Gebäck bis zur Ungenießbarkeit verderben können. Das gilt im besonderen für Küchenbretter, denn frisches Gebäck nimmt fremde Gerüche unwiderruflich an. Eine Seite des Brettes soll deshalb süßem Gebäck vorbehalten bleiben. Das Fett des frischen Backwerks dringt kaum ins Brett ein, wenn ein Stück Butterpapier untergelegt wird.

Guß, im allgemeinen hauptsächlich aus Eiern, Milch oder Sahne, einem Bindemittel und geschmackgebenden Zutaten bereitet, verfeinert besonders Obstkuchen. Er muß aber vor zu starker Oberhitze geschützt werden, damit er hell und cremig bleibt.

Hefe hat noch genügend Triebkraft, wenn ein in warmes Wasser geworfenes Stück nach oben steigt. Soll Hefe einige Tage aufgehoben werden, dann wird sie recht fest in ein kleines Gefäß (Tasse oder Glas) gedrückt, das auf eine mit Wasser gefüllte Untertasse gestürzt wird. – Bei Trockenhefe die Packungshinweise beachten.

Herdarten, die heute üblich sind, haben Gas- oder Elektroheizung. Auch Umluftherdröhren erfreuen sich zunehmender Beliebtheid. Genaue Betriebsanleitungen sowie die eigenen Erfahrungen und Beobachtungen bringen im Laufe der Zeit die nötige Sicherheit im Umgang damit. Einiges läßt sich aber im Zusammenhang mit dem Backen grundsätzlich dazu sagen: Ein Gasherd wird nach Erreichen der richtigen Hitze bei dieser Temperatur gehalten. Beim Thermostat ist zu beachten, daß er stets so eingestellt wird, wie es das Gebäck erforderlich macht. Der Handel bietet auch Backthermometer an, von denen während des Backens die Gradzahl abzulesen ist. Als milde Hitze werden etwa 160 Grad, als mittlere Hitze 180 Grad und als starke Hitze 220 Grad beim Backen angesehen. Beim Elektroherd kann die Backröhre auf starke (Stufe 3), mittlere (Stufe 2) und schwache (Stufe 1) Hitze geschaltet werden. Kleingebäck und flache Kuchen stehen in der Mitte der Röhre bei einer Einstellung von 200 bis 220 Grad. Halbhohe Kuchen stehen im unteren Teil der Backröhre bei einer Schaltung von etwa 180 Grad. Für Stollen, die ebenfalls in der unteren Mitte der Röhre stehen, wird zunächst 20 Minuten auf 180 bis 200 Grad vorgeheizt, nach etwa 10 Minuten bekommt das Gebäck eine leicht hellbraune Farbe, von diesem Zeitpunkt wird bei 160 Grad weitergebacken. Auch Aufläufe werden in die Mitte der Röhre gestellt, nicht in den unteren Teil. Je höher ein Kuchen, desto geringer soll die Oberhitze sein. Nach Abschalten des Stromes kann die gespeicherte Hitze in der Backröhre des Elektroherds noch etwa 10 Minuten ausgenutzt werden. Bei Umluftherden wird für gleichmäßig heiße Luft gesorgt. Ein Vorheizen ist nicht erforderlich. Auch die Backtemperatur sollte – im Vergleich zu den anderen Herdarten – niedriger angesetzt werden. Hier sind die Angaben des Herstellers unbedingt zu berücksichtigen.

Hirschhornsalz ist ein Triebmittel, das vor der Zugabe zum Teig in wenig Wasser oder Alkohol verrührt werden muß. Die Flüssigkeit darf nicht warm sein. Sind in einem Rezept Hirschhornsalz und Pottasche angegeben, so werden sie getrennt aufgelöst und nacheinander unter den Teig gearbeitet. Hirschhornsalz eignet sich als Triebmittel nur für kleines, flaches Gebäck, da sich in hohen Kuchen der Ammoniakgehalt nicht genügend verflüchtigen kann und dadurch der Geschmack des Gebäcks beeinträchtigt wird. Mit Hirschhornsalz bereiteter Teig soll nicht in eine zu heiße Ofenröhre geschoben werden, weil dann die zu rasch gebildete Gebäckkruste ebenfalls ein Entweichen des Ammoniaks verhindert.

Hohe Kuchen bei milder Hitze backen, damit sie gleichmäßig durchbacken. Ist die Backhitze anfangs zu stark, wird die Oberfläche zu schnell braun, und der Kuchen bäckt innen nicht durch.

Honig oder Sirup macht Gebäck zunächst etwas hart, so daß es sich nicht zum sofortigen Verbrauch eignet. Hat solches Gebäck aber eine Weile Luftfeuchtigkeit angezogen und danach in einem geschlossenen Gefäß gelagert, hat es die gewünschte Beschaffenheit eines längere Zeit haltbaren Gebäcks.

Johannisbeeren, Erdbeeren und andere weiche Früchte bleiben besser in Form, wenn sie, gut abgetropft, vor dem Auflegen in Puderzucker gewälzt werden.

Kakao verteilt sich in einem Teig oder in einer anderen Masse am besten, wenn er mit dem Mehl gesiebt oder mit dem Zucker vermischt wird. Kakao hat die Eigenschaft, damit bereitetes Gebäck trocken zu machen. Eine erhöhte Butter- oder Milchzugabe ist deshalb immer ratsam.

Leicht verbrannte, trockene Kuchen sind sogar noch für eine Gästebewirtung zu verwenden, wenn die dunklen Stellen mit dem Reibeisen abgerieben werden. Stärker verbranntes Gebäck läßt sich nach dem Abschneiden der dunklen Kuchenrinde mit Cremegarnituren oder anderen Füllungen wieder appetitlich anrichten. Im äußersten Fall können die brauchbaren Kuchenstücke getrocknet und gerieben werden, so daß sie sich für Bröselgebäck, siehe Seite 32 und 47, verwenden lassen.

Lockerungsmittel sind außer den bekannten Triebmitteln steifer Eischnee, der erst zuletzt unter den Teig gehoben werden darf, oder ein wenig Essig, auch Alkohol.

Mandeln werden mit kochendem Wasser gebrüht, abgezogen, auf Tüchern getrocknet und je nach Verwendungszweck ganz gelassen, gehackt oder ganz fein zerkleinert. Das Zerkleinern mit dem Wiegemesser wird vereinfacht, wenn die Mandeln auf dem Brett mit Zucker bestreut werden.

Margarine ist mit Recht das beliebteste Fett fürs Backen. Es ist wichtig, nur die vom Hersteller als Backmargarine ausgewiesenen Sorten zu verwenden. Das Schaumigrühren der Margarine und des Teiges machen sich leichter, wenn die Schüssel zuvor mit Margarinepapier leicht eingefettet wurde.

Mehl wird vor der Bereitung eines Teiges – ganz gleich welcher Art – stets gesiebt. Da die Quellfähigkeit des Mehles unterschiedlich ist, muß gegebenenfalls die Mehl- oder die Flüssigkeitsmenge eines Teiges leicht verändert werden. Ein Viertel bis ein Drittel des Weizenmehles kann durch Speisestärke ersetzt werden. Solches Gebäck wird leichter und sandartiger.

Messer zum Zerschneiden von Gebäck müssen scharf sein. Für frisches Gebäck eignen sich am besten Sägemesser oder scharfe Messer, die vor jedem Schnitt in heißes Wasser getaucht worden sind.

Milch für Backpulverteige muß kalt dazugegeben werden. Wenn sie warm ist, entwickelt sich die Triebkraft des Backpulvers schon vor dem Backen.

Mohn wird, sofern er nicht nur zum Bestreuen gebraucht wird, gemahlen. Ist dafür keine Mohnmühle vorhanden, kann er mit dem Fleischerwolf, einer Küchenmaschine oder einem elektrischen Zerkleinerer „gemahlen" werden. In diesem Falle sind etwa 250 g Mohn in einem Liter Wasser 15 Minuten zu kochen, abzugießen und wieder mit kaltem Wasser zu bedecken. Nach weiteren 15 Minuten kann der gut abgetropfe Mohn durch den Wolf gedreht und je nach Rezept weiterverarbeitet werden.

Napfkuchen, aber auch anderes Gebäck, das sich trotz Lockern des Randes nicht aus der Form lösen will, muß nochmal kurz über die Gasflamme oder eine andere Wärmequelle gehalten werden. Dann löst sich das Gebäck ohne Schwierigkeiten.

Napf- oder Kastenkuchen können mit Marmelade, Vanille-, Schokoladen- oder Mokkabuttercreme gefüllt werden.

Nüsse lassen sich beim Backen vielfältig verwenden, auch anstelle von Mandeln. Bei ungeschälten Haselnüssen ist es nötig, die braunen Häutchen zu entfernen – zumindest dann, wenn die Nüsse für einen hellen Teig gebraucht werden. Dazu die Nußkerne in einem Metallsieb über einer Wärmequelle so lange schütteln, bis sich die braunen Häutchen gelöst haben. Die Nüsse können aber auch auf das Blech des Herdes geschüttet werden, damit sich in der warmen Röhre die Häutchen ebenfalls lösen. 500 g Nüsse ergeben im Durchschnitt 125 g Nußkerne. Auch käufliche Nußcreme eignet sich fürs Backen, besonders für Füllungen.

Oblaten gibt es zu kaufen. Sie bilden eine leichte Unterlage für zarte Mandel- oder Pfefferkuchenteige.

Obst ist ein besonders beliebter Kuchenbelag. Bei recht nassen, viel Feuchtigkeit abgebenden Früchten empfiehlt es sich, die Teigplatte vor dem Belegen mit Zwieback- oder Semmelbröseln zu bestreuen. Gedünstetes Obst muß gut abgetropft sein, bevor es auf die Teigplatte oder den Tortenboden gelegt wird. Obstkuchen oder -torten sind für den baldigen Verbrauch bestimmt, sie halten sich, vor allem wenn der Belag ungebacken blieb, nicht lange.

Pottasche wird, ebenso wie Hirschhornsalz, dem Teig in aufgelöstem Zustand zugesetzt. Sie kann, im Gegensatz zu Hirschhornsalz, auch für höhere Gebäckarten verwendet werden.

Puddingpulver kann, ebenso wie Speisestärke, einen Teil des Weizenmehls ersetzen. Pudding- oder Soßenpulver mit Vanillegeschmack färbt den Teig gleichzeitig etwas.

Puderzucker muß vor jedem Verbrauch gesiebt werden, denn vorhandene Klümpchen lösen sich in einer Glasur oder Masse nicht mehr auf. Stark klumpiger Puderzucker kann vor dem Sieben mit der Schlagmühle oder zwischen zwei sauberen Tüchern mit dem Nudelholz zerdrückt werden. Mit einer Schlagmühle kann Puderzucker aus Kristallzucker auch selbst bereitet werden.

Quark soll fürs Backen frisch, nicht säuerlich und auch nicht grießelig sein. Um der Quarkmasse eine feinere Konsistenz zu geben, wird immer wieder empfohlen, den Quark durch ein Sieb zu streichen, sofern kein elektrisches Rührgerät vorhanden ist. Trockener Quark streicht sich aber schwer durch, und deshalb soll er zunächst gründlich mit Eiern, Zucker und Milch oder Sahne verrührt werden. Trockenfrüchte oder Mandeln kommen erst danach hinzu. Bei der Teigbereitung kann Quark die Hälfte der Fettmenge ersetzen. Dann ist aber die doppelte Quarkmenge erforderlich, so lassen sich also 100 g Fett nur durch 200 g Quark austauschen (siehe Quark-Öl-Teig, Seite 29).

Rosinen, exakter als Sultaninen oder Korinthen bezeichnet, werden nach dem Verlesen handwarm gewaschen. Kommen sie mit der ihnen anhaftenden Feuchtigkeit in den Teig, so sinken sie darin zu Boden, weil sie zu schwer sind. Sie müssen deshalb auf Tüchern abtrocknen und werden zusätzlich gern in Mehl gewendet.

Rührlöffel mit abgeschrägter Fläche und einem Loch in der Mitte eignen sich besonders gut dazu, einen Teig durchzuarbeiten. Es rührt sich übrigens leichter, wenn der Löffel einen verhältnismäßig starken Stiel hat.
Gründlicher als mit dem Holzlöffel läßt sich ein zarter Teig oder eine Masse, sofern kein elektrisches Gerät zur Verfügung steht, mit dem Schneebesen durcharbeiten.

Rührschüsseln dürfen eher etwas zu groß als zu klein sein, weil sich der Teig darin sonst nicht richtig durcharbeiten läßt. Die Schüssel steht fester, wenn sie auf ein feuchtes Tuch gestellt wird.

Rührteig kann mit Sultaninen, Korinthen, Zitronat, Mandeln, Nüssen, Kakao, bitterer Schokolade oder Mohn abgewandelt werden.

Rum hat beim Backen die Eigenschaft, den Geschmack des Gebäcks zu verfeinern und einem Teig eine lockere Konsistenz zu geben.

Salz ist das unerläßliche Gewürz für jedes Gebäck, denn es unterstreicht erst den süßen Geschmack. Für die meisten Teige kann auf je 500 g Mehl 5 g Salz berechnet werden. In einem salzlosen Gebäck kommen die besten Zutaten nicht zur Geltung.

Schmelzbutter ist ein nahezu wasserfreies Fett, das dem Gebäck eine besonders gute Qualität gibt. Sie läßt sich selbst herstellen, wenn die Butter erhitzt, also flüssig gemacht, und nach dem Erstarren von der Flüssigkeit getrennt wird. Die Haltbarkeit ist sehr gut.

Spritzbeutel sind nach dem Gebrauch heiß auszuwaschen. Während des Spritzens wird der Beutel von Zeit zu Zeit flach aufgelegt, so daß sich die Creme mit einem Messerrücken gut nachschieben läßt. Warm ausgespülte Spritzbeutel stets an der Luft trocknen lassen.

Süßstoff, in wenig Wasser aufgelöst, kann ebenso wie andere Zuckeraustauschmittel die Zuckermenge ersetzen. Dennoch wird er im allgemeinen nur zur Bereitung von Diätgebäck verwendet, das für Diabetiker (Zuckerkranke) hergestellt wird. Auch solches Gebäck ist genau nach Broteinheiten zu berechnen, weil es der Diabetiker in seinen Tagessatz aufnehmen muß.

Triebmittel in Pulverform müssen stets in gut schließenden Büchsen aufbewahrt werden, da andernfalls ihre Wirksamkeit beeinträchtigt wird.

Torten lassen sich vor dem Füllen entweder mit scharfem Messer aufschneiden oder, vorher am Rand leicht eingeschnitten, mit einem stärkeren Zwirnsfaden teilen. Zum Überziehen und Garnieren wird eine Torte zweckmäßig auf einen umgestülpten Topf, also etwas erhöht, gestellt, weil dadurch das Arbeiten erleichtert wird. Tortendeckchen aus Papier (rund und oval) gibt es zu kaufen, sie geben dem fertigen Gebäck ein besonders festliches Aussehen.

Unebenheiten treten mitunter durch ungleichmäßiges Hochtreiben bei fertigem Gebäck auf. Sie wirken sich vor allem bei einer Torte nachteilig aus. Das Gebäck muß dann mit Messer oder Reibeisen begradigt werden. In solchen Fällen wird dieser Teil gern als Unter- und der untere Teil als Oberfläche verwendet.

Vanillezucker läßt sich im Haushalt selbst bereiten. Dazu wird eine längs aufgeschnittene Vanilleschote in eine verschließbare Dose mit Zucker gesteckt.

Vollsoja ist als hochwertiges Nahrungsmittel in der Lage, Eier zu ersetzen. Anstelle von 1 Ei ist 1 Eßlöffel Vollsoja, mit wenig warmem Wasser angerührt, zu verwenden. Der Gehalt an Kohlenhydraten ist bei Vollsoja sehr gering, was für alle zur Fülle Neigenden beachtenswert ist.

Vorräte, die sich zum Backen eignen, machen sich immer bezahlt. Ein daraus bereitetes Gebäck wird preiswerter als fertiggekauftes. Getreideerzeugnisse (Haferprodukte ausgenommen) halten sich bei trockener, luftiger Lagerung bis zu 8 Monaten. Ein Zuckervorrat bleibt jahrelang unverändert, wenn der Raum trocken ist. Konserven brauchen eine kühle, möglichst dunkle Umgebung und regelmäßiges Durchsehen der Vorräte, während Trockenfrüchte luftig, dabei aber staubfrei und trocken aufbewahrt werden müssen.
Beim Vorrätighalten von Eiern ist zu beachten, daß die Eierschale porös ist und Bakterien eindringen läßt. Deshalb sind Eier sauber aufzubewahren, am besten im Kühlschrank. Schon bei der kleinsten Verletzung der Eierschale muß das Ei baldigst verbraucht werden.

Waage-Ersatz sind außer einem Meßbecher Löffel und Tasse. Die hier enthaltenen Mengenangaben (siehe auch Seite 224) sind so berechnet worden, daß Löffel und Tasse nicht angehäuft, sondern glattgestrichen wurden.

Zitronenschale war ebenso wie Apfelsinenschale ein beliebtes Gewürz beim Backen. Von Früchten, die mit Chemikalien behandelt worden sind (vorläufig leider meist nur am starken Geruch, seltener am Einwickelpapier zu erkennen), ist die Schale nicht brauchbar. Aber auch unbehandelte Früchte müssen heiß gewaschen und gebürstet werden, bevor die Schale Verwendung finden kann. Wer kein Risiko eingehen will, bevorzugt Backaromen.

Zitronat oder **Orangeat** wird bereits gewürfelt im Handel angeboten. Es kann in Mehl gewendet werden, damit es in Rührteigen nicht zu Boden sinkt.

Alle Rezepte in alphabetischer Reihenfolge

Maßtabelle	1 Teel.	1 Eßl.	1 Tasse
Zucker	5 g	15 g	180 g
Puderzucker	–	15 g	–
Salz	5 g	18 g	–
Mehl	4 g	12 g	110 g
Semmelmehl	–	15 g	–
Grieß	5 g	12 g	140 g
Reis	5 g	18 g	180 g
Haferflocken	2 g	10 g	80 g
Öl	5 g	15 g	–
Backpulver	3 g (gestrichen)		

1 Prise = die Menge, die sich zwischen 3 Fingern fassen läßt
1 Schuß = reichlich 1 Eßlöffel Flüssigkeit
1 kg = 1 000 g (Gramm)
0,1 kg = 100 g = 1/10 kg
1 (Liter) Wasser wiegt 1 kg
8 Eßlöffel Flüssigkeit = 1/8 l = 1 Tasse
1/4 l Flüssigkeit = 1 Suppenteller